指向表达的小学语文教学

刘吉才　著

中国书店

图书在版编目 (CIP) 数据

指向表达的小学语文教学 / 刘吉才著 . — 北京：
中国书店，2019.6

ISBN 978－7－5149－2173－1

Ⅰ . ①指… Ⅱ . ①刘… Ⅲ . ①小学语文课－教学研究
Ⅳ . ① G623.202

中国版本图书馆 CIP 数据核字（2019）第 064447号

刘吉才　著

责任编辑　杨　宇

出版发行　中国书店

地　　址　北京市西城区琉璃厂东街 115 号

邮　　编　100050

印　　刷　三河市金泰源印务有限公司

开　　本　700mm×1000mm　1/16

印　　张　16.75

字　　数　257千字

版　　次　2019 年 6 月第 1 版

印　　次　2019 年 6 月第 1 次印刷

书　　号　iSBN 978-7-5149-2173-1

定　　价　38.00 元

目 录
CONTENTS

让反思成为一种习惯（代序）

美国心理学家威廉·詹姆士说："播下一个行动，收获一种习惯；播下一种习惯，收获一种性格；播下一种性格，收获一种命运。"明代思想家王廷相也曾说过："凡人之性成于习。"这些充分说明习惯是可以决定一个人的命运。

繁华落尽，花瓣归于泥土，是花朵反思灿烂背后的自私，获得永久的耀艳；潮起潮落，江河归入海洋，是江河反思雄浑背后的孤独，获得恒远的浩瀚。作为一名教师，更应该懂得反思的价值与魅力。早在两千多年以前，儒家经典中便有"吾日三省吾身"的格言，充分说明反思自古以来就倍受人们推崇。

在 20 多年的教学实践中，我逐渐养成了反思的习惯。每天下班后，或者在回家的路上，或者在临休息前，我都要把当天教学的过程做一简要回顾，有时是几分钟，有时需要很长时间。在习惯性的反思中，提高自我，收获成功的喜悦。细细想来，我主要从以下三个方面努力，逐步养成反思的习惯。

一、多看，拓宽反思的视野

要反思，首先得有理论支撑。否则，你的反思就是肤浅的、苍白的，也是没有生命力的。要想增加反思的力度，必须要多阅读，拓宽反思的视野，这样的反思才更有深度。

近年来，随着课改的深入推进，我深感理论的匮乏。充分利用业余时间学习教育教学理论，主动自费订阅 20 多种报刊杂志。平时，四处想办法借阅有关语文方面的研究书籍。只要有机会出差，总要买一些小学语文方面的理论书籍带回来。听课回来，包里装得最多的，就是这些有关小语方面的书籍。一有时间反复阅读，及时做摘抄、写心得。几年下来，读书心得有几大本，做的文摘卡数以万计，足足装了一大抽屉。大量的学习，让我积淀了理论，更新了理念，开阔了眼界，打开了课改的思路。

二、巧练，积累反思的素材

俗话说，巧妇难为无米之炊。要深入持久地进行反思，必须要有反思的源头活水。只有带头参加各种教学实践，积累丰富而鲜活的反思素材，你的反思才接地气，也才有旺盛的生命力。

作为分管教科研的副校长，我团结带领学校教师，积极投身高效课堂研究，带头上教研课、示范课，深入探讨新课改背景下高效学习的有效策略。每学年坚持开设公开课、示范课4节以上。带头编写、修订导学单，担任过全市导学案编写组组长。参与提炼具有校本特色的"三五"高效学习流程，把属于学生的课堂还给学生，曾在扬州教育讲坛做专题推广。近年来先后获得全国录像课一等奖、全国苏教版小语第四届课堂教学大赛二等奖，多次获扬州市赛课一等奖。

为把"三五"高效学习流程变为教师的课堂教学行为，我通过实小讲坛、名师工作室、骨干引领、同课异构、公开展示、课题研究等多种形式，扎实推进学校高效策略研究，很好地发挥了引领、示范、指导作用。发起成立了蓓蕾笔友会、语文名师工作室，方便广大教师交流写作体会，共享信息，取长补短，共同提高。多次面向全市开设论文写作专题讲座，引领广大教师走上论文写作之路。近年来，分别主持7个省市级立项课题，用课题研究推进课程改革。多项课题被扬州市教科所评为优秀运作课题，两次被评为扬州市课题研究先进个人。近年来，先后被评为扬州市优秀党务工作者、扬州市教科研先进个人、高邮市有突出贡献中青年专家、高邮市第四批名教师、高邮市优秀教育工作者、高邮市优秀共产党员等，是高邮市首批"秦邮英才培育计划"培育对象。

三、勤写，历练反思的技能

养成反思的习惯，光看不行，要想使反思走向深入，还要注意勤于动笔。在动笔中历练反思的技能，提高理论素养。通过动笔，培养自己对各种教学现象的剖析能力，从而总结经验，指导今后的教学工作。

在多年的教学实践中，我养成了潜心教研、勤于动笔的习惯。尽管工作压力大、任务重，但还是坚持每天撰写教学日记，教学日记已经写了厚厚的一大摞。动笔是一件枯燥、单调的事情，可凭着对教育理想的执着追求，一坚持就是 20 多年。近年来，我在阅读、习作、写字、口语交际等多个领域做过专题研究，并取得一定成果。

功夫不负有心人。多年的笔耕不辍，潜心教科研，终于结出了累累硕果。近年来，先后在《教学与管理》《中小学教师培训》《小学语文教学》等省级以上刊物发表论文 500 多篇，多篇文章被人大复印资料《小学语文教与学》全文转载。先后获江苏省基础教育成果二等奖、扬州市教学成果一等奖，连年获得扬州市教科研成果一等奖。

一路走来，我在反思的过程中，视野得到开阔，教学得到改进，思想得到提升。为了集中体现我的研究成果，充分表达自己的教学主张，我产生了撰写专著的想法。经过半年多的整理、修改、完善，《指向表达的小学语文教学》终于顺利完成了。本书中的绝大部分文章，都是我近年来发表在各种刊物上面的论文，部分内容作了必要的改动。这些文章，记录着我成长的历程，集中反映了我的教学主张——指向表达的基本观点。当然，书中的部分教学策略还略显粗糙，理论还不够厚实，操作还不够成熟，有待于今后更加深入的反思和实践，从而进一步丰满指向表达的具体内涵。

面对这本略显粗糙的专著，此时，"感谢"是我最想说的两个字。感谢我的领导、同事和家人。感谢领导、同事对我研究的支持，从各个方面给予我极大的帮助；感谢家人对我研究的理解，给予我生活方面无微不至的关爱。教研路上，有你们的扶持、爱护和关心让我始终感到幸福无比。今后，我将以极大的热情，一如既往地前行在教研之路上，为实现自己的"教育梦"继续求索。

刘吉才

2019 年 2 月

第一章 指向表达的含义与意义

第一节 指向表达的基本含义

自《义务教育语文课程标准（2011 版）》（以下简称"课程标准"）修订以来，我们对语文课程的基本性质和基本特点有了明确认识。语文课程是一门学习语言文字运用的综合性、实践性课程。工具性与人文性的统一，是语文课程的基本特点。随着核心素养研究的深入，我们对语文教学的基本任务有了越来越清晰的认识，就是要引导学生通过听说读写的语言文字运用训练，逐步培养学生的语文素养。

面对当前纷繁热闹的课改浪潮，语文教学还是没有走出高耗低效的怪圈。作为语文教师，我们迫切需要回归原点进行深度反思：我们为什么教语文？学生为什么学语文？我们知道，表达能力是学生语文核心素养的主要内容之一。培养学生语文素养，打牢学生语文学习的底子，需要我们冷静思考，理清认识，回归语文的本质属性，回归语言学习的基本规律，从表达的角度改进教学，让指向表达成为语文教学的基本思想和基本方法，着力强化表达训练，努力提升学生的表达能力。

那么，什么是指向表达？指向表达的理论基础是什么？语文教学为什么要指向表达？我们又是在什么样的背景下讨论指向表达的？让我们先从能力与表达能力开始说起。

一、能力与表达能力

所谓能力，是指人顺利实现或完成某种活动所必须的心理条件，是人个性心理特征的一个重要方面。能力一般与活动相联系，能力也只有通过活动才能表现出来，并在活动中得到发展。现代心理学研究对能力进行了多层面的结构分析，试图从科学的层面对能力进行形象描述和客观测量。其中比较有代表性的能力结构学说是加德纳的多元智能理论。

美国心理学家加德纳（Gardner）通过对脑损伤病人的研究和智力特殊群体的分析，提出人类已经形成了互不相干的多种智能。他认为智能的内涵是多元的，由七种相对独立的智力成分所构成。每种智力都是一个单独的功能系统，这些系统可以相互作用，产生外显的智力行为。这七种智力成分是：①言语智力，包括阅读、写作以及日常会话的能力。②逻辑—数学智力，包括数学运算与逻辑思考的能力。③空间智力，包括认识环境、辨别方向的能力。④音乐智力，包括对声音的辨别与韵律表达的能力。⑤身体运动智力，包括支配肢体完成精密作业的能力。⑥社交智力，包括与人交往且能和睦相处的能力。⑦自知智力，包括认识自己并选择自己生活方向的能力。加德纳的多元智能理论是以多维度的、全面的、发展的眼光来评价学生。从多元智能的内涵来看，无论是言语智力、音乐智力，还是社交智力，都与人的表达能力密不可分。

实际上，表达也是一种能力。表达能力又叫表现能力或显示能力，是指一个人善于把自己的思想、情感、想法和意图等，用语言、文字、图形、表情和动作等清晰明确地表达出来，并善于让他人理解、体会和掌握。表达能力是人的一项基本能力。培养表达能力，正是落实加德纳多元智能理论的具体措施，可以达到完善智能结构、发展综合能力、实现与人交流、全面提升能力的目的。

什么是表达？按《说文解字》的说法，表，上衣也，从衣，从毛。古者衣裘，以毛为表。后引申为把自己的思想感情显示出来。达，行路而不相遇，有通达、畅通之意。字形采用"辵"作偏旁，"羍"作声旁。表达，就是将自己的思维、情感用语言、语音、语调、表情、行为等方式反映出来。表达以交际、传播为目的，以物、事、情、理为内容，以语言为工具，以听者、读者为接收对象。

表达的方式很多。语言是最直接、最简洁的一种表达方式。法国喜剧作家莫里哀认为，语言是赐予人类表达思想的工具。可见语言对于表达的重要性。根据表达方式的不同，表达可以分为书面表达和口头表达。所谓书面表达，就是用书面语言的形式把自己的观点、见解和态度表现出来。它的优势在于直观明确，而且可以给表达者以足够的时间去构思和修改，在内容上比较深刻和全面，避免了口头表达的内容观点遗漏、逻辑性差等缺点。实际上，任何一个书面表达都是表达者深思熟虑的结果。所谓口头表达，就是指用口头语言来表达自己的思想、情感，以达到与人交流的目的。口头语言比书面语言起着更直接的、更广泛的交际作用。随着现代社会的发展，对人的口头表达能力提出了越来越高的要求。叶圣陶先生曾说："所谓语文，语是指口头语言，文是指书面语言。"可见，书面表达和口头表达对于语文都非常重要，语文是口头表达能力与书面表达能力的综合体现。

二、表达与指向表达

表达是将思维所得的成果用语言、语音、语调、表情、行为等方式反映出来的一种行为，是个人综合能力的一个方面。指向表达，是指以提升表达能力为目标的一切行为活动。本书中的"指向表达"，特指在教学尤其是语文教学等具体的言语活动过程中，以促进表达为目标，以具体的教学环节为手段，通过听说读写的语用训练，让主要的教学过程都能服务于学生表达能力的培养，夯实表达的基础，习得表达的方法，创设表达的情境，进行表达的运用，在渐进、互动的教学过程中有效提升学生的表达能力。

由此，我们想到了学生的语文素养。一般来说，学生语文素养的形成大体需要经历阅读积累和表达运用两个阶段。阅读是汲取和吸纳的过程，而表达是创造和释放的过程。阅读是语言范式的建构，表达是语言范式的应用。虽然，阅读和表达、吸收和创造的机制，在学理上还没有见过精确系统的研究，但二者的递进关系是显而易见的。中国教育学会小学语文教学专业委员会崔峦理事长指出："在阅读教学中，要从语言文字入手，把握文本内容，体会情感而得意。更要关注语言形式、表达方法而得言。要增强语言文字运用的意识，丰富语言文字运用的内容和形式。要大力改进字词教学、口语交际教学、习作教学，丰富学生的语汇，发展口头语言和书面表达能力。要加强与现实生活的联系，激活学生自主表达的欲望，培养运用语言文字解决生活所需的实用的表达能力。"可见，指向表达是学生语文素养形成的内在要求，也是深化课程改革、提高课堂教学效率的必然选择。

在语文教学中，我们所说的表达训练可分为显性表达和隐性表达训练。显性表达，就是学生直接表达出来的语言训练，包括说、读、写等，这是我们在语文教学中最常用的表达训练方式。也正是这些表面化的表达方式，把我们的语文教学引入了另一个歧途——只重视表达，而忽视表达的生成与表达中人文的熏陶，令我们教学中的表达缺乏深刻的内涵。在我们的语文教学中，还存在着一种隐性表达，也就是通过阅读文本进行理解与感受。这是一种把作者的表达内化为自己表达的过程。这种隐性表达，实际上是显性表达的基础与来源。学生能否学会表达，能否很好地表达，在某种程度上正是要依赖于这种隐性表达来实现的。

再来看看指向表达的语文教学。语文教学中的"指向表达"，是指在语文教学过程中，教学的主要环节要以培养学生的表达能力为出发点，从解读教材、对话文本、着力感悟、强化积累、渗透方法、注重迁移，都要指向、聚焦于学生表达能力的提升。面对纷繁热闹的课改浪潮，我们一直在思考：语文学科与非语文学科到底有何区别？语文学科的本位价值是什么？经过反复学习、思考，我们认为：语文教学最终应该指向表达。浙江著名特级教师沈大安老师说过，教学一篇文章，要弄清它"写什么"，更要了解是"怎样写"的，也可以探讨"为什么写"。指向表达的语文教学，要求我们要以语言文字运用为切入点，从表达的角度学习课文，引导学生在多层次的阅读、说话、习作中学习表达的方法，内化表达的能力，让学生学习的过程始终指向表达，使指向表达成为语文教学的基本视角。指向表达作为核心素养背景下语文教学的基本特征，需要我们在实践中不断地摸索，不断丰富，不断总结。指向表达不一定能上出一节好的语文课，但不指向表达一定不是一节好的语文课。从指向表达角度去预设教学过程，占据这个语文教学的制高点，将会给我们语文教学打开一个完全不同的天地，学生语文素养的提高将指日可待。

三、指向表达的理论基础

指向表达作为语文教学的一种指导思想和具体的教学策略，需要必要的理论基础来支撑，从而理清指向表达的来龙去脉，使语文教学更能接近指向表达的本质和核心。指向表达的理论基础主要有以下几个方面：

建构主义理论。建构主义是一种关于知识和学习的理论，强调学习者的主动性，认为学习是学习者基于原有的知识经验生成意义、建构理解的过程。建构主义认为，知识不是通过教师传授得到，而是学习者在一定的情境即社会文化背景下，借助其他人（包括教师和学习伙伴）的帮助，利用必要的学习资料，通过意义建构的方式而获得。由于学习是在一定的情境即社会文化背景下，借助其他人的帮助即通过人际间的协作活动而实现的意义建构过程，因此建构主义学习理论认为情境、协作、会话和意义建构是学习环境中的四大要素或四大属性。建构主义认为，学习的质量是学习者建构意义能力的函数，而不是学习者重现教师思维过程能力的函数。换句话说，获得知识的多少取决于学习者根据自身经验去建构有关知识意义的能力，而不取决于学习者记忆和背诵教师讲授内容的能力。

人本主义理论。人本主义理论强调，学习是学习者个人潜能的充分发掘，是人格的逐步完善，也是自我的不断提升。人本主义教学思想关注的不仅是教学中认知的发展，更关注教学中学生情感、兴趣、动机的发展规律，注重对学生内在心理世界的了解，以顺应学生的兴趣、需要、经验以及个性差异，达到开发学生的潜能、激发起其认知与情感的相互作用，重视创造能力、认知、动机、情感等心理方面对行为的制约作用。

有意义学习理论。奥苏贝尔根据学习材料与学习者认知结构中已有知识的关系，将学习分为机械学习和有意义学习。奥苏贝尔认为有意义学习指符号所代表的新知识与学习者认知结构中已有的适当概念建立非人为的、实质性联系的过程。有意义学习的发生需要具备客观和主观两个方面的条件。奥苏贝尔认为，有意义学习的心理机制是同化，其产生的条件，在客观上，学习材料本身具有逻辑意义。在主观上，学习者原有认知结构中应具有可以用来同化新知识的适当观念（包括有关的概念、命题、表象和已经有意义的符号），同时，学习者还必须具备有意义学习的心向，表现为积极主动地把新知识与认知结构中原有的适当知识加以联系的倾向性，这样，新旧知识才能建立起非人为性和实质性的联系。据此，奥苏贝尔把有意义学习的实质概括为：语言文字符号所代表的新知识与学习者认知结构中已有的适当观念建立非人为性和实质性的联系（即同化）。一般说来，人们学习效果的好坏，主要取决于学习者认知结构中有没有与当前新学习内容相似的原有观念，以及相似的角度和程度如何，同化过程就是借助于新旧知识相同点的"混合"，而连接或固定住了相异点。这样，通过同化，新知识被纳入学习者的认知结构中去，丰富了原有认知结构，而原有的认知结构经过吸收新知识，自身也得到了改造和重新组织。

语言形成发展的规律。从学生语言形成发展的规律来看，学生语言的形成一般是从听到说，先理解后表达，先模仿后创造。听为说服务，理解为表达服务，模仿为创造服务。作为学生语言学习的主阵地，语文教学的基本任务，就是培养学生听说读写能力，归根到底落实在说写能力，也就是落实在表达能力的提高上面。

语文学科特点。语文是人文社会科学的一门重要学科，既是语言文字规范的实用工具，又是一门文化艺术。课程标准指出：语文课程是一门学习语言文字运用的综合性、实践性课程。这句话概括地指出了语文教学的基本任务，落脚点在于引导学生学习语言文字运用，培养学生正确运用祖国语言文字的能力。正确运用祖国语言文字，主要指熟练地进行书面和口头表达，培养学生的表达能力。这是贯彻落实课标精神、体现语文学科特点的基本要求。

实际上，我国历代教育家也一直非常重视对指向表达的研究。许多先贤都反复强调表达的重要性，教育学生要重视表达，学会表达。

我国伟大的教育家孔子就是重视表达的楷模。孔子要求学生在表达时要讲究"辞达"。子曰："辞达而已矣。"（《论语·卫灵公》）意思是说，言辞足以达意就可以了。比如《论语·雍也》里孔子说"由也果""赐也达""求也艺"，对每个学生的评价用了一个字：子路是"果"，就是果敢决断；子贡是"达"，就是通情达理；冉求是"艺"，就是多才多艺。孔子抓得很准，把学生的个性与才能凸现了出来。除了"辞达"，孔子还要求学生在表达时要"以文采足言"，认为"言之无文，行而不远"（《左传·襄公二十五年》）。意思是说，说话没有文采，说的话就传播不远。孔子很重视文采，善于用对偶、对称、排比的句式等。《论语》中孔子的言论朴实而不浅陋，言能引人入胜，意能发人深省，词约意丰，言近旨远。如"过犹不及""道不同不相为谋""己所不欲，勿施于人""三人行必有我师""岁寒然后知松柏之后凋"等，都脍炙人口，既是辞达，又是"言而有文""文以足言""行而能远"。

现代著名教育家陶行知也十分重视培养学生的表达能力。他提出"六大解放"，即解放大脑，解放双手，解放眼睛，解放嘴，解放空间，解放时间。其中，解放大脑，就是让学生敢想；解放嘴，就是使学生能说。敢想、能说，就是指向于学生的表达能力。陶行知先生说的"发明千千万，起点是一问"；"儿童应当有言论自由，有话直接和先生说，和同学说"；"小孩子得到言论自由，特别是问的自由，才能充分发挥他的创造"；"要解放嘴，使大家可以享受言论自由，摆龙门阵，谈天、谈心、谈出真理来"，解放学生的嘴，学生有问题要准许他们问。解放学生的嘴，还要变教师讲为师生共同对话，要打破教师主导的局面，让学生参与学习的过程。要提倡学生敢想、敢说，逐步学会正确、流利、愉快地说。不仅要求学生乐于表达自己的见解，还要说得有条理。

四、指向表达的主阵地——语文课堂教学

表达能力对于学生如此重要，那怎样才能有效培养学生的表达能力呢?

培养学生表达能力的途径很多。家庭环境、学校环境和社会环境中都可以创设情境培养学生的表达能力。但就其效率来说，课堂是培养学生表达能力的主阵地，尤其是语文课。学生在语文课上，通过听、说、读、写的语言训练，积累语言，习得方法，逐步学会迁移运用，提升自己的表达能力。

就实效而言，无论是书面表达能力，还是口头表达能力，都需要借助课堂教学进行训练和培养。在非学校环境中，学生在表达的过程中，或多或少地存在着语言不规范、词汇不丰富、方法不正确的现象，导致训练的效率低下，有时甚至出现反教育的情况，反而降低了训练的效果。可以说，表达能力的提升离不开语文课，语文课的教学更需要指向表达。

同时我们也应该看到，由于长期受应试教育的影响，学校和教师在教学过程中往往过于注重学生的考试成绩，而忽略了对学生能力方面的培养和考核，最终导致高分低能现象的出现。纵观当下的语文课堂教学，随处可见功利主义的影子，教学内容的选择急功近利，许多课堂还在围着考试转。课堂上，教者着眼更多的是课文内容的把握、表达方式的揣摩、读写结合的训练，因为这些在各种考试、测验中用处最大。而朗读、说话的训练，则被当作"无用之用"。之所以被当作"无用之用"，一是因为这些训练，花了时间效果暂时不明显，有时甚至教与不教一个样；二是这些训练在考试时无法直接体现，效果无法考量。长此以往，造成学生的表达能力，尤其是口头表达能力的弱化，需要引起语文教师的高度重视。

第二节　指向表达的基本意义

一、指向表达的现实意义

在深化课程改革、聚焦核心素养、强化语用训练的背景下，指向表达的语文教学已经成为越来越多语文教师的共识。指向表达的语文教学需要找准对话的起始点、训练的切入点、能力的提升点，全面优化指向表达的实施过程。笔者以为，基于课程标准、基于语文素养、基于课堂教学正是指向表达实践的三个基本立足点，也是指向表达语文教学的出发点和最后归宿。

（一）基于落实课程标准的需要

课程标准是教材编写、教学、评估和考试命题的依据，是国家管理和评价课程的基础，体现国家对不同阶段的学生在知识与技能、过程与方法、情感态度与价值观等方面的基本要求，规定各门课程的性质、目标、内容框架，提出教学建议和评价建议。

《语文课程标准（2011版）》指出，语文课程是一门学习语言文字运用的综合性、实践性课程。这个表述，正面回答了语文课程是什么，一语道明语文课程"学什么""怎么学"两大问题。学什么？语言文字运用。这里需要进一步厘清的是语言和文字是人类使用的两种功能不同的表达思想的工具，语言是听觉符号系统，语言能力是听说的能力；文字是视觉符号系统，文字能力是读写的能力。学习语言的规律和学习文字的规律是不同的，课程性质准确的界定给教师今后的课堂教学研究和实践指明了方向。怎么学？一是综合性。不要单一地孤立地学，语文课程与其他课程之间、语文课程内部知识之间等都需综合起来，因为语言文字是人类最重要的交际工具和信息载体，是人类文化的重要组成部分。语言文字的运用，包括生活、工作和学习中的听说读写活动以及文学活动，存在于人类社会的各个领域。二是实践性。让学生在言语实践中学习语言，在文字运用中学习文字。实际上就是教师放手的问题，要把属于学生的时间还给学生。

课程标准多次对语言文字运用的基本路径——指向表达提出了具体要求，在第三学段目标中要求"在阅读中了解文章的表达顺序，体会作者的思想感情，初步领悟文章的基本表达方法。在交流和讨论中，敢于提出看法，做出自己的判断。"在关于阅读的评价中要求"第一学段可侧重考察对文章内容的初步感知和文中重要词句的理解、积累；第二学段侧重考察通过重要词句帮助理解文章，体会其表情达意的作用，以及对文章大意的把握；第三学段侧重考察对文章表达顺序和基本表达方法的了解领悟"。可见，指向表达的语文教学，既是强化语言文字运用训练的现实需要，也是落实课标精神的具体要求。

（二）基于语文素养形成的需要

语文素养是一种以语文能力为核心的综合素养，主要包括语文知识、语言积累、语言技能等方面。首先是必要的语文知识。离开知识的能力是不可想象的，轻易否认语文知识对语文学习的指导和促进作用，容易使语文教学走向非理性主义的误区。在小学阶段，教学基本的语法和修辞知识、常用的段落和篇章结构知识、基本阅读和写作方法知识，是非常必要的。其次是丰富的语言积累。语文学习的主要内容是一篇篇具体的课文，这就决定了语文教学必须让学生占有一定量的感性语言材料，在量的积累基础上产生质的飞跃。学生的语文素养必须建立在丰富的语言积累之上。掌握汉语常用的书面词汇，背诵一定量的优秀诗文，阅读一定量的课外书籍，都是形成语文素养的基础。最后是熟练的语言技能。熟练的技能到了一定程度就成为一种能力。语文教学必须在大量的语言实践过程中，培养学生朗读、默读、听话、说话、作文、写字等基本技能。让学生学会运用多种阅读方法和常见的语言表达方式，掌握常用的思维方式，善于把自己的思维结果用规范的语言进行表达。

实际上，形成语文素养的语文知识、语言积累、语言技能，都离不开扎扎实实的听、说、读、写的语用训练。提高学生的语文素养是最终目标，听、说、读、写是具体路径和方法。语文素养的核心是语文能力。学生语文能力的形成，归根到底是在平时的听、说、读、写训练中形成的。在听、说、读、写这些训练路径和方法中，听、读主要指向理解，说、写主要指向表达。可以说，理解和表达是学生语文能力的核心内容。培养学生的语文核心素养，就要在学习课文的过程中，着力进行理解和表达方面的训练，提升学生理解和表达水平。指向表达正是聚焦语文核心素养，培养学生表达能力的具体措施。

（三）基于提高教学效率的需要

回顾当下的语文课堂教学，普遍存在着重内容轻方法、重积累轻运用、重书面轻口头的现象，教师主导过度、学生主体缺位，死记硬背的现状没有得到根本改变。学业负担不断加重，学生苦不堪言。课堂教学已经到了非改不可的地步了。

造成这种现象的原因，一方面是应试教育的影响。社会、家长对学生文化成绩的高度关注，给教师造成了极大的压力，迫使教师一切围绕考试转，往往采取简单的教学方式，考什么就教什么。教育过于迎合社会的需要，结果违背了基本的教育规律。另一方面是考核评价制度的不科学。许多学校在考核教师时，常常采取算平均分的方式，将分数直接与教师绩效挂钩。分分分，不仅是学生的命根，也成了教师的命根。结果考试成绩上来了，学生的综合素养却下降了。

要彻底走出当前"高耗低效"的困境，需要我们进一步转变观念，一切从学生出发，关注学生个体差异，培养学习兴趣，养成学习习惯，提升学习能力。要牢固树立以人为本的教学思想，着眼学生的长远发展，把属于学生的课堂还给学生。要从生命成长的高度，通过优化教学环节，以促进表达能力提升为宗旨，以具体的教学环节为着力点，促使主要教学过程服务于学生表达能力的培养，帮助学生积累表达语言，习得表达方法，内化表达能力，从而提高课堂教学效率，提升学生的语文综合素养。一句话，以指向表达的语用训练来提高语文教学效率，走出"高耗低效"的困境。

二、指向表达的基本背景

指向表达的语文教学，是在深入推进课程改革、贯彻落实课标精神、培养学生核心素养的背景下被进一步强化的。指向表达，既是"语文课程是一门学习语言文字运用的综合性、实践性课程"的具体体现，也是对当下语用训练普遍存在的种种误区进行的某种程度上的纠偏。深入研究指向表达的内涵，必须要放在语用大背景下进行考量，才有可能全面、客观、准确地认识指向表达，以便找到指向表达实现的路径和方法，从而全面提升学生的表达能力。

（一）语用的基本内涵

随着课程改革的深入推进，我们对语文课程的基本特点有了全面而深刻的了解，课堂发生了明显变化，引导学生进行语言文字运用成了当下语文课堂的主要任务,语文课堂重新找到了教学的起点,正在实现从追求形式的出新、表面的热闹到着力进行语用训练、提升语用能力的应然回归。

语用,即语言文字运用,也就是我们以前常说的语文实践。语文课程标准指出:语文课程是一门学习语言文字运用的综合性、实践性课程。强化语用训练,可以提高学生的语言感悟、运用能力,在听说读写的扎实训练中提升语文综合素养。贯彻落实课标精神,就应该把落脚点放在语用上面,引导学生抓住相关词句进行听、说、读、写、思,在扎扎实实的语言文字训练中提高学生的语文能力。

随着课改的深入推进,语文课堂正在不断强化语用的力度。我们在加大语用训练的同时,也要清醒地认识到,不少老师对语用存在着一些误解,尤其是语用究竟用什么,主要表现为语用的泛化和窄化。语用的泛化认为,我们在语文课堂上所进行的所有训练都是指向学生语文素养的提高的,都属于语用的范畴。这是把教学行为和语用训练画上了等号。语用的窄化认为,只有读写结合进行课堂练笔才是真正意义上的语言训练。这样就把语用局限在动笔训练方面,僵化了语用的形式,缩小了语用的范围。

实际上,语用是和语文学习的内容、方式紧密相连的。学生语文学习的内容——字词句段篇——都应该成为语用的内容。只有这样,才能使语用真正立足教材,实现用教材教。学生语文学习的方式主要包括听说读写书。学生在师生多边对话中通过听说读写书,多形式多渠道学习语文。这些形式理所当然成为语用的基本方式。我们可以用下面的图形来表示它们之间的关系:

(二)语用的基本现状

纵观当下的语文课堂,处处涌动着语用的热潮:朗读训练此起彼伏,品词析句随处可见,动笔练习时间到位。语言文字训练已经在课堂上落到了实处,学生的语用能力有了明显提升。当然，在语用热的背后，也出现了一些急功近利、主体错位、训练浮躁、脱离生活的苗头，需要我们给语用"热"把把脉，进行深入的"冷"思考，以切实提高语用的实效。笔者在平时的教学研究中发现，目前的语用热主要存在以下几种"症状"，需要引起我们的高度重视。

症状一：急躁症

所谓"急躁症"，是指教者在进行语用训练时，为了提高训练的效率，争分夺秒赶进度，火急火燎过环节，容量大，节奏快，导致训练急功近利、浮躁低效。再来看一看我们当下的语文课堂，特别是一些公开教学活动，处处呈现的却是大容量、快节奏的情形。课堂密不透风，没有一点缝隙；师生火急火燎，没有一丝停歇。课堂上，教者提问，大多数学生还没有来得及思考，答案就匆匆揭示，给人感觉教师总是在争分夺秒地赶进度。再加之画面、音乐、视频的快速切换，让人眼花缭乱、目不暇接。我们的语文教学，特别是公开教学活动已经驶上了"快车道"。

一位老师执教苏教版四年级（下册）《宋庆龄故居的樟树》。课始让学生快速浏览课文，找出中心句"我舍不得这两棵树"，然后画出具体描写樟树外形的句子，学生刚一交流，教者就匆匆板书"蓬蓬勃勃"，接着鼓励学生把这一自然段背下来。在学习樟树品质时同样急急忙忙。先是画出具体写樟树品质的句子，在进行几次引读以后，帮助学生提炼"香气永存"的特点，然后体会为什么要写别的树木。最后在补充宋庆龄相关资料的基础上，让学生写下想对宋庆龄说的话。从表面上看，课堂容量大、效率高，实际上学生根本来不及深入感悟，浅尝辄止，学习浮于表面，训练形式多样，但收效甚微。这是典型的"急躁症"表现。

实际上，在当今节奏飞快的信息化社会，西方一些国家正悄然流行一种"慢"生活——慢慢说话，慢慢吃饭，慢慢走路，慢慢读书。人们正在尝试选择一种相对"慢"的生活方式，让自己的灵魂找到栖息的处所。生命化教育的倡导者张文质先生旗帜鲜明地提出"教育是一种慢的艺术"，他认为"好的教育一定是慢的"，"即使是知识的获得，经常也是困难、艰苦、缓慢的过程；人的成长更是曲折、艰难，有自己的规律，一点也勉强不得"。我们当下的语文课堂却走上了"快"车道，一味追求"快"速度，看似为了提高效率，实际上是在做夹生饭，结果是"欲速则不达"。我们的不少学生书读得结结巴巴，作文写得错字连篇，"快"语文却带来了"慢"效益。我们的语文课堂真的到了该慢下来的时候了。

症状二：强迫症

所谓"强迫症"，就是教者在进行语用训练时，追求训练的深度，人为加大训练的难度，生拉硬拽，处处牵着学生，导致主体错位、学习被动。再来看一看我们当下的语文课堂，尤其是一些公开教学活动，处处呈现的却是深度语文的影子。为了让听课的老师眼前一亮，教者在课前深入研读文本，参考相关的背景资料，找出自己与众不同的独到见解，达到语不惊人死不休的效果。有的时候，教者紧扣文中的一两个词，从各个角度做深入细致地挖掘，去探究语句背后的内涵。在学习过程中，教者就拽着学生硬往自己预设的坑里跳，强迫着学生进行深入感悟。

一位老师执教苏教版四年级（下册）《祁黄羊》。课文记叙了春秋时期晋国大夫祁黄羊为了国家利益，不计私家恩怨，不避个人亲仇，两度为国荐贤的故事，表现了祁黄羊出以公心、正直无私的高尚品格。在体会"外举不避仇，内举不避亲"时，教者启发学生思考：祁黄羊第一次为什么举荐大病在身的解狐？当学生回答因为祁黄羊外举不避仇、出以公心时，教者进一步追问：如果祁黄羊第一次举荐自己的儿子会出现什么结果？正是在教者的一步步诱导下，学生逐步了解，原来祁黄羊第一次举荐解狐，是因为他知道解狐大病在身，卧床不起，是为后面举荐他的儿子解午做准备。可见，祁黄羊两度荐贤完全是出于私心，目的就是让他的儿子解午担任中军尉。这样一解读，看似独到深刻，却完全走到了文本的反面，对学生造成严重的误导，影响学生的价值取向，是一种无视文本的错误解读。这样的深度也是毫无意义的。

在预设的过程中，教者深入研读文本，追求独特新奇，对一些词句的理解，乃至文章主题的把握，有自己独特的想法，这本身无可厚非。我们在解读文本时，鼓励教者在尊重文本的前提下，进行个性化的解读。我们常说："有一千个读者，就有一千个哈姆雷特。"教者根据自己的理解，丰富对文本的认识，可以有效激活学生创新思维，激发学生的创造力。但是，无论怎样的与众不同，哈姆雷特终究还是哈姆雷特，文本的基本内涵不应该发生根本改变。我们解读文本时，一定要基于文本，紧扣文本，切不可把文本丢在一边，另砌炉灶。如果一味标新立异，不顾文本的基本内涵，去搞所谓的"深度解读"，可能会走向文本的反面。我们知道，学生是学习的真正主人。选入教材的课文，绝大多数都是成人创作的，尽管编者做了恰当的修改，但是和儿童的生活、儿童的语言、儿童的心理，还是有一定的距离。这就要求教者要从学生的角度解读课文，用儿童的眼光重新审视教材，找到学生与文本对话的切入点。在对话过程中，密切关注学生的动态生成，进行巧妙引导，切不可把自己的"一家之言"强加给学生。

症状三：多动症

所谓"多动症"，就是教者在进行语用训练时，打破传统的教师讲问、学生听记的被动接受模式，采用一系列活动形式引导学语文、用语文，导致气氛活跃、训练浮躁。再来看一看我们当下的语文课堂，尤其是中低年级课堂，处处呈现的是"多动症"的影子。为了调动学生的学习兴趣，一会儿比赛，一会儿表演，一会儿游戏，活动形式可谓丰富多彩。高频率的活动，造成学生心浮气躁，很难静下心来与课文深入对话，这样的效果可想而知。

一位老师执教苏教版二年级（上册）《小动物过冬》。这是一则童话，讲的是青蛙、小燕子、小蜜蜂一起商量过冬的事。在教学过程中，教者采用活动化的教学策略，引导学生在系列活动中进行语用训练。在学习第一次对话时采用现场采访的方式体会小燕子迁徙的特点；第二次对话采用手势表演的方式体会青蛙冬眠的特点，学生一会儿拍拍肚子，一会儿钻泥土，一会儿睡大觉；第三次对话采用配音的方式体会蜜蜂备粮的特点，让学生给画面配音；最后，让学生戴上头饰进行现场表演。从表面来看，学生学得积极、主动，可一节课下来，不少学生课文还读不通顺，生字词还写不正确，没有达成基本的学习目标。

毋庸讳言，采用系列活动进行语用训练并没有错。现代心理学之父皮亚杰曾经说过：活动是认识的基础，智慧从动作开始。小学低中年级学生个性活泼，表现欲望强烈。因此，小学低中年级语文采用系列活动进行语用训练符合学生的年龄特点，有利于调动学生学习兴趣，引导学生积极主动地学语文、用语文。但我们也应该清醒地看到，任何形式都必须为内容服务，否则再好的形式也是毫无意义的。学会生字词，正确流利地朗读课文，了解课文中词句的意思，这是课程标准第一学段对于阅读的基本要求。如果连这些基本要求都没有达成，这样的活动又有什么意义呢？我们在设计活动形式时，要能帮助学生有效解读文本。对于语文课来说，一种教学手段的运用，最终要能帮助学生学习语言，理解内容，提高认识。我们现在的不少课堂，活跃有余，确实到了该静下来的时候了。

症状四：妄想症

所谓"妄想症"，就是教者在进行语用训练时，没有从学生的实际出发，贴近学生的学习需求，而是机械照搬预设，导致学生大话、套话连篇，训练空洞。再来看一看我们当下的语文课堂，尤其是进行读写训练时，经常可以看到机械照搬、生硬训练的情形。教者在课前预设时，没有蹲下身子，充分了解学生的学习需求。进行训练时，学生只能凭空妄想，要么打擦边球，没有突出要点，要么信马由缰，想到哪写到哪。这样的读写训练已经成了语文课堂的"鸡肋"。

一位老师执教苏教版五年级（下册）《水》。作者用生动的语言，回忆儿时洗澡的不易，下雨时，用雨水洗澡；炎热时，母亲用一勺水为四兄弟消暑纳凉，说明当时水的珍贵。在学习洗澡图时，抓住"奔跑跳跃""大呼小叫"引导学生体会人们的"痛痛快快"。在品读相关句子的基础上，教者让学生进行角色转换：如果你就是其中的一员，又会有怎么的表现？学生你看看我，我看看你，一脸茫然。原来，课文写的是缺水的地方发生的事情，而学生生活的地区却是水乡，从来没有过缺水的经历，对水的珍贵没有深刻的体验。所以，只能根据课文的描述进行想象，效果可想而知。

实际上，读写迁移不是简单的读写复制，而是新旧知识、生活经验的相互作用而引发的认识结构的重组，是学生的生活经验在一定环境中自内而外的"生长"。叶圣陶先生曾说过："生活如源泉，文章如溪水，泉源丰富而不枯竭，溪水自然活泼地流个不歇。"作为教者，在进行读写训练预设时，一定要进行角色互换：如果我是学生，可能会写些什么？只有贴近学生实际的读写训练，学生才能找到表达的支点，做好有话可练，有情可抒，真正实现自内而外的"生长"。

（三）语用的基本策略

纵观当下的语文课堂，从某种程度上来说，语用训练在课堂上已经逐渐落到了实处，学生的语用能力似乎有了明显提升。我们过于强调语用，一味进行机械狭隘的语言文字训练，却无视文字背后深厚的情感内涵，导致了语用的片面机械。不少的语用训练实际上是在跟风，专家名师提倡什么就训练什么，造成训练片面机械，浮而不实，零打碎敲，缺乏整体考虑，当然也就收效甚微。因此，迫切需要我们给语用"热"把把脉，进行深入的"冷"思考，以理清语用的内涵，找到科学合理地进行语用训练的路径和方法，达到真正体现语用价值的目的。我们在给语用片面化把脉的同时，不禁产生这样的疑问：我们到底需要什么样的语用？

1. 语用要基于儿童

美国教育心理学家奥苏伯尔说过："影响学生学习的最重要的原因是学生已经知道了什么，我们应根据学生原有的知识状况进行教学。"可见，真正的语用训练不应是简单的信息积累，而是新旧知识、生活经验的相互作用而引发的认识结构的重组，是学生的经验体系在一定环境中自内而外的"生长"。这就要求我们在进行语用训练时，要树立以人为本的教学理念，从学生的实际出发，关注学生已有的学习基础，贴近学生的学习需求。

选入教材的课文，都是经过编者精心挑选的，一般具有很强的代表性。同时，我们也发现，入选的课文绝大多数都是成人创作的，尽管编者做了适当的修改，但是和儿童的生活、语言和心理，还是有一定的距离。这就要求教者要从学生的角度解读课文，用儿童的眼光重新审视教材，找到学生与文本对话的切入点。一次同课异构活动中，三位老师同时执教苏教版二年级（下册）《"黑板"跑了》。在进行语用训练时，关注的着力点不同，取得的效果也不一样。第一位老师抓住"热闹"引导学生想象体会安培的专心。第二位老师抓住"思考""演算""移动"这三个关键词语，让学生画句子、演故事体会安培的专心。第三位老师紧扣"他搞科学研究非常专心"这句话，紧紧抓住"好像""掏""聚精会神"这三个关键词语，采用对比出示、动作演示、拓展积累等方式体会安培的"专心"。在体会"好像"时，先对比出示两个句子，体会"好像"去掉以后意思的变化；然后让学生造句子，体会"好像"的不同意思；最后，教给方法，告诉学生"好像"在不同的语境里可以表达不同的意思，平时说话写话的时候要注意用词的准确。

特级教师薛法根曾提出"三不教"，即学生会的不教，学生自己能学会的不教，老师教了学生也不会的也不教。"三不教"完全从学生的角度确定教学内容，真正从学生的实际出发。我们在确定教学内容时，要从学生的实际出发，充分了解学生的学习需求，合理确定学习的内容，提高学习的效率。从上面三次语用训练的过程可以看出，我们进行语用训练要充分了解学生的学习需求，贴近学生的最近发展区确定训练的内容。第一次着重体会的"热闹"，对低年级学生来说司空见惯，没有挑战性，积极性不高。第二次让学生演故事，学生很感兴趣，但语言的学习过于粗疏、浅显。第三次抓住学生难以理解的"好像""聚精会神"和容易忽视的"掏"，采用对比出示、动作演示、拓展积累等方式帮助学生理解，学生很容易内化、运用。用儿童的眼光解读课文，可以帮助学生拉近与文本的距离，打开与文本对话的窗口，找到语用训练的着力点，提高训练的针对性、实效性。

2. 语用要紧扣课标

课程标准是规定某一学科的课程性质、课程目标、内容目标、实施建议的教学指导性文件，是教材编写、教学、评估和考试命题的依据，具有很强的权威性。因此，我们在进行语用训练时，一定要深入领会课标精神，将课标要求内化于心，具体化为每一节课的训练内容，引导学生进行科学合理的语用训练。

细读课程标准，你会发现，在"学段目标与内容"中，课标从识字与写字、阅读、写话（习作）、口语交际、综合性学习等五个方面规定了学段的具体教学目标与内容。我们只有明确了各学段的具体要求，在进行语用训练时才能知道训练什么，训练到什么程度，不至于出现训练缺位、越位的现象。

以朗读训练为例。课标指出：各个学段的阅读教学都要重视朗读和默读。朗读训练作为语用训练不可分割的有机组成部分，其重要性显而易见。一位老师执教苏教版二年级（上册）《小动物过冬》。教者在教学过程中特别重视指导学生进行朗读训练。一方面朗读花样不断翻新，缺乏针对性。齐读、对读、开火车读、赛读、表演读、分角色读，让人眼花缭乱、应接不暇，声音响亮，缺乏内涵。另一方面，朗读指导浮于表面，缺乏实效性。主要表现在教者一味强调要读出情感，如果加上动作就更好了。至于怎样才能读出情感、加上怎样的动作，教者却避而不谈。这种"指导不够手势来凑"的现象在时下低年级的朗读教学中普遍存在着。低年级到底该如何进行朗读训练呢？实际上，课标对各学段朗读要求有明确具体的规定。低年级要求"学习用普通话正确、流利、有感情地朗读课文"，中年级要求"用普通话正确、流利、有感情地朗读课文"，高年级要求"能用普通话正确、流利、有感情地朗读课文"。仔细对比分析可以发现，低年级重在学会朗读的基本方法，中年级重在学会使用朗读的基本方法，高年级则要求形成正确、流利、有感情朗读的技能。像上例，在进行朗读训练时，教者一定要教给学生朗读的基本方法，不能仅仅停留在形式的翻新上面。

3. 语用要着眼整体

课文本身就是一个整体。文中的每个词句都是在特定的语境中才会产生特有的意义。这就要求我们在进行语用训练时，一定要着眼整体，从课文整体的角度进行理解、运用。只有这样，才能准确理解词句内涵，避免误读，提升学生理解、运用语言的能力。

着眼整体虽没有片面化语用出彩，但符合学生的认知规律，是学习课文的必经阶段。人类在认识事物时总是遵循从整体到部分的基本规律。如果没有整体上的感知，就可能出现类似盲人摸象的笑话。学生拿到一篇课文，如果对课文没有一点整体印象，怎么可能与课文进行全面对话，从而走进文本、走进作者呢？难怪许多语文名家都提出，学生课文读不熟不开讲。其实，就是针对许多老师淡化整体感知而言的。着眼整体虽没有片面化语用出彩，但有利于学生从总体上把握全文。我们在学习课文尤其是公开教学时，总喜欢选择一些有代表性的句段，循序渐进地品读感悟，给人感觉课上得很实在。其实，如果淡化了对课文的整体感知，学生就不可能从总体上把握全文。即使勉强说出来，大多也是根据教辅资料的内容照本宣科。这样带来的后果，学生对课文的理解支离破碎，一叶障目不见泰山。一位老师执教苏教版五年级（上册）《少年王冕》。在学习第五自然段时，教者引导学生从顺序、颜色、动词等方面体会表达的准确，却没有引导学生从整体上体会景色的美丽，更谈不上理解王冕为什么能够发现如此美好的景色。碎片化学习的弊端就充分暴露出来了。没有很好的整体感知课文，就很难有后续的深入对话、精彩生成。可见，整体感知课文是阅读教学的基本视角，也是语用训练的基本视角。

4. 语用要指向表达

我们进行语用训练需要了解课文内容，但还远远不够。如果说指向内容是理解作者"写什么"的问题，那么指向表达则是学习和借鉴作者"怎么写"的问题。课程标准明确指出，语文教学的核心任务是组织和指导学生学习语言，发展学生理解和运用祖国语言文字的能力。学生学习一篇课文不仅要借助语言文字理解课文的思想内容，还要在理解内容的基础上，揣摩课文的表达方式。从第三学段开始，课程标准对不同文体文章的阅读目标进行了分别表述，这些表述成为我们揣摩表达的基本要求。从阅读的层次上说，这是更高层次的要求，是在为学生的明天而教。强化语用训练的今天，指向表达应该成为阅读教学的基本视角，成为夯实语文基础、提升语文素养的基本途径。

指向表达的语用要关注语言。很多时候，我们在解读教材时只重视课文内容，写了什么人、什么事，表达了什么主题，对课文怎么写的，也就是对语言的关注程度不够。著名语言学家张志公先生说过："无论是阅读还是作文，首要的是字词。"课文是由一个个词句组成。学生学习一篇课文，不仅要读懂课文内容，还要能通过关键词语的深入品析，感受语言的精当、准确。在学习苏教版五年级（下册）《彭德怀和他的大黑骡子》时，学生从"彭德怀就悄悄地把干粮塞进大黑骡子的嘴里"中的"悄悄"，不仅读出了当时粮草十分紧张，还读出了"他宁愿自己挨饿，也要把自己的干粮分出一些给大黑骡子"的这种"爱骡子胜过爱自己"的品质，感受到课文语言表达的准确。关注语言的语用训练，正是以关键词句为切入点，打开与文本、作者对话的大门，引导学生读懂文字背后的深刻内涵，体会表达的准确，逐步学会正确运用，提升语用能力。

指向表达的语用还要关注说话训练。读写结合固然是中高年级语用训练的主要教学策略，但说话训练作为培养学生听说读写能力、强化语言文字运用的一项重要内容，对于提高学生综合素养，尤其是培养现代公民，至关重要。在现实生活中，口头语言比书面语言起着更直接、更广泛的交际作用。目前世界上许多国家都非常重视对学生说话能力的培养。在美国，从小学到中学，听说训练始终是语文教学中的一项重要内容。在日本，听说能力的培养写进教学大纲，作为语文教学必须完成的任务。可见重视培养学生的口语能力，在国际上是大势所趋，势在必行。在强化语用的今天，我们要从学生的长远发展出发，纠正重读写轻听说的错误倾向。一是转变观念，鼓励学生大胆说话、敢于表达。能当堂口头交流的就不必进行书面训练了。二是创设情境，让学生主动参与、乐于表达。在教者运用各种手段创设的情境中，学生情绪高昂，表达的欲望逐步强烈，有一吐为快之感。再加上有课文语言的示范，有教者适时的方法引领，学生口头表达能力必将得到明显提高。

5. 语用要形成序列

课程标准对不同的年级段有着不同的目标要求。细细研究，你会发现，这些目标要求之间总是有着或明或暗的联系，形成一定的训练序列。以语文知识为例。小学阶段所涉及的许多语音、文字、语法、修辞等语文知识散布在各年级的教材之中，虽然不够全面，但每一个语文知识内部实际上形成了一个由小到大、由浅入深的序列。这就要求我们在进行相关语用训练时，要按照语文知识的内在序列进行循序渐渐、由浅入深的训练。

在日常的教学过程中我们却发现，许多老师在进行语文知识的运用训练时，几乎没有注意到训练的序列，导致训练的重复、低效。这种情况在语法知识的训练方面尤为明显。比如比喻句，一年级老师在学习"太阳倒映在池塘里，像一只鲜红的气球"时，先让学生思考这几句话把什么比作什么，然后告诉学生，像这样的句子叫作比喻句，接着让学生说一个比喻句。三年级老师在学习"那里的天空总是那么湛蓝、透亮，好像用清水洗过的蓝宝石一样"时，先问学生这是什么句子，把什么比作什么，然后让学生说一个比喻句。五年级老师在学习"（月亮）像眼睛，天的眼睛"时，先问学生这句话把什么比作什么，采用了什么修辞手法，接着让学生说说这样写的好处，然后让学生说一个比喻句。同样是比喻句，各年级的训练大同小异。尤其是在认识比喻句以后，都要求学生说一个比喻句。学生一连说了六年的比喻句，到最后已经没有一点新鲜感了。这样低水平、重复低效的训练毫无序列可言。

实际上，对于小学阶段所涉及的语文知识，我们在进行随文学习的同时，要从学生的实际出发，形成从认识到理解再到运用的训练序列。以上例比喻句为例，低年级应该以认识为主，中年级应该以理解为主，高年级应该以运用为主。同样是运用，也应该有一个循序渐进的过程，可以先学会造比喻句，然后学会使用，最后学会在不同情境中准确使用。这就要求教者要从语文知识的内在序列出发，科学合理安排各年级段的训练内容，引导学生由浅入深、循序渐进地学习、运用语文知识，逐步内化为学生的语文能力，提升语文素养。

强化语用训练是落实课标精神的主要举措。我们在强化语用的同时也需要对当前片面化的语用训练进行深入的反思，理清语用的内涵，真正体现语用价值。只要我们在语用训练中基于儿童，紧扣课标，着眼整体，指向表达，形成序列，就一定能走出片面化语用训练的误区，提高语用训练的实效，使语用训练真正成为指向表达的语文课上一道靓丽的风景。

第二章 指向表达的特征与过程

第一节 指向表达的基本特征

指向表达作为课改背景下小学语文教学鲜明的教学主张，在具体的教学过程中有着各种不同形式的表现，有的直接、明显，有的间接、含蓄。但同时，这些教学过程又有着相对稳定的外在表现。这些相对稳定的外在表现就是指向表达的基本要求、本质规律和基本特征。指向表达的基本特征，是建立在小学语文教学基本规律的基础之上，是对指向表达教学过程共性特征进行的提炼和概括。通过研究指向表达的基本特征，我们可以透彻了解指向表达的基本内涵，找到判断指向表达的基本标准，为今后更好地开展指向表达专题教学研究指明方向。

实际上，指向表达的语文教学离不开学生对文本的感悟，对语言的积累，对方法的领会和及时的迁移运用。这四个方面环环相扣，层层递进，既是学生表达能力形成的四个阶段，也是评价指向表达语文教学的四个标准，共同组成了指向表达的四维架构，成为指向表达的四个基本特征。

一、强化感悟

古人云："学者所以求悟也，悟者思而得通也。"可见感悟是学好语文的一条重要途径。语文课程是工具性和人文性相统一的学科，语文教学尤其是阅读教学，更离不开感悟的情感体验。入选语文教材的课文语言准确生动，内涵丰富深刻，特别适合学生阅读、感悟，尤其是自读感悟。阅读中的"感悟"是学生凭借对语言及其语境的直感，获得某种印象或意义的心理过程。感悟是在理解基础上的有所领悟，实际上是一种深化的情感体验，是文本与教师、学生的生活体验撞击出的火花。课程标准指出：阅读教学应引导学生钻研文本，在主动积极的思维和情感活动中，加深理解和体验，有所感悟和思考，受到情感熏陶，获得思想启迪，享受审美乐趣。为了落实课标精神，提升学生的自学能力、语文素养，在平时的教学过程中，我们经常见到教师引导学生自读感悟的情景。学生通过感悟文本，与文本、人物深入对话，了解课文内容，把握人物形象，体会深层情感，获得思想启迪。学生在感悟的过程中，悟出了内容和形式，悟出了情感和方法。感悟对全面提高学生的整体语文素养，提高学生的表达能力有着非常重要的作用。可见，感悟的过程也是学习表达的过程。感悟是表达能力形成的前提和基础，强化感悟是指向表达的重要训练方式。

什么是强化感悟？就是教者在教学过程中，以感悟为主要教学手段、方法，引导学生紧扣文本了解内容，体会情感，学习方法。强化感悟，就要把学习的权利交给学生，让学生在老师的指导下借助相关课程资源，自己读书，自己领会，自己运用。这实际上是对繁琐分析、老师讲学生听、一问到底的教学状态的优化，尊重学生的主体地位，尊重学习语文的规律。悟什么？首先要悟其义，课文内容要读懂，至少要粗知大意。还要悟其情，悟其法，即体会文章表达的思想感情，体会文章的表达方法，悟作者遣词造句的妙处。这是强化感悟的基本要求。古人说："文贵自得，书忌耳传。"凡是"告诉"的东西，都比不上"自得"的好。况且语文教学决不单单是记住一个个结论，一个个知识点，记住老师给每篇课文贴上的关于思想情感的标签。以往正是我们告诉得太多，无意义的机械训练做得太多，才使语文教学失去了灵性，使学生失去了兴趣，觉得上语文课单调枯燥，味同嚼蜡。

当然，在强化感悟的过程中容易出现碎片化的倾向，需要引起我们的重视。教者应着眼表达内容的整体，引导学生从整体的角度关照表达的过程，做到条理清晰，内容完整，重点突出。我们学习的课文都是以整体的形式出现的。不少教材在编排时都采用主题单元的形式。这就要求我们在学习时必须从整体上进行把握。而且，学生在进行表达时，一般也是以整体的形式进行表达。对表达的内容、语言、方法、过程进行整体思考以后，才进行完整、流畅地表达。可见，整体性是强化感悟、指向表达的内在要求。整体性表达符合学生的认知规律。人类在认知事物时总是遵循从整体到部分再到整体的基本规律。如果没有总体上的感知，就可能出现类似盲人摸象的笑话。整体性有利于学生从总体上把握内容。如果淡化了对课文的整体感知，学生很难从总体上把握全文。即使勉强说出来，大多也是根据教辅资料上的内容照本宣科。这样带来的后果，学生对课文的了解支离破碎。总之，整体性能帮助学生从整体角度统筹考虑，全面感悟课文内容，整体考虑表达重点，客观上起到兼顾整体、突出重点的效果。只有基于整体性的强化感悟，才能真正读懂文本，悟透情感，习得方法，为指向表达奠定坚实的基础。

二、强化积累

古人云："不积跬步，无以至千里；不积小流，无以成江海。"学生表达能力的提高离不开丰富扎实的语言积累。这正如建造高楼大厦一样，地基越宽，大厦就会建得越高。积累已经成为语文教学的一项重要内容。课程标准指出，要使学生"具有独立阅读的能力，注重情感体验，有较丰富的积累，形成良好的语感。"小学语文教学不仅要"指导学生正确地理解和运用祖国的语言文字"，还要帮助学生"丰富语言的积累"。这些表述对强化积累提出了明确要求。实际上，学习语文的过程本身就是一个不断积累的过程。通过长时间的积累，可以逐步提升学生的语文素养。随着课改的深入推进，课程标准总目标中"有较丰富的积累"的要求，已经被广大教师所接受。不少教师主动更新观念，改进教法，把积累落到了实处。一段时间以来，语文课堂随处可见强化积累的教学环节。

细细想来，学习语文的目的主要是为了掌握语言这个工具，语文教学主要是培养学生的听说读写能力。语言哪里来？走进校门以前，是听来的，是在听、说的实践中习得的。进了校门则主要是从书本中读来的，在读、写的实践中学得的。语言靠积累，能力靠实践。小学生精力充沛，记忆力强。小学阶段是学习语言的最佳时期，也是记忆的最佳时期。作为语文教师，一定要抓住学生记忆的黄金时期，创造各种情境帮助学生丰富语言的积累，从课文中的好词好句，到课外的名言佳句，有计划、有步骤地帮助学生积累，从而为学生的表达打好语言的基础，让语文课真正为指向表达服务。

强化积累的好处显而易见。一个人的语文素养要靠长期、大量的积累才能形成。学生在强化积累的过程中储存了海量的语言素材。丰富的语言素材是学生形成表达能力、提升语文素养的基础。实践告诉我们，学生只有积累了大量的语言素材，才有可能进行流利、生动、准确的语言表达。可见，强化积累是指向表达的基础，是指向表达语文课的重要内容，也是指向表达的基本特征之一。

三、强化方法

我们常说，授人以鱼，不如授人以渔，这充分说明了学习方法的重要性。法国物理学家朗之万在总结读书的经验与教训时深有体会地说："方法的得当与否往往会主宰整个读书过程，它能将你托到成功的彼岸，也能将你拉入失败的深谷。"有关测试表明：95% 的人智商介乎 70 至 130 之间的标准范围，只有 2.5% 的人智商低过 70。因此，智力绝不是成绩的决定因素，关键还是在于学习方法。不同的学习阶段、学习环节需要不同的学习方法，不同的学科、不同的知识类型也需要不同的学习方法。

指向表达的语文教学，核心在表达，关键在方法。学生表达能力提升的快慢，很大程度上取决于表达方法指导的有效性。方法有效了，事半功倍；否则，适得其反。在教学过程中，我们一定要高度重视学习方法的作用，适时、适度教给学生表达的方法，让学生用学到的方法，建构表达的范式，进而规范、生动地进行表达。课上，教者要有意识地进行方法的渗透，真正做到课内得法、课外运用，巧妙实现方法的迁移、内化。作为教者，要结合教学内容和学生实际，从表达的顺序、主次，到表达语言的组织，乃至语气、语调、停顿、重音，都要引导学生逐步学会、掌握。只有正确掌握了表达的基本方法，学生才能学会流畅、生动地表达，真正提高自身的表达能力。由此可见，强化方法指导是指向表达的内在要求和主要特征。

指向表达的语文教学，在强化方法的过程中，常常由于重视条理、主次、语法、修辞等表达方法而忽视表达规范性的现象。规范性就是按照既定标准、规范的要求进行操作，使某一行为或活动达到或超越规定的标准。指向表达的语文教学，更要注意培养学生规范表达的意识。语言是信息的第一载体，要对服务对象准确地传递信息，就要注意语言的规范性，便于表达和交流。这是一个保底的要求。表达的规范性首先要做到语音清晰。表达的目的是要让对方听清楚，听明白，以起到交流信息、沟通感情的作用。汉字集音、形、义于一体。语音不准就会差之千里，不能畅达规范地和对方进行信息交流，不能正确地传达课文的内容、思想和情感。因此，在表达的过程中，必须用规范普通话与对方交流，通过轻重缓急来准确表达，以减少交谈中的障碍，避免因语言不同而影响交流甚至发生误会。其次，要做到语义准确。语言的基本功能在于表达人们思维活动的内容。表达者的语言要清楚、准确，简单明了，要尽量使用通俗易懂的口头语言把意思表达清楚，以免影响交谈或产生误解。最后，要做到语法合乎逻辑。语言要符合语法要求，具有系统性和逻辑性。如把事情发生的时间、地点、过程、变化、因果关系等叙述明白，概念、层次要清楚，同时要注意使语言简洁精练。

四、强化运用

所谓运用，就是根据事物的特性加以利用。课堂教学中的"运用"，是指在教学过程中，教者根据教学内容的特点，引导学生进行方法的迁移，学会在具体情境中进行举一反三的应用。在教学过程中，任何运用都是在学习者已经具有的知识经验和认知结构、已获得的动作技能、学习的情感态度等基础上进行的。叶圣陶先生曾经说过：语文教材无非是个例子，凭这个例子要使学生能够举一反三，练成阅读和作文的熟练技能。学生在迁移运用的过程中，实现由得言到得法、由教过到学过的转变，从而达到方法的内化、能力的提升。

课程标准关于"语文课程是一门学习语言文字运用的综合性、实践性课程"的表述告诉我们，进行语言文字运用是学习语文的重点所在。这里的"语用"，不是内容回顾式的、低层次的消极语用，而是方法迁移式的、指向创新的积极语用。这种注重迁移的积极语用，要实现从积累语言到运用语言，从学习方法到运用方法。教者一定要增强迁移运用的意识，善于根据课文内容和学生实际，准确选择运用的点，巧妙把握运用的时机，帮助学生搭建迁移的桥梁。学生在尝试运用的过程中，语言积累得到强化，学习方法得到内化，语用能力得到提升，语文核心素养得到明显提高。由此可见，强化运用实际上是指向表达的重点和关键。

提高强化运用的实效，一定要立足于学生已有的知识基础和生活经验，贴近学生的学习需求，激发学生运用的强烈欲望，鼓励学生大胆表达、个性化表达，经历表达的过程，体验表达的快乐。教者一定要吃透学情，充分了解学生，找准迁移运用的起点。著名特级教师薛发根老师一直倡导"三不教"，即学生已经懂的不教，学生能自己读懂的不教，教了学生也不懂的也不教。

也就是要到学生那里寻找学习的起点，选择适合学生的内容，教在该教处。冰心先生认为：心中有什么，笔下就写什么；话怎么说，字就怎么写；有话则长，无话则短；思想感情发泄完了，文章也就写完了。作为教者，一定要充分调动学生表达的积极性，激发学生表达的强烈欲望，创设表达的情境，鼓励学生个性化表达，发表自己的见解，把属于学生的权利还给学生，让学生真正回到课堂的中央。

第二节　指向表达的基本过程

如果说理解内容、体验情感是理解作者"写什么"的问题，那么揣摩表达顺序、领悟文章表达方法则是学习和借鉴作者"怎么写"的问题。课程标准明确指出，语文教学的核心任务是组织和指导学生学习语言，发展学生理解和运用祖国语言文字的能力。学生学习一篇课文不仅仅要借助语言文字理解课文的思想内容，还要在理解内容的基础上，揣摩课文的表达方式。从第三学段开始，课程标准对不同文体文章的阅读目标进行了分别表述，这些表述成为我们揣摩表达的基本要求。从阅读的层次上说，这是更高层次的要求。在落实课标精神、深入推进课改的今天，指向表达应该成为阅读教学的基本视角，成为夯实语文基础、提升语文素养的基本途径。

随着课程改革的深入推进，我们对语文课程的基本特点有了全面而深刻的了解，课堂发生了明显变化，引导学生进行以指向表达为主要内容的语言文字运用训练成了当下语文课堂的主要任务，语文课堂重新找到了教学的起点，正在实现从追求形式的出新、表面的热闹到着力进行语用训练、提升语用能力的应然回归。空洞串讲的少了，品词析句的多了；拘泥教材的少了，注重积累的多了；光说不练的少了，读写结合的多了；无序拓展的少了，有效拓展的多了。以学生生活为起点，品味语言为重点，揣摩写法为切入点，读写结合为着力点，引导学生扎扎实实进行指向表达的语用训练，学生的表达能力有了明显提升。回顾常态教研活动就会发现，许多老师揣摩表达的意识明显增强，这是课程改革深入推进、语文本体意识回归的重要体现。但同时也发现，部分老师对指向表达的教学策略、基本过程感到茫然，面对课文要么束手无策、无从入手，要么遍地开花、蜻蜓点水。那么，指向表达的基本教学过程一般包括哪几个环节，又是怎样具体实施的呢？

《爱如茉莉》是苏教版国标本五年级（下册）的一篇课文，用清新、朴实的语言记叙了妈妈生病住院，爸爸去医院照顾这件小事，告诉我们真爱就如茉莉般平淡无奇却芬芳怡人。课文线索清楚，描写细腻，比喻恰当，形象鲜明，重点突出，前后呼应，值得学生去好好揣摩体会。如何引导学生体会课文的表达特点，让教学过程都指向表达呢？一位老师执教《爱如茉莉》时，以语言文字运用为切入点，从表达的角度学习课文，引导学生在多层次的阅读中学习表达的方法，在读写结合中内化表达的能力，让学生充分体验指向表达的全过程。整个教学过程都基于表达、指向表达，学生的表达能力有了明显提升，指向表达成为课堂教学的基本视角。下面以《爱如茉莉》一课指向表达的教学过程为例，具体介绍散文类课文指向表达的教学流程，以求窥一斑而知全豹，帮助大家全面了解阅读教学指向表达的基本过程。

一、整体感知，了解表达内容

指向表达首先必须对表达内容有一个基本了解，对课文语言风格有大致把握，也就是说，指向表达必须建立在整体感知内容的基础上。在学习《爱如茉莉》的过程中，教者首先从解读课题入手，要求用自己的话说说题目的意思。在引导学生了解课题意思的基础上，再让学生整体感知课文，边读边思考：妈妈说爱就像茉莉，映儿的心中留下了一个大大的问号，爱怎么会像茉莉呢？文中对于茉莉的描写有好几处，请同学们自由读读课文，找一找相关的句子。在学生初读交流的时候，及时引导学生品读体现茉莉特点的词句，用四字词语归纳茉莉的特点，并相机板书：平淡无奇、洁白纯净、缕缕幽香。在品读这些词语的过程中，深入体会茉莉"平淡无奇"的特点，为下面感受茉莉般的真爱做铺垫。

整体感知课文符合学生的认知规律，为学生指向表达奠定基础。人类在认知事物时总是遵循从整体到部分再到整体的基本规律。如果没有从总体上对内容的感知，就可能出现类似盲人摸象的笑话。试想，学生拿到一篇课文，如果对课文没有一点整体印象，怎么可能与课文进行全面对话，从而走进文本、揣摩表达呢？难怪许多语文名家一再提醒我们，在语文教学中，学生课文读不熟不开讲。其次，整体感知课文也有利于学生从总体上把握全文，了解表达方面的特点。我们在学习课文尤其是公开教学时，总喜欢选择一些有代表性的句段，循序渐进地品读感悟，给人感觉课上得很实在。其实，如果淡化了对课文的整体感知，学生就很难从总体上把握全文。即使勉强说出来，大多也是根据教辅资料上的内容照本宣科。这样带来的后果，学生对课文的了解支离破碎，甚至出现误读的可能。

二、立足文本，习得表达方法

指向表达，还需要从课文的文体特点入手，了解文体基本的表达方式，习得基本的表达方法，为进一步揣摩表达打下基础。《爱如茉莉》是一篇文质兼美的散文。散文虽然取材十分广泛自由，不受时间和空间的限制，但所要表达的主题却必须明确而集中。也就是说，散文的内容无不为更好地表达主题服务。我们以前在初读课文的时候，一般将着力点放在读准字音、读通句子上面，当然这也是必须的。我们在学习散文时，要引导学生从看似散乱的材料中找到贯穿全文的主线，帮助学生明晰文章的主线，从总体上把握全文，达到"提领而顿，百毛皆顺"的效果。作为一篇散文，要首先引导学生明晰文章的主线，将课文中散落的珍珠穿成串，才能体现文体特点，使散文的学习紧凑、有效。许多学生在散文学习时陷入困境，很大程度上是不能对课文进行整合，从全文的角度整体解读，以至于"一叶障目不见泰山"。此时，迫切需要引导学生立足文本，运用前后勾连的方法，联系上下文，寻找相关联系点，明晰表达线索，帮助学生顺利走出散文解读的困境。

在学习《爱如茉莉》的过程中，为了帮助学生明晰主线，教者从解读课题入手，要求用自己的话说说题目的意思。在此基础上，引导学生抓住具体描写茉莉的三句话，通过理解词语、想象画面、读中体会，具体感受茉莉"平淡无奇""洁白纯净""缕缕幽香"的特点。然后，引导学生进一步深入探究：课文主要写了父母之间的真爱，为什么还要描写茉莉呢？从而帮助学生体会到课文是借助茉莉引出父母之间的真爱，又是在描写茉莉中揭示主题、升华情感的。为了帮助学生进一步明晰线索，教者采用了互文阅读的方法，引导学生前后勾连整体感知。由第9自然段爸爸的"紧握"，到第10自然段的"睡眼朦胧""蹑手蹑脚"，再到第11、12自然段的"布满血丝的眼睛""边打哈欠边说",这样前后勾连,就把爸爸妈妈的真爱集中在一起,串珠成线,学生很快就了解:课文以茉莉贯穿全文,茉莉就成了课文叙事的线索;课文表现的是父母之间平淡却深厚的真爱,真爱就成了课文情感的线索,是叙事的暗线。这样前后勾连,帮助学生逐步明晰主线,紧扣"爱如茉莉"这一主题,体会"爱如茉莉"的"如",从整体上体会这种表达上的特点,学习表达方法,也突出了散文的文体特点。

三、创设情境,积累表达语言

课文是由一个个句子组成,了解句子的意思是学习课文、揣摩表达的基础。有经验的老师在预习、初读阶段,就引导学生通过了解句子的意思,进而了解课文的主要内容,为深入揣摩表达做好准备。实际上,品味语言本身也是在积累语言、指向表达。著名语言学家张志公先生说过:"无论是阅读还是作文,首要的是字词。"而句子则是由一个个词语连贯而成。要想深入、全面了解句子意思,学习表达方法,必须从组成句子的关键词语入手。所谓关键词语,也就是对句子表情达意起至关重大作用的词语,即牵一发而动全身的词语。引导学生品味这些关键词语,读懂背后的深刻内涵,体会表达的准确,积累表达的语言,从而丰富自己的表达。

在学习《爱如茉莉》的过程中,为了引导学生品味语言,教者采用了创设情境的方式,让学生在具体情境中品语言、学表达。在感受"直奔图"时,教者采用语言描述的方法,配乐范读课文第6—8自然段,然后引导学生细细品味这些语言文字,画出让你感动的地方,去寻找爱的足迹。学生从妈妈病了,还牵挂着爸爸,想着煮饺子给爸爸吃,体会到妈妈对爸爸的爱;从"记住,要等到他吃完了再告诉他我进了医院,不然他会吃不下去的"可以看出妈妈不想让爸爸知道,不想让爸爸担心;"然而,爸爸没有吃我买的饺子,也没听我花尽心思编的谎话,便直奔医院""此后,他每天都去医院"感受到爸爸对妈妈的爱。在此基础上,引导学生抓住"虚弱""记住""直奔"反复品读,读出文字背后浓浓的爱意。学生从"虚弱"体会到妈妈关心爸爸胜过关心自己,从"记住"读出了真爱就是一种约定,从"直奔"读出了真爱就是一种牵挂。学生通过一个动作、一句话,甚至一个表情走进人物的内心世界,从这些平淡朴素的生活细节中,感受到真爱就像茉莉一样平淡无奇。在感受"熟睡图"时,采用画面出示与感情朗读相结合的方式。先引导学生边看插图,边品读课文第9自然段，捕捉爱的细节，感受茉莉般的爱。在此基础上，抓住"紧握着的手""恬静的微笑"等爱的细节，引读"熟睡图"："因为有爱，睡梦中爸爸依然紧抓着妈妈的手……因为有爱，病痛中妈妈脸上挂着恬静的微笑……"为了更深刻地走进人物的内心，还设计了剧情扮演、情境独白这一环节，要求学生根据提示，练习说话，揣摩人物的心理活动。"夜深人静的时候，父母两人在内心默默地在和对方述说着，爸爸伏在床沿边，心里默默地说……妈妈望着床沿上的爸爸，心里默默地说……"学生通过揣摩人物的心理活动，更深刻地感受父母之间如茉莉般的真爱。此时，在温馨的音乐声中，在让学生配乐朗读，感受那温馨美好的一幕，可谓水到渠成。

四、读写结合，内化表达能力

所谓"读写结合"，就是以文章为载体，从文章的内容出发，设计与之相关"写"的训练，通过揣摩表达来促进写作，为学生构建自我表达和与人交流的平台，使阅读、写作、思维训练三者融为一体，全面提高学生的语文素养。张志公先生说过："多写，这是完全必要的，不过，写必须以读为基础的前提；没有正确、充分的读作基础，光写还是不行的。"这句话充分说明读和写是个互逆的过程。它们之间既相对独立，又密切联系着。读是写的基础，写是读的继续和发展。揣摩表达的最终落脚点应该指向运用。我们在阅读教学过程中引导学生揣摩表达，学习写法，最终要体现在对方法的运用上面。

在学习《爱如茉莉》的过程中，为了帮助学生更深入地感受父母之间平淡却深厚的真爱，在品读"直奔图""熟睡图"的基础上，引导学生再次默读全文，学习用"爱是_____"的句式概括文中真爱的细节。此时学生再回到课文，对父母之间的真爱有了全面的了解，浓浓的亲情变成了诗歌一般的语言："爱是什么？爱是妈妈的牵挂；爱是爸爸的叮嘱；爱是妈妈嘴角的微笑；爱是爸爸紧握着的双手；爱是清晨淡淡的阳光；爱是病房里那簇芳香的茉莉；爱如茉莉，洁白纯净；爱如茉莉，幽香缕缕；爱如茉莉，平淡无奇却又充满诗意……"为了帮助学生更深入地理解真爱，教者引导学生走进自己的生活，回忆身边的人关爱自己的点点滴滴，用自己的语言写下对爱的理解，进一步升华对真爱的认识。"爱是爸爸温暖的大手，抚摸着我们的脸庞。""爱是妈妈慈祥的眼睛，温暖着我的心房。""爱是奶奶的唠叨……""爱是老师的鼓励的目光……"一个个感动的细节，一句句感人的语言，从揣摩表达到学会运用，真爱从学生的笔尖自然流淌。此时，他们已经被真爱感动着，被浓浓的爱意包裹着，对"爱如茉莉"的理解、对表达方式的运用又上了一个新台阶。读写结合，阅读为作文提供了揣摩表达的范例，写作为内化表达提供了训练的载体，可谓一举多得。

当然，指向表达作为强化学生语用能力、提升语文素养的重要举措，其教学过程不是一成不变的，了解表达内容——习得表达方法——积累表达语言——内化表达能力也只是指向表达教学过程的一种常见范式。指向表达的内涵是丰富的，其教学流程也应该是多样的。不同的文体、不同的课文内容，乃至不同的课型，其指向表达的教学流程都会有所变化。只要我们一切从学生和教材实际出发，以语言文字运用为着力点，从表达的角度解读教材，找准起点，科学实施，就一定能夯实指向表达的过程，使指向表达成为语文教学的基本视角，真正实现语文课堂的应然回归。

第三章 指向表达的路径与策略

第一节 指向表达的基本路径

指向表达作为语用背景下语文学习的有效实施策略，对提高学生的表达能力、提升语文综合素养的作用是显而易见的。语文教学是否指向了言语表达，要从两个层面审视：一是教学内容是否具有表达元素：教学内容要落脚在对文本文字的音形义理解，对语言"色香味"的揣摩，对文本用词造句的关注，对语言的特点及规律的探索，对文本篇章结构的借鉴。二是教学过程是否着眼表达能力。一般说来，语文教学要着眼"三个一"，即一笔好字、一副好口才、一手好文章。这"三个一"是最重要的表达基本功。课堂上，不管如何组织教学活动，都要紧扣"三个一"展开。要挤出充裕时间，指导学生写字；以熟读为基础，用多种形式理解、积累、运用语言，夯实言语表达基础；用背诵、复述、概括、改变表达等多种方式，训练言语表达技能。

指向表达的语文课，不仅要求教学的各个环节要为指向表达服务，还要求我们围绕提高学生的表达能力去主动整合资源，创设练习说话、练笔的机会，切实提高学生的表达能力。深入研究指向表达，要求我们根据指向表达的基本要求和内在规律，探寻在语文教学过程中指向表达的基本路径，提高常态语文教学指向表达语用训练的学习效率。也就是说，指向表达应该贯穿于语文教学的全过程。探寻指向表达的基本路径，需要我们全面审视语文教学的过程，从课前到课中，从磨课到上课，从内容的选择到方法的运用，力求找到指向表达的内在规律和操作路径，切实提高指向表达的实施水平。下面拟从选择内容、打磨过程、科学实施等三方面归纳指向表达的基本路径。

一、选择内容：指向表达的前提

长期以来，我们一直关注如何改进语文课堂教学，立足于教学艺术的提升，而对于"教什么"的根本问题却视而不见。王荣生教授曾说过："一堂好课的最低标准是要有适宜的语文教学内容。"如果连"适宜的语文教学内容"都不甚了了，还谈什么表达能力的提升？由此可见，"教什么"远比"怎么教"要重要得多。小学语文教学首先要解决的是"教什么"的问题。只有明确了"教什么"，才能做到学有目标、教有方向，从根本上改变语文教学高耗低效的现状。

（一）解读教材——找准指向表达的立足点

教材是教师教和学生学的主要凭借，是教师进行教学工作的具体依据，也是学生习得知识、发展能力、陶冶情操的重要工具。教师只有准确地解读教材，才能更好的去教学。纵观当下的语文教学，有人认为，缺少的不是教学艺术，而是教学内容。我们要努力把教材内容变成教学内容。著名特级教师孙双金指出：上好语文课，解读文本是第一步。不但要解读文本的"字面义"，更要体会文本的"字中义、字外义"。一句话，正确到位的解读文本，灵活应变的活用教材，我们的教学才不会偏离方向。

就教学预设而言，文本解读应该是教师对文本的感知、理解、对话和创造的过程，是优化教学设计与进行有效教学的前提与基础。实际上，由于个人知识背景、理解能力的不同，对文本的解读可谓"横看成岭侧成峰，远近高低各不同"。有的侧重于"字面义"，有的侧重于"字中义、字外义"；有的忠实于原文，有的讲究与时俱进；甚至于对同一篇文章还出现截然不同的两种解读。在平时的教研活动中我们发现，许多老师在解读教材时经常出现着"豆大的馒头——无从下口"的窘境，反映出部分教师文本解读的能力急需提升。那么，该如何顺利进行教材解读呢？下面以苏教版三年级（下册）《鹬蚌相争》为例，谈谈指向表达背景下解读教材的基本路径。

1. 从语言到内容

课文是由一个个句子组成，了解句子的意思是学习课文的基础。有经验的老师在接触课文时，一般通过了解句子的意思，进而了解课文的主要内容，为深入研读课文做好准备。著名语言学家张志公先生说过："无论是阅读还是作文，首要的是字词。"而句子则是由一个个词语连贯而成。要想深入、全面了解句子意思，必须从组成句子的关键词语入手。所谓关键词语，也就是对句子表情达意起至关重大作用的词语，即牵一发而动全身的词语。品味这些关键词语，读懂背后的深刻内涵，体会运用的准确，为深入了解内容，和文本、作者对话打下扎实基础。解读教材，理应从理解词语、了解内容开始。

题目，通常被称作文章的"眼睛"，是文章浓缩的精华，是作者反复斟酌才最终确定下来的。我们解读教材最先看到的是课文的题目。但是我们发现，许多老师在解读教材时，往往直接跳过课题和课文对话，忽视对课文题目的推敲，浪费了宝贵的资源。在《鹬蚌相争》中，我们在解读题目时，通过查阅资料了解"鹬""蚌"这两种动物的特点，然后重点研究一个"争"。因为"争"是这个故事的核心，是课文的题眼。通过查阅资料我们了解"争"在甲骨文中的字形，清楚"争"最初的意思，为课上帮助学生概括内容、提炼主线做准备。

这篇课文共四个自然段。在解读教材时，我们在浏览课文的基础上，重点抓住一些关键词语，力求"牵一发而动全身"，帮助学生打开和文本对话的窗口。如第二、三、四自然段分别抓住"威胁""毫不示弱""相持"等词语层层深入，由词到句再到整篇课文。如第二自然段抓好"威胁"分这样几个层次：先找出直接写鹬"争"的词语——"威胁"，接着了解什么叫"威胁"，可以换成哪些词语，理解"威胁"的意思，然后联系生活经历，揣摩此时人物心理，最后进行角色转换，以鹬的身份读出"威胁"的语气。当然，个人的知识基础、对课文的理解不同，重点抓的关键词语也就各不相同。抓住这些有代表性的关键词语，可以方便快捷地打开学生和文本、作者对话的窗口，提高学习的效率，让对话变得简洁而深刻。

2. 从课文到原文

教材是学习的主要载体，是编者根据课程标准编写的学习基本用书，具有很强的权威性。我们在进行解读教材时必须尊重教材，以教材为本。我们鼓励教师在尊重文本的前提下，进行个性化的解读。当然，我们在解读教材时也不能遗忘了原文。作为教材，在选编课文时会对原文进行一定的删减，以更加符合学生特点和教材风格。所以，对入选教材的课文，一定要找到原文，全面了解原文内容，从而全面、准确地解读教材，避免误读、曲解。

在解读《鹬蚌相争》这篇课文时，我们首先找到了课文的作者及出处。这个故事出自《战国策》。《战国策》是西汉刘向编订的一部史书，记录战国时代游说之士的策略和言论。入选教材的《鹬蚌相争》只是根据原文中的一部分内容翻译的。在原文中,完整的内容是和一定的历史事件联系在一起的。在两千多年前的战国时期,赵王要出兵攻打燕国,燕国大夫苏代给赵王讲了"鹬蚌相争"的故事,就打消了赵王这个念头。很明显,原文是要通过这个故事告诉人们一个道理:双方为了一点利益互不相让,可能会导致两败俱伤。在解读教材的过程中,我们围绕着寓意的揭示,将课文和原文进行了对比,预设了从课文内容到原文的故事,再联系学生的生活经历来理解寓意的学习流程,一步步把课文理解透彻、准确。

当然,我们在解读教材时也不能遗忘了作者。作为文章的写作者,在创作这篇文章时,总是和一定的时代背景、特定的人物事件紧密联系在一起的。只有全面了解这些时代背景、人物事件,才能准确、全面地解读教材,真正和作者进行深入对话。

3. 从一篇到一类

"语文教材无非是个例子"是叶圣陶先生一以贯之的观点,是其语文教育思想的重要组成部分。他以为"语文教本只是些例子",它的"性质同于样品,熟悉了样品,也就可以理解同类的货色"。从叶圣陶先生的这些话中我们受到很大启发,教材不是教学的终点站,而且教学的最终目的不在教材本身,而在于通过教材的学习使学生举一反三,提高语文能力。我们学习一篇课文,要帮助学生带动一类课文的学习,发挥好教材这个"样品"的作用。

《鹬蚌相争》是一篇寓言。我们在学习这篇课文时,要教给学生学习寓言的基本方法,培养阅读寓言的兴趣,带动寓言类课文的学习。寓言是一种古老的文学形态,用假托的故事来说明某种道理,从而达到劝诫、教育或讽刺目的。在浩如烟海的世界文学宝库中,寓言犹如一串串闪闪发光的明珠,引人注目,随着时代的发展而历久弥新。由于寓言故事篇幅短小精炼,内容生动有趣,语言浅显明白,道理通俗易懂,深受儿童的喜爱。正因为如此,在现行小语教材中,都安排了一定数量的寓言类课文。以苏教版教材为例,分别在二、三、五年级安排寓言类课文9篇。其中有《鹬蚌相争》这样的中国寓言,也有《狐狸和葡萄》这样的外国寓言。寓言类课文数量虽然不多,但其中丰富的想象、生动的语言、夸张的角色、神奇的情节对学生有很强的吸引力。学生读着寓言类课文,能丰富想象能力,增长知识,受到启迪,获得快乐，不知不觉受到了教育、启发。

在《鹬蚌相争》这篇课文时，我们充分要发挥好教材这个"样品"的作用，教给学生学习寓言的基本方法，让学生能自主阅读其他寓言故事。在初读阶段，学会概括故事内容；在研读阶段，学会抓住关键词语理解故事内容；在提升阶段，学会联系实际理解寓意；在运用阶段，创设情境让学生讲故事，并能初步学会根据对象的不同进行必要的调整。总之，学生通过《鹬蚌相争》的学习，要能初步建构起学习寓言类课文的基本路径，形成基本的学习能力，为阅读其他的寓言故事做好充分的准备。

（二）选准内容——找准指向表达的训练点

在平时的教学过程中，对于同一篇课文，不同的教师可以教出截然不同的内容来。有的教师课文写了什么，他就教什么，阅读课一会儿变成了思品课，一会儿又变成音乐课，一会儿变成了科学课，结果常常是种了别人的田，而荒了自家的地；有的教师则从修辞、篇章结构、写作知识等方面，进行掘地三尺式的深耕，"挖"出了一个个所谓的知识点，结果教师解读很深刻，学生却一脸茫然。在备课的过程中，如何选择教学内容逐步成为备课的重点。在反复打磨的过程中，我们常常从研读课程标准、领会课标内涵开始，从文本表达的重点、学生学习的难点、语用训练的着力点、链接生活的训练点入手，力求找准指向表达的训练点，提高训练内容的针对性和实效性。下面以苏教版四年级（上册）《一路花香》具体说说指向表达背景下教学内容的选择。

1. 关注文本表达的重点

文本是学习的主要载体。它是编者根据课程标准编写的学习基本用书，具有权威性。教材的基础地位不容动摇。我们在进行语文学习时必须尊重教材，以教材为本，扎扎实实地进行语言文字的训练，用好教材资源，提升学生的语文素养。切不可为了求新，赶时髦，把教材放在一边，搭花架子，去搞所谓的"花样翻新"。我们在选择教学内容时，一定要基于文本，从文本表达的重点出发确定教学内容。

《一路花香》是一则寓言，主要讲了一只有裂缝的水罐在完好的水罐面前感到惭愧，挑水工却告诉它说，从它的裂缝渗出的水浇灌出了美丽的花。初备的时候，觉得这篇课文内容浅显，语言直白，没有什么好讲的东西。如何才能做到从文本表达的重点出发确定教学内容呢？

首先，从题目入手。题目是文章的眼睛。从题目入手，就能很快抓住主要内容，可以达到提领而顿、百毛皆顺的效果。课文讲的是挑水工和破水罐之间的故事，为什么要以"一路花香"为题呢？原来，这"一路花香"是破水罐浇灌出来的，也就是破水罐作用的具体体现。所以，就要从课题入手，引导学生去文中寻找直接描写"一路花香"的三句话，体会这三句话背后的深刻内涵，为后面的深入学习找到一根循序渐进的线索。

其次，从内容入手。在与课文对话时，我们既要学会概括能力，要将一篇课文读成一句话，也要学会理解感悟，将一句话读成一段话、一幅画。课文写了挑水工和破水罐之间的故事，仔细阅读课文，就会发现课文是以破水罐心情的变化为线索展开的。先是"十分惭愧"，接着"一丝快乐"，然后"仍然伤心"。以破水罐心情的变化为线索确定教学内容，可以将课文内容充分整合，突出主要内容，也就是将散落在文中的内容串成串。如果说"一路花香"是明线，心情变化就是暗线。在学习"十分惭愧"时，紧紧抓住"十分惭愧"体会原因，一是破水罐因比不上好水罐而惭愧，二是因对不起挑水工而惭愧。在学习"一丝快乐""仍然伤心"时，通过探究"一丝""仍然"体会破水罐的自卑。

再次，从体裁入手。每一种体裁都有特定的表达特点。这篇课文是一则寓言。寓言一般都借用一个假托的故事来说明一个深刻的道理，寓言中所饱含的深刻的道理就是寓意。学习寓言，不仅仅要了解故事的主要内容，更重要的是要领悟寓言所包含的寓意，也就是领悟寓言寄托或隐含的某种意义，从而体会作者写这则寓言的目的，受到启发和教育。选择教学内容时，让学生仔细品读第三自然段挑水工的话，从破水罐和挑水工两个方面进行体会，引导学生逐渐懂得：世上每一件东西、每一个人都有自身存在的价值，我们既不要骄傲自大，也不要太过自卑，只要恰到好处地利用自身的特点，就能充分发挥作用。

2. 关注学生学习的难点

学生是学习的主体，我们的一切教学活动都要围绕学生展开。这就要求我们在确定教学内容时，要从学生的实际出发，充分了解学生的学习需求，贴近学生的最近发展区，让学生都能摘到属于自己的"果子"。我们在确定教学内容时，要从学生的实际出发，充分了解学生的学习需求，合理确定学习的难点，提高学习的效率。

诚然，随着课改的深入推进，我们在教学内容的选择上开始越来越关注学生。表面上看，我们的语文课堂能从学生生活实际出发，坚持以学生为本，以学情为归依，贴近儿童进行语文学习。实际上，相当多的课堂还是披着"学生中心"的外衣，行着"教师中心"的实际。尤其是在确定语文学习的起点时，仍然是以教师为中心，学生"被中心化"。用教者的童年来想象现在学生的童年，用成人的眼光去设想学生的生活，实质上仍然是以教定学。实际上，这种以教定学的情况在平时的教学过程中比比皆是。一些教师出于教学的方便，往往一心想着"我要教什么"和"我要怎么教"，忽略了"学生需要学什么"和"学生最好怎么学"，从而导致教学的核心价值被异化，学习生态被破坏。可以这么说，找不准语文学习的起点，仍然是当前语文教学无言的痛。

在选择教学内容时，一定要进行学前调研，真正掌握学生学习的难点。要蹲下身子看学生，摸清楚学生的学习需求，从学生的角度真正找准学习的起点。在检查预习的时候，发现学生对以破水罐心情的变化很容易找到，但是对心情变化的原因却很难理解。于是，将理解破水罐心情变化的原因作为重点、难点，引导学生反复体会。先是找出写心情变化原因的句子自读感悟，在书旁写批注，然后通过好水罐和破水罐的对比体会破水罐因比不上好水罐而惭愧，再出示破水罐和挑水工的对话，揣摩说话的语气，体会破水罐因对不起挑水工而惭愧，然后围绕"美好的景象"进行想象，体会破水罐的快乐，最后通过品读挑水工的话，逐步揭示寓意，体会破水罐的欣慰。

3. 关注语用训练的着力点

课程标准指出：语文课程是一门学习语言文字运用的综合性、实践性课程。这句话明确告诉我们，学习语文的重点在语言文字运用。贯彻落实课标精神，就应该把落脚点放在语言文字运用上面，引导学生抓住相关词句在扎扎实实的语言文字训练中提高学生的语文能力。长期以来，我们在解读教材时，往往只重视课文内容，写了什么人、什么事，表达了什么主题，对课文怎么写的，也就是对语言的关注程度不够，尤其对揣摩表达常常轻描淡写，一笔带过，做淡化处理。结果学生知其然，不知其所以然，长此以往，导致学生学习能力的弱化。

《一路花香》一文内容浅显，语言直白，学生很容易理解。如何选择语用训练的着力点呢？在反复研读课文时，发现许多看似平常的语言背后，隐藏着极为宝贵的训练资源。如在体会"那只完好的水罐不禁为自己的成就感到骄傲"一句时，先引导学生体会从哪些词语可以看出好水罐的"骄傲"，再让学生比较"成就、成果、成绩"，然后将这三个词进行情境填空，从而充分体会好水罐的"骄傲"。在体会破水罐和挑水工对话时，先引导学生给对话补充提示语，再进行分角色朗读，揣摩人物当时的心情。在学习"这美好的景象使它感到一丝快乐"时，先引导学生边读边展开想象：呈现在破水罐眼前的是一幅怎样美好的景象？然后出示相关图片，启发学生这美景让你想起了哪些优美的词，最后及时出示一些描写鲜花的词语帮助学生进行语言积累。在学习挑水工的最后一次对话时，先让学生思考：课文写了破水罐心情的三次变化，有没有第四次心情的变化呢？再引导学生从"早""利用"体会挑水工善于将破水罐的缺点转化为优点，让破水罐发挥自己的作用，破水罐由此心情变得欣慰起来。

可见，我们在阅读教学中选择教学内容时，不仅要了解课文写了什么人、什么事，知意思、悟情感，更从揣摩表达的角度深入解读教材：作者为什么要这样写？引导学生在刨根问底式的探究中，体会结构的完整、顺序的巧妙、用词的准确，从而逐步学会表达运用，使学生对语言的理解运用跃上一个新台阶。

4. 关注链接生活的训练点

学生是学习的真正主人。这就要求我们要从学生的视角出发，了解学生的学习需求，关注学生的学习状态，让"教什么"真正贴近学生的最近发展区。随着课改的深入推进，当下的语文课堂正在掀起一股"语用热"。作为"语用热"典型表现的读写结合，几乎成了语用的代名词。不少学校甚至规定，语文课必须安排读写结合训练。读写结合训练在语用训练中的作用是毋庸讳言的。叶圣陶先生说过："阅读是写作的基础。"作文离不开阅读，作文得益于阅读。阅读为作文提供了怎样写的范例，为学生提供了一个文章的整体框架。可以说，读是写的基础，写是读的继续和发展。重视读写结合训练，可以有效提高学生的写作能力，提升语文综合素养。

然而我们也发现，许多老师在设计读写结合训练时，一味兼顾课文内容，用自己的童年预设学生的童年，练笔内容远离学生生活，学生无话可写，无情可抒。我们常说，生活是作文的源头活水。课程标准指出，习作教学"应贴近学生的实际，让学生易于动笔，乐于表达"。我们在安排随文练笔时，一定要贴近学生生活，在生活与练笔间建立起一座相互融通的桥梁，建立起一个同步律动、相似跳动的互换机制，打通练笔与生活的藩篱，让学生有"似曾相识"之感，找到表达的支点，真正做到让学生有话可练，有情可抒。

在学习《一路花香》时，如何贴近学生生活进行读写结合训练呢？经过反复推敲，我们发现破水罐由于没有看到自身存在的价值，尤其是自己渗水的缺点也可以转化为浇灌出美丽鲜花的优点，而感到十分"惭愧"。在学生之间，也有许多学生，有的可能因为个子矮小而懊恼；有的可能因为力气太小而气馁；有的可能因为学习偏科而伤心……我们可以以此为切入点，让学生学习文中挑水工善于将别人缺点转化为优点的做法，也来劝劝这些同学。于是，在了解课文寓意以后，以"读了这个故事后，你想对他们说些什么呢"为题，引导学生把想对他们说的话写下来。由于以上种种现象在学生身边经常发生，学生一下子就找到表达的对象，打开了话匣子，发自内心的话语汩汩而出。

（三）关注学生——找准指向表达的基本点

学生是学习的主体，我们的一切教学活动都要围绕学生展开。这就要求我们在确定教学内容时，要从学生的实际出发，充分了解学生的学习需求，贴近学生的最近发展区，让学生都能摘到属于自己的"果子"。但我们在平时的教研活动中发现，不少教师在选择教学内容时，要么完全放手，让学生脚踩西瓜皮——滑到哪算哪；要么披着"以学定教"的外衣，实则教者"自说自话"，还是按照教参或名师的设计来确定学习的重难点，目中无人，应该引起我们的高度重视。我们先来分析下面三种常见的教学现象。

现象一：内容选择完全放手

以下是一位老师执教苏教版五年级（下册）《音乐之都维也纳》的一个教学片段。

师：刚才我们初读了课文，大家对课文的内容一定留下了深刻的印象。你喜欢课文的哪几小节呢？请大家选择你最感兴趣的内容读一读，看看你能读懂什么。

生：（学生选择自己喜欢的部分读书。）

师：谁来告诉老师，你喜欢课文的哪几小节，你又读懂什么？

生1：我喜欢课文的第1自然段，它告诉我们维也纳环境的优美。

生2：我喜欢课文的最后一个自然段，我知道了每年的新年音乐会在维也纳金色大厅举行。

生3：我喜欢课文的第5自然段，它具体介绍了维也纳国家歌剧院本身就是一件完美的艺术品。

生4：我喜欢课文的第6自然段，我仿佛真的来到了金碧辉煌的金色大厅。

生5：我喜欢课文的第4自然段，从课文中我感受到音乐已经完全融入了维也纳人的生活。

生6：我喜欢课文的第2自然段，我认识了那么多著名的音乐家，维也纳不愧为音乐之都。

生7：……

（学生把课文7个自然段都汇报了。）

从表面上看，以上教学过程观念前卫，教师把课堂还给学生，充分体现了"以人为本"的教学理念。教者能尊重学生教学内容选择的权利，允许学生根据自己的喜好选择自己喜欢的部分。"为了每一个学生的发展"是这次课改的基本价值取向。这就要求我们在平时的教学过程中，要引导学生主动学习，积极探究，努力体验，享受乐趣。尤其在阅读教学中，要想方设法鼓励学生自主选择、自读感悟，不能以他人的理解来代替自己的阅读实践。从这个角度说，这个教学片段无可厚非。

实际上，仔细一咀嚼，你会发现，这个片段暴露出许多老师认识上普遍存在的一些误区，他们认为，突出学生主体地位，强调尊重学生自主学习，就是要服从学生，尊重学生的选择权，学生想学哪小节就学哪小节，想怎么汇报就怎么汇报，教师都不能干涉，如果不这样，就不是"以人为本"，就违背了课改精神。我们的教育从一个极端走向了另一个极端。以前是教师把课文教碎了，现在则是学生把课文学碎了。

诚然，尊重学生的选择权，尊重学生的学习方式可以更好地突出学生的主体地位。但是尊重部分学生的选择权，同时也意味着剥夺其他学生的选择权。而且，尊重学生的选择权还要和教师的正确引导相结合。有些教师刻板教条地强调学生的"自主学习"，形成教师主导作用的欠缺。上课随心所欲，想怎么上就怎么上，反正以学生为主自学、读书，教师落得清闲。有些老师在教学中为避主宰课堂之嫌，干脆把课堂一股脑儿全部还给学生。在学生自学或小组讨论时，他们站在一旁，成为看客；在朗读训练时，他们一味地让学生读，随着学生走，根本不做必要的范读与指导；在讨论探究某些问题时，他们对学生发表的不同意见，不问青红皂白，一概叫好；为了体现对学生创造思维的培养，他们甚至任学生自由想象，不予正确引导……这些老师忘记了教师是学习活动的组织者、引导者和促进者，教师的主导作用被忽视了。教师把课堂还给学生，这本身是无可厚非的，课堂本来就是学生的，学生才是课堂的真正主人。从本质上说，把课堂还给学生，教师的作用不但没有被削弱，而是对教师的要求更高了，也可以说更"苛刻"了。课程标准明确指出：要"充分发挥师生双方在教学中的主动性和创造性"。这就告诉我们：语文教学中教师的主导作用是重要的。实际上，只有充分发挥好教师的主导作用，才能真正体现"学生是语文学习的主人"。

现象二：词语感悟教师代言

以下是一位老师执教苏教版五年级（上册）《莫高窟》的一个教学片段。

师（范读）："洞里藏有我国古代的各种经卷、文书、帛画、刺绣、铜像等六万多件。"

生：老师，你读丢了一个字。

师：哦，说给大家听听。

生：老师，你把"洞里曾藏有"的"曾"读丢了。

师：丢掉的一个"曾"字，正是句中的关键词语。想想看，为什么这个词语吸引了你？

生："曾"说明那是过去的事情，现在已经不存在了。

师：大家可不能像老师这样乱丢字。自由读读这句话，你从"曾"字体会到了什么？

生1：藏经洞里曾经有过的这么多文物都流失了。

师：哦，我知道你是说，藏经洞里这么多文物都流失了，作者很惋惜。（生

1点了点头。)

生2：老师，我知道了藏经洞里曾经有过的这么多文物都被帝国主义分子掠走了。

师：你是说，帝国主义分子掠走了这么多文物，简直就是强盗，太可恨了。是吧？（生2会意地点了点头。）

师：是啊，由于清政府腐败无能，藏经洞里大量珍贵的文物被帝国主义分子掠走了，让我们带着惋惜、带着痛恨一齐读这句话。

生：（齐读这句话。）

在这个片段中，教者在引导学生品味词语时，通过漏读的方式引出关键词语。在体会词语时，学生体会不深刻，或者不是教者想要的答案，教者非常着急。为了所谓的提高课堂"效率"，教者放弃了耐心的等待，"哦，我知道你是说，藏经洞里这么多文物都流失了，作者很惋惜。""你是说，帝国主义分子掠走了这么多文物，简直就是强盗，太可恨了。是吧？"与其说是引导，倒不如说，教者成了学生的代言人。此时，教者关注的不是学生的学习过程，而是自己的教学流程。这是典型的"目中无人"，是教师中心论的表现。实际上和以前我们批评的教师直接灌输没有多大区别。我们不能从一个极端走向另一个极端，要切实转变观念，实现学生主体和教师主导的有机结合。像上例，在学生品味词语遇到障碍时，教者要学会等待，用自己的耐心等待倾听花开的声音。

等在思维展开处。当课堂生成问题后，学生思考问题、展开思维需要一定的时间。不可否认，学生的思维有快慢之分。思维慢的学生需要等待，思维快的学生同样需要等待，只是等待的程度不同而已。有时，学生的思维很浅显，需要引向深入。此时，正是发挥教师引领作用的时候。像上例，学生对"曾"的理解没有到位，教者可以把学生的注意力引导到文本中来，给学生时间，让学生潜心体会文章。等学生充分体验了学习过程、思维充分展开之后，学生的认识会上一个新的台阶。我们不能被所谓的教学任务绊住手脚。课堂上，不是看完成了多少教学任务，而是要充分关注学生的学习过程。我们习惯于完成显性的教学任务，而忽视了学生体验、感悟这样的隐性教学任务。正是这样的隐性教学任务，往往影响着人的一生。像上例，生1谈到"藏经洞里曾经有过的这么多文物都流失了"时，教者可以巧妙引导，"我知道你此时的心情，再好好想想，待会儿告诉老师，好吗？"待学生充分思考之后，相信学生一定能有深刻、独特的发现。

等在重塑信心处。在课堂上，我们发现，许多学生问题回答不出来，不是不会，而是自信心不足，害怕犯错误。在这种情况下，教者更要学会等待。等待的实质是尊重。此时，我们面对的不仅仅是一个问题，而是一个需要发展的人，有着强烈表达欲望的学生。此时的等待，对教者来说，可能只有几秒钟，对学生来说，却是迈上了新台阶，可能是人生的一个转折点。尊重信任学生，会给学生以无穷的力量。"别紧张，慢点说。""相信自己，一定能行！""哎呀，比昨天棒多了，重来一遍一定会更好！"一句句富有人性化的鼓励性的语言让学生看到了成功的希望，重塑了信心。有了强烈的自信心，成功还会远吗？

现象三：读写迁移远离实际

生活是作文的源头活水。叶圣陶先生曾说过："生活如源泉，文章如溪水，泉源丰富而不枯竭，溪水自然活泼地流个不歇。"课程标准提出习作教学"应贴近学生的实际，让学生易于动笔，乐于表达"。我们在安排随文练笔时，一定要贴近学生生活，在生活与练笔间建立起一座相互融通的桥梁，建立起一个同步律动、相似跳动的互换机制，打通练笔与生活的藩篱，让学生有"似曾相识"之感，找到表达的支点，真正做到让学生有话可练，有情可抒。然而，我们也发现，许多老师在设计读写结合训练时，一味兼顾课文内容，用自己的童年预设学生的童年，练笔内容远离学生生活，学生无话可写，无情可抒。

在一次同题异构活动中，几位老师同时执教苏教版五年级（下册）的《水》。作者用生动的语言，回忆儿时洗澡的不易，下雨时，用雨水洗澡；炎热时，母亲用一勺水为四兄弟消暑纳凉，说明当时水的珍贵。第一位老师设计的小练笔是："这样的'饿'实在太多了，水窖被母亲锁上了，钥匙又挂在了母亲的腰带上，一个月过去了，_____；两个月过去了，_____；……半年过去了，___。"从课上学生完成的情况来看，学生基本上在重复课文中关于"饿水"的描述，不是说"将要被风干"，就是说"像将要被晒干的狗尾巴草"，也没有达到预设的练笔目的。第二位老师是这样设计小练笔的："学习课文第五自然段的细节描写，你也用上这种方法，写一处场景，如：小露珠从叶尖上滴落下来；口渴难当时，我们痛痛快快地喝水的感受；久别重逢，我一头扎进了妈妈的怀里……"从学生交流的情况来看，学生把小露珠滴落的过程、痛快喝水的体验、扎进妈妈怀里的感受，写得是那样传神、逼真。第二次小练笔达到了预设的练笔目的，取得了成功。大家都认为，这个小练笔的结合点抓得巧，抓得准。

第一次小练笔的设计，紧扣课文内容，补充课文的留白，不能说安排没有道理。问题在于，课文写的是缺水的地方，而学生生活的地方却是一个水乡，没有这样的体验。让一个水乡的孩子来体会缺水的感受，远离了学生的生活。学生没有这样的生活体验，只能根据课文描述，依样画葫芦，要么原样照抄，要么适当改写，做无病呻吟状。第二次设计，摆脱了课文内容的束缚，从学生的生活入手寻找练笔内容，引导学生写一处场景，可以是小露珠滴落的过程，也可以是痛快喝水的体验、扎进妈妈怀里的感受。由于这些场景与学生生活紧密相连，学生有话可说，有情可抒，练起笔来也就轻车熟路、水到渠成了。

学生是学习的主体，我们的一切教学活动都要围绕学生展开。我们在确定教学内容时，要真正从学生的实际出发，充分了解学生的学习需求，巧妙发挥教者的主导作用，从而真正做到学有目标、教有方向，实现从"教教材"到"用教材教"的真正转变。

二、打磨过程：指向表达的基础

一把好剑需要千锤百炼，一块好玉需要精雕细琢，一节好课的诞生当然离不开我们反复地推敲，不断地修改。这就是我们常说的"磨课"。所谓磨课，就是某个教师在一定时期内，对某节课的教学反复地、深入地学习、研究与实践，使这个教师这节课的教学尽快地达到较高水平。通过磨课，可以更好地促进学生的发展，较快地提升教师的专业素养，生成教学智慧，让教师从平凡走向卓越。

有效的磨课有助于提高教师的教学和研究能力，使其养成积极思考的习惯。对教师来说，磨课的过程既是一个学习、研究、实践的过程，也是一个合作交流、反思和创新的过程，更是一个专业素养提升的过程。在一次次打磨的过程中，教师对新理念把握更准确，对教材的研读更深入，对学情的了解更透彻，同时也使教师的点拨引导能力、临场应变能力、教学创新能力得以提升，教学实践不断丰富，教学智慧得以发展。同时，磨课还能磨出教师间合作交流的默契，磨出教研组团队理性思维水平的提升。

指向表达的语文课，首先需要经历有效的磨课过程。上课教师在教研组成员的帮助下，经历个人初备、组内研讨、个人再备、组内试上、教后评议、公开展示，教学设计逐步完美，教学艺术不断成熟。实际上，磨课既是对教师个体的打磨，也是对教师团队的锤炼，是集体智慧的交融，也是团队素养的并进。通过反复打磨自己的课堂教学，帮助教者找准表达训练的切入点，选准表达训练的有效形式，让学生逐步学会表达。

随着对教师专业发展的不断重视，磨课已逐步常态化。大到对外展示的评优课，小到平时的教研课，上课教师都要经历磨课的过程。怎样才能打磨出一堂指向表达的语文课呢？下面是笔者对指向表达的磨课所做的专题研究。

（一）磨课先磨"文题"

我们磨课总是先从研读课文开始，因为这是学生学习的载体。我们研读课文最先看到的是课文的题目。题目，通常被称作文章的"眼睛"，是文章浓缩的精华，是作者反复斟酌才最终确定下来的。正因如此，课文的题目才言简意赅，准确贴切。好的题目能给人留下一目了然的印象，或者点明课文的主要人物，或者概括课文主要内容，或者标明课文行文线索，或者点明课文的中心思想。可以说，课文的题目包含着许多重要信息，对深入解读文本有极大帮助。但是我们发现，许多老师在磨课时，往往直接跳过课题和课文对话，忽视对课文题目的推敲，浪费了宝贵的资源，有时甚至造成对课文的误读。因此，我们在磨课的时候，一定要从课文的题目入手，做到磨课先磨"文题"。

既然课文的题目这么重要，那么该如何磨"文题"呢？

1. 找——找中心词

我们看到一篇课文的题目，首先要分析一下题目的内在结构，找到题目中的中心词，从而把握题目的核心要义，避免解读的偏差。课文题目为一个词语的，如《燕子》《秋天》《泉城》《九寨沟》，题目本身就是中心词。课文题目如果是一个比较具体的短语，要根据短语的结构形式来判断中心词。课文题目为偏正结构的，去除修饰语就能找到中心词。如《第一朵杏花》《永远的白衣战士》《云雀的心愿》《宋庆龄故居的樟树》等题目，中心词依次是杏花、白衣战士、心愿、樟树。课文题目为主谓结构的，找到关键的谓语动词。如《走，我们去植树》《公仪休拒收礼物》《我给江主席献花》等题目，关键的谓语动词依次是植树、拒收、鲜花。找到了题目的中心词，就可以准确把握课文的主要内容，并以此为线索，把整个学习过程串联起来。

2. 看——看修饰语

找到中心词，只是完成了解读题目的第一步。我们还要看一看题目的其他部分。比如，课文题目为偏正结构的，要再看一看前面的修饰语。如《奇妙的国际互联网》，不仅要找到题目的中心词"国际互联网"，还要看一看修饰语"奇妙"。如果说中心词"国际互联网"是课文的主要内容，那么修饰语"奇妙"就是主要特点。据此，我们可以围绕修饰语进行思考：国际互联网奇妙在哪里？联系课文，我们发现，课文主要介绍了国际互联网的规模大、速度快、功能多来具体体现互联网的"奇妙"。课文题目为主谓结构的，还要看一看谓语动词前面的修饰语。如《徐悲鸿励志学画》，谓语动词是"学画"，关键的修饰语是"励志"。围绕"励志学画"，徐悲鸿为什么要励志学画、怎样励志学画、励志学画结果怎样这些有价值的问题就浮现在了我们的眼前，也是这篇课文记叙的主要内容。由此可见，这些关键的修饰语不是可有可无，常常突出了课文的重点，对解读课文至关重要。实际上，这些关键的修饰语往往就是课文的"文眼"。

3. 比——比不同点

有许多课文的题目，除了找中心词、看修饰语之外，我们还要进行多方比较，进一步弄清楚题目背后的深刻内涵。一些看似平淡的题目，通过一对比，你就会发现，原来题目不是随意而写，而是作者反复推敲、斟酌的结果。如《第一朵杏花》写的是著名科学家竺可桢研究物候学的一个小故事，题目为什么不叫《竺可桢爷爷的故事》？或者，既然写的是杏花，题目为什么不直接叫《杏花》？经过一对比，我们发现，"第一朵杏花"突出了课文的中心事件，集中体现了竺可桢一丝不苟、严谨认真的科学态度，比"竺可桢爷爷的故事"更具体，比"杏花"更准确。再如《宋庆龄故居的樟树》，既然课文描写了宋庆龄故居的两棵樟树，题目为什么不叫《樟树》或《两棵樟树》？经过仔细一推敲，我们发现，原来宋庆龄和樟树有许多的相似点，樟树香气永存，宋庆龄是正气永存，两者之间有着相似的品格，可以说人如其树，树如其人。表面上写的是樟树，实际上写的是宋庆龄。所以，《宋庆龄故居的樟树》不能简化成《樟树》或《两棵樟树》。通过多方比较，我们进一步明确了题目的内涵，清楚了作者的意图，也为顺利解读文本打开了一扇窗。

4. 思——思深层义

课文题目都是作者反复推敲、精心斟酌，才最终定下来的。因此，好的题目不仅紧扣课文内容，而且，还体现作者的某种匠心，具有深刻的内涵。我们在磨"文题"的时候，不仅要磨透题目的字面意思，更要磨透题目背后的深层含义。只有这样，才算真正读懂了题目的意思。如，《"番茄太阳"》这一题目，"番茄太阳"是文章中的盲童小女孩明明对太阳的特定称谓，即像番茄一样的太阳。好好想一想："番茄太阳"还指什么？从"看着她的笑脸，觉得那就是最美的番茄太阳"可以看出，"番茄太阳"还指明明的笑脸。再深入思考："番茄太阳"还指什么？从课文最后"红红的番茄太阳一直挂在我的心中，温暖着我的心"可以看出，"番茄太阳"还指明明美好的心灵。在磨"文题"的过程中，我们只有透过表象看本质，才能一步步接近题目的内核。再如《黄河的主人》这一题目，"主人"字面意思是财务或权力的所有人，往下挖一挖，"主人"在这里表示能控制、能驾驭，也就是能够挑战并且战胜某一事物。黄河是一条世界闻名的大河，万马奔腾、浊浪排空。"黄河的主人"意味着能控制、能驾驭黄河的人。再往下挖一挖，题目留下了不少悬念，直指课文的中心：谁能成为黄河的主人？他凭什么能成为黄河的主人？从题目中我们读出了作者对艄公的礼赞，让我们感受到一种壮阔恢宏的气势，感受到一种雄浑崇高的壮美。在磨"文题"的过程中，我们由字面意思，想到语境意思，揣摩作者的情感，感受背后的深意。

（二）磨课也要磨"习题"

课后习题实际上是教材文本的重要组成部分。每一道课后习题都是编者根据所学知识的重点和难点来精心设计的，是确立教学目标、教学重难点的依据，是课文学习向课外延伸的基点。它是编者精心设计的课程资源，昭示了教学的重点、难点，点明了教学目标，是教师进行磨课的指南针。

1. 研究课后习题，明晰学习目标

学习目标是学生通过学习活动预期达到的结果或标准，是对学习者通过学习活动以后将能做什么的一种明确的、具体的表述，主要描述学习者通过学习后预期产生的行为变化。学习目标对学习活动具有指导意义，可以指导控制学习过程。在教学过程中，师生的教与学的活动都应围绕学习目标开展，以学生为主体组织相应的自主、合作学习，达成目标。可以说，目标达成度高，课堂教学的效果就好。也就是说，准确、科学的学习目标，是实施有效课堂教学的前提和基础。

课后习题都是编者根据教学目标精心设计的，而且分条呈现，一目了然。我们通过仔细研读可以帮助我们很快地明晰学习目标，发挥课后习题的导航作用。如苏教版五年级（上册）《嫦娥奔月》一课，课后共安排了五条习题，其中，第一题是朗读课文，复述课文。第二、三、四题是字词练习，第五题是联系课文内容，说说乡亲们为什么非常想念嫦娥。在反复研读课文的基础上，根据上述习题的导航，我们制定了本篇课文的学习目标是：

①正确、流利、有感情地朗读课文，复述课文。

②学会本课的生字新词，理解重点词语的意思。

③借助课文具体的语言材料，感受嫦娥心地善良、舍己为民的品质。

2. 巧用课后练习，理清学习思路

细心的语文教师在研读文本时就会发现课后练习也是文本的有机组成部分，很多课后练习体现了教材的重点、难点，点明了教学目标，如果我们在磨课时能充分利用这一资源，就能有效地寻找到教学的切入点，巧妙地串连起教学的流程。

首先，我们可以依据课后习题科学划分教学时段。许多语文教师习惯于将第一课时的教学内容确定为：①学习生字词，理解词语；②初读课文，理清课文脉络。而将精读感悟、积累内化、迁移运用等教学内容安排在第二课时甚至第三课时。这样机械地划分教学时段，很容易造成教学过程前松后紧、前轻后重的窘况。因此，我们在教学时要善于依据课后练习提示的教学目标，自主、科学地划分教学时段，优化教学效果。

苏教版三年级（上册）《三袋麦子》一文课后练习为：①分角色朗读课文，讲讲这个故事；②用钢笔描红；③读一读，再抄写；④小猪、小牛、小猴的做法你最赞成谁的？为什么？如果是你，会怎么做？因为这篇课文的情节生动有趣，语言浅显易懂，人物个性鲜明，很适合儿童阅读，所以我们依据课后练习的提示，大胆地将第一课时的教学内容确定为：①自主学习生字词；②精读感悟，带着课后练习4的问题，小组合作学习课文；③组织讨论，让学生根据自己的体验和感受大胆发言，各抒己见，在讨论中获得正确的价值取向。第二课时教学内容安排了听、说、读、写的训练：①分角色朗读课文；②讲故事比赛；③课堂作业。这样划分教学时段和安排教学内容，有效地避免了第一课时教学活动总是浮在学习字词和初读感知这一层面的不良现象，极大地提高了课堂的教学效率。

其次，我们可以依据课后习题精心设计教学流程。苏教版四年级（下册）《庐山的云雾》一文的课后练习：庐山的云雾有什么特点？说说作者是怎样具体描写这些特点的；仿照第二、三自然段的写法，写一处景物。本篇课文的二、三自然段采用了总分的构段方式，具体描写了庐山云雾的千姿百态和瞬息万变的特点，既是本课教学内容的重点，又是教学过程中要处理的难点。根据练习的提示，我们设计以下的教学流程：①初读感知；重点要求读准字音，读通课文，结合语境理解词语。②精读感悟；重点抓住二、三自然段的中心句，通过多种形式的朗读，引导学生感悟庐山云雾千姿百态和瞬息万变的美，学习先总写再分写的写景方法。③迁移运用；引导学生仿照二、三自然段的写法，写一处景物。

可见，在课后练习的提示下，抓住教材的重点、难点来设计教学流程，能达到紧扣目标、结构明朗、思路清晰的良好效果。

3. 活用课后练习，丰富实践活动

在课后练习中安排与课文内容相关的语文实践活动是苏教版教材的一个显著特点。语文教师要能充分利用课后练习中的语文活动资源，开展有声有色的语文实践活动，拓宽语文教学的渠道，培养学生学习语文的兴趣，提高学生的语文素养。

苏教版四年级（上册）《九色鹿》一文的课后练习要求分角色演一演；五年级（下册）《半截蜡烛》一文书后要求将故事编成课本剧进行表演。如果教师能认真组织这样的表演活动，不但能满足学生的表演欲望，再现课本与生活的情境，而且能让学生在表演活动中实现与文本的语言交流和情感交流，并与文本产生共鸣。

苏教版四年级（下册）《特殊的葬礼》一文课后练习要求学生根据课文内容写一写这篇演说辞。学生在阅读了课文之后，都不由自主地为大瀑布的消亡而深感痛心，心中满怀积愤，不吐不快。此时教者指导学生写好演说辞并组织一次演讲比赛，就正好给了学生一个想象、倾吐和展示的空间，从而

让学生在充满情趣的语文实践活动中获得情感体验，感受语文魅力，丰富语言积累，积淀语文素养。

语文教材的课后练习是编者根据教材的特点精心设计和安排的教学板块，不但能帮助学生加深对教材的理解认识，而且是教师开展备课预设、课堂教学和语文实践活动指南针。在磨课时一定要格外关注课后习题，善于挖掘课后练习这座丰富的课程资源宝库，充分发挥课后习题在指向表达训练中的导航作用。

（三）找准磨课的切入点

我们在磨课的过程中，主要从学生和文本两个角度进行打磨。学生方面，要充分了解学生的学习需求。对于学习的内容，学生已有的学习基础是什么，可能产生哪些困惑，学生感兴趣的学习方式是什么。所有这些，教者都要充分掌握。唯有如此，才能真正做到贴近学生实际，有效促进学生的发展。下面，笔者以苏教版四年级（下册）《云雀的心愿》为例，着重谈谈如何从文本入手，从内容、语言、练笔三方面进行深度磨课，提高指向表达背景下磨课的效度。

1. 研内容，找切入点

要想把课上得有个性、有深度，首先要对课文内容有自己个性化的解读。我们知道，只有先了解了课文内容，才有可能去深入了解文本背后的深刻内涵。有经验的老师，总是从了解内容入手，去反复研读教材，读出自己独特的理解，从而帮助学生巧妙选择一个和文本对话的切入点，由浅入深地走进文本，走进人物心灵深处。

《云雀的心愿》是四年级（下册）的一篇课文。本文是一篇童话故事，全文以拟人化的手法记叙了小云雀跟着妈妈飞出森林，一路上看到伐树毁林的危害，说明保护森林的重要性，表达了小云雀想把沙漠变成绿洲的心愿。

怎样引导学生方便快捷地了解课文内容，和文本对话深入对话呢？在第一次解读文本的时候，为了不打乱文本的顺序，大家认为应该按照文本叙述的顺序进行解读。也就是按照课文叙述的森林变沙漠、河水泛滥成灾，森林是个大水库，森林是个巨大的空调器三部分内容，引导学生顺着文路，先整体感知课文，给课文分段，再分段学习课文。在进行试教以后，大家发现，这样上下来，整堂课显得非常松散，虽然面面俱到，却没有一根主线贯穿下来，学生对文本的感知也是零碎的，颇有一种盲人摸象的味道，必须重新备课。

　　第二次解读文本，我们抛却了原来面面俱到的教学思路，改成寻找切入点重点突破。受到文章题目的启发，我们设想从文章题目切入，紧紧抓住文章题目的"心愿"，先从文中找出具体写心愿的句子，然后默读全文，想想小云雀为什么会产生这个心愿，学生很快就会从森林变沙漠、河水泛滥成灾，森林是个大水库，森林是个巨大的空调器三部分找到产生心愿的原因。整个设计比第一次凝练，重点更突出。在进行第二次试教的时候，我们又发现，从"心愿"过渡到三方面的内容太突然，也不够严密，问题不聚焦，以致学生回答太散。三部分内容没有一个主要问题，换句话说，用一个主问题把全文内容串起来。再次仔细研读文本，我们发现，其实这三方面的内容都具体指向"森林实在是太重要了"这句话。我们可以紧紧抓住"森林实在是太重要了"这句话，引导学生边读边思考：从文中哪些句子可以看出"森林实在是太重要了"？让学生找出具体写"森林实在是太重要了"的句子，在深入品读的过程中，反复体会森林的重要性。这样，既突出了文章的重点，突破了学习的难点，又帮助学生巧妙地找到了解读文本的切入点，引导学生深入和文本对话。这样设计，既把一篇文章读成一句话，又把一句话读成几段话，让学生在文章中走了个来回。三次研课，一次比一次聚焦，一次比一次贴近学生和文本，一次比一次有自己独特的思考。通过这样的磨课，内容越来越精练，重点突出，切点巧妙，磨出了对文本的独特解读，磨出了自己的教学个性。

2. 品语言，找生长点

　　我们知道，小学语文学习的基本任务是发展儿童语言——在品词析句中提高儿童理解语言的能力和运用语言的能力，这是语文学习的根本。课程标准指出，小学语文教学的主要任务"指导学生正确地理解和运用祖国的语言文字，让学生具有初步的听说读写能力"。我们在语文学习过程中，要引导学生紧紧抓住关键语句，反复品读感悟，理解词句背后的深刻内涵，走进人物的心灵深处，让语文课真正具有语文味。

　　《云雀的心愿》是苏教版小学语文四年级（下册）第六单元的一篇课文。本单元以"环保"为主题，教育学生要保护环境。编者将这篇课文作为第三篇课文安排在第六单元里，目的是让学生在学习前两篇课文的基础上，再通过本课的学习，更深入地感受森林的重要性，认识伐树毁林的危害，增强环保意识。为此，在第一次设计品味语言时，我们紧紧围绕单元学习重点，引导学生借助课文语句，进一步增强环保意识。如学习森林变沙漠、河水泛滥成灾部分时，抓住"由于人们乱砍滥伐，树木越来越少""有几处河堤被冲垮了，一些村庄淹没在洪水之中"，让学生深刻体会乱砍滥伐的严重后果，从而增强环保意识。在进行试教以后，大家发现，学生对环保的认识逐渐增强，但语文课没有了语文味，思想教育的意识太浓了，必须坚决纠正。

于是，我们开始了第二次设计品味语言。此时，我们把注意力放在如何让学生形象感受语句、理解词句内涵上面，引导学生借助现代化的教学手段，从不同角度、不同层次逐步理解关键词句。如"只见大河的水位很高，浑黄的河水像脱缰的野马，咆哮着向下游冲去。"运用视频感受脱缰野马的场面，运用音频再现咆哮的气势，再出示波浪滔天的镜头引导学生想象河水泛滥成灾的严重后果。总之，在品味语言的过程中，力求做到教学手段多样，形象直观，让学生在具体情境中品味语言。在进行试教以后，大家一致认为，这是一节浮躁的语文课，句子是抓了，但浮在表面，用形象的画面代替学生的想象，扼杀了学生的想象力，是典型的形式主义。

接下来，我们进行了深刻的反思。语文课不能追求教学手段的现代化，要着力引导学生静下心来，品词析句，咬文嚼字，读懂语言背后的深刻内涵，从而揣摩语言，习得方法。于是，我们对课文进行了进一步梳理，找出具体写"森林实在是太重要了"的句子，抓住关键词语，进行听说读写的训练。如"只见大河的水位很高，浑黄的河水像脱缰的野马，咆哮着向下游冲去"一句，先让学生找出具体写河水凶猛的词语自读感悟，然后抓住"脱缰的野马""咆哮"边读边想象画面，最后引导学生把看到的、听到的读出来。这样按照找词、感悟、朗读的思路，学生由浅入深地走进文本，没有了热闹的声光电，学生学得更深刻了，语文味也更浓了。

三次不同的品味语言，不断摒弃浮躁的表象，从学生学习语文的规律出发，让学生在品味语言中学习语言。通过这样的磨课，学习越来越实在，语文味越来越浓，实际上正是不断向语文的本质回归。

3.巧练笔，找共鸣点

长期以来，我们的语文学习非常重视朗读训练，学生在教者的引导下，一咏三叹，书声琅琅。学生通过朗读，和文本对话，走进人物内心，触摸高尚灵魂。如果说还有所欠缺的话，那就是课堂上动笔的机会不多，写的训练尚显不足。可能许多老师认为，写的训练场面冷清，耗时较多，难出效果。实际上，随文练笔是"阅读与习作"的中介，是达到"拓展思维空间，提高阅读质量"的有效途径，是提高学生作文水平的一条捷径。

《云雀的心愿》一文用童话形式，以形象化语言描述了小云雀与妈妈的所见、所闻、所言。如何结合文本和学生实际进行读写结合训练，是我们这次磨课的又一重点。第一次磨课时，我们把读写结合训练安排在学完课文以后，让学生结合课文内容，创作环保宣传标语。试教以后，大家都认为，这样的设计没有体现语文课的本质特点，思品味太浓了。于是，我们对这个读写结合训练重新进行了设计。我们从课文内容的实际出发，仔细研读了课文叙述的"森林变沙漠、河水泛滥成灾，森林是个大水库，森林是个巨大的空调器"三部分内容，设计让学生模仿课文第 13 自然段的写法，介绍森林其他方面的作用。试教以后，我们发现，作为四年级学生，对森林的作用知之不多，远离了学生的生活实际。而且，让学生模仿课文第 13 自然段的写法，难度较大，要求偏高。难怪大多数学生愁眉苦脸，难于下笔。第三次设计读写训练之前，我们对学生进行了了解，发现学生对邀请小伙伴一起去沙漠种树的内容比较感兴趣。于是，从学生的学习需求出发，我们设计了小云雀为了实现心愿邀请伙伴们去种树的读写训练。"想想看，小云雀会邀请谁去种树呢？她又会对他们说些什么呢？"在教者的启发引导下，学生逐步明确了练笔的对象、内容，也打开了话匣子。学生练笔的积极性很高，取得了意想不到的效果。三次不同的练笔训练，从重形式到重内容，从关注文本到关注学生，一次比一次更贴近学生实际。

（四）走出磨课的常见误区

正是由于磨课对于上课越来越重要，磨课已经引起大家的高度重视，也切实提高了语文课的学习效率。笔者在平时的教研活动中却发现，为了一味地追求理想的教学状态，打造所谓的"精品"课堂，许多老师对磨课的看法存在一些常见误区，应该引起我们的警觉。

误区一：解读越新越好

所谓文本解读，就是阅读主体通过对文本材料的感知、理解、反应、综合，进而产生感受、体验和理解，形成对文本材料价值取向认识的过程。可见，文本解读的价值在于实现作者与读者的交流，从而走进文本，走进作者，形成自己对文本的理解。就磨课而言，文本解读应该是教师对文本的感知、理解、对话和创造的过程，是优化教学设计与进行有效教学的前提与基础。著名特级教师孙双金指出：上好语文课，解读文本是第一步。不但要解读文本的"字面义"，更要体会文本的"字中义、字外义"。

在平时磨课的过程中，由于个人知识背景、理解能力的不同，对文本的解读可谓"横看成岭侧成峰，远近高低各不同"。有的侧重于"字面义"，有的侧重于"字中义、字外义"；有的忠实于原文，有的讲究与时俱进；甚至于对同一篇文章还出现截然不同的两种解读。

在磨课的过程中，许多老师为了体现自己与众不同的文本解读能力，在解读文本时，往往追求新奇，力求让听课的老师眼前一亮。他们对一些词句的理解，乃至文章主题的把握，都有自己独特的想法。这本身无可厚非。我们在解读文本时，鼓励教师在尊重文本的前提下，进行个性化的解读。我们常说："有一千个读者，就有一千个哈姆雷特。"教师根据自己的理解，丰富对文本的认识，可以有效激活学生创新思维，激发学生的创造力。但是，无论怎么解读，文本的基本内涵没有发生改变。我们解读文本时，一定要基于文本，围绕文本，紧扣文本，切不可把文本丢在一边，另砌炉灶。如果一味地标新立异，不顾文本的基本内涵，去搞所谓的"创造性解读"，可能会走向文本的反面。以前面提到的苏教版四年级（下册）《祁黄羊》一课的文本解读为例。一位老师在解读文本时认为，祁黄羊第一次举荐解狐，是因为他知道解狐大病在身，卧床不起，是为后面举荐他的儿子解午做准备。可见，祁黄羊两度荐贤完全是出于私心，目的就是让他的儿子解午担任中军尉。这样一解读，完全走到了文本的反面，容易对学生造成误导，影响学生的价值取向，是一种无视文本的错误解读。

误区二：设计越精越好

教学设计是教者根据教学对象和教学目标，确定合适的教学起点与终点，将教学诸要素有序、优化地安排，形成教学方案的过程。它是一门运用系统方法科学解决教学问题的学问，以教学效果最优化为目的，以解决教学问题为宗旨。

在许多老师看来，磨课是我们课堂教学的一种最理想状态的预设，是个人初备和集体研讨的共同成果，当然过程预设越精越好。按照我们目前的最理想状态来进行磨课，凡是能用得上的现代化教学媒体，只要适合都要用，于是声光电一应俱全，热闹非凡。不仅如此，一听到要上公开课，许多老师在连课文都没好好读的前提下，常常盲目地到网上搜索名师教案，去学习名师新颖的构思，力求让听课的老师饱饱"耳福"，听得如痴如醉。我们不反对借鉴名师，名师也确实有许多地方值得我们学习。问题是完全不顾自身实际情况，一味地机械模仿，结果造成邯郸学步，丢失了自己的长处，反而适得其反。

我们在进行教学预设时，还要从学生的学情出发。学生才是学习的主体。所有的新知识只有通过学生自身的"再创造"活动，才能纳入其认知结构中，才可能进行内化吸收。教师是教学过程的组织者和引导者，在进行教学预设时，一定要从学生的实际出发，贴近学习需求，找准学生解读的切入点、知识的生长点，充分发挥学生的主观能动性，让学生自主参与探究问题。要立足实际，抛开花哨的形式，引导学生直面文本，潜心会文，扎扎实实进行听说读写训练。作为教师，我们需要对课堂教学流程进行精心设计，同时要尽可能地为学生留出参与、互动、创造生成的时间和空间。要凭借自己的一双慧眼和教学机智，时刻关注学生在课堂中的动态生成，适时引导，及时评价，让课堂时时碰撞出智慧的火花，不断收获生命的独特体验。

误区三：方法越活越好

所谓教学方法，是指在教学过程中，教师和学生为了实现教学目的、完成教学任务而在共同活动中采用的方法。完成教学任务需要有一定的教学方法。在教学的目标、任务、内容确定以后，教师能否恰当地选用教学方法，就成为其能否完成任务、实现预期目标的决定性因素。同样的教学内容在不同的教师那里效果差异很大的原因，除了教师的知识水平和教学态度外，关键就是教学方法问题。许多教师在课堂教学中效果明显，一定程度上受益于他们对教学方法的创造性运用和刻意探求。

因此，许多老师在磨课时，常常采用那些让听课者眼前一亮的教学方法，引导学生参与，活跃课堂气氛，达到"小脸通红、小手直举、小眼放光、小口常开"的课堂境界。他们或播放视频、创设情境，或小组合作、共同探究，或动手实验、体验过程，或围绕重点、一咏三叹。

当然，我们欢迎教学方法的变化和创新，这样可以激发学生学习的热情，利于学生更好地突破学习的重难点，提高学习的效率。但是，我们也要防止教学方法的标新立异。尤其是脱离教学内容和学生实际，违背学生学习规律，一味地追求所谓教学效果的新奇方法。一位老师执教《蜗牛搬家》。在学习"它怕风吹日晒，只有阴天下雨时，才从壳里探出身来，舒展一下蜷曲的身子"时，为了帮助学生理解"蜷曲"的意思，教者采用体验探究的方法，让学生学学小蜗牛把头、身体、四肢缩成一团，蜷曲着身子，有的索性在地上到处乱爬。表面上看，学生全部动起来了，实际上，这样的参与是肤浅的，破坏了原来的教学情境，与感悟语言相去甚远，完全成了一场闹剧。

我们在预设教学方法时，首先要从学生实际出发，符合学生的年龄特点和生活实际。既有利于激发学习兴趣，活跃课堂气氛，又贴近学生生活，让学生够得着。只有这样，学生才会积极参与，也才有话可说。其次，预设教学方法还要从文本实际出发，既紧扣文本，立足语言，又适度超越，把对语言的感悟引向深刻。一位老师执教苏教版五年级（上册）《天火之谜》，为了帮助学生了解风筝实验的过程，体会富兰克林勇于探索、敢于实验的精神，巧妙采用画简笔画的方法，初读引画简笔画，再读介绍简笔画，感悟标注简笔画。整个过程把语言描述的准确和简笔画的形象有机结合在一起，人物形象跃然纸上，受到听课老师的一致好评。

误区四：拓展越多越好

课程标准积极倡导语文教学生活化，打破学科本位，实现多学科间的综合，密切与社会生活的联系，全面提高学生的语文素养。在此背景下，语文课堂教学呈现百花齐放的局面，拓展延伸训练自然成为课堂教学的一个重要的环节。许多语文教学公开课上，拓展延伸环节是作为创造性、发散性的亮点来呈现的，甚至有老师认为一堂课没有拓展延伸就不完美，就不符合新课标精神，就没有体现新课标理念，就不是一堂好课。

正是基于这样的认识，许多语文课在进行拓展延伸时，一方面追求数量多。凡是和本课有关联的内容，从文章的写作背景、作者生平，到相关事件、同主题文章，乃至相关词句、说法的来龙去脉，都一览无余地呈现给学生，冠之以"帮助学生理解"的美名。另一方面追求内容新。为了体现标新立异、高屋建瓴，有的老师在拓展延伸时，尤其重视别人课上没有涉及的、一些所谓的"一家之言"，力求让听课的老师眼前一亮。

当然，我们不反对进行必要的拓展延伸，因为这样可以开阔学生的视野，加深对课文的理解，培养学生搜集运用资料的意识和能力。但是，我们在进行拓展延伸时，一定要从学生和文本的实际出发，不能超出学生的理解实际，让学生一头雾水，也不能离开文本内容，漫无边际地进行拓展延伸。

三、科学实施：指向表达的关键

培养学生表达能力的关键在课堂，重点在教学实施的过程。内容选择再精准，过程打磨再精心，离开了科学有效的实施，学生表达能力的培养也就无从谈起。可见，科学有效的实施在指向表达的语文课中至关重要。笔者对指向表达的实施过程进行了全面梳理，拟从预习、导入、初读、质疑、点拨、补白、拓展等七个教学环节具体谈谈如何科学实施指向表达的教学过程。

（一）科学预习——做好实施的准备

古语说："凡事预则立，不预则废。"学生的学习也是如此。预习作为对课堂学习的提前准备，是课堂教学的前导，已被实践证明是一种良好有效的学习习惯。九年义务教育小语教材还将"预习"编入课例，可见预习的重要性。所谓预习，就是预先自学将要学习的内容。就课前预习而言，实际上是学生自觉运用所学知识和能力，对课上将要学习的内容预先进行了解，求疑和思考的主动求知过程，为课上学习做好充分准备。

我们在平时发现，许多老师在引导学生预习时，要么完全放手，不布置任何实质性任务，学生怎么预习都可以；要么包办代替，提供背景资料，补充知识积累，布置一系列预习作业，学生被动预习。这就造成学生对于预习普遍兴趣不浓，根本谈不上养成良好的预习习惯了。同时也反映出许多老师对预习的认识存在一些误区，应该引起我们的高度重视。笔者在引导学生预习时，从激发兴趣、养成习惯、方法指导入手，着力培养学生预习的习惯，取得了较好的预习效果。

1. 激发兴趣是前提

现代心理学之父皮亚杰认为："所有智力方面的工作都要依赖于兴趣。"预习也是如此，兴趣是预习活动的主要动力源泉。要想做好预习工作，而不流于形式，必须注重激发预习的兴趣，把预习当作一件快事，乐此不疲。长此以往，逐步养成预习的良好习惯。

为了激发学生预习的兴趣，我们主要采取以下三个方面做法：

（1）完善激励机制。小学生上进心强，喜欢争强好胜，通过激励机制可以充分调动学生预习的兴趣。我们可以根据班级实际情况，建立各种激励机制，让学生不断有成就感。如可以给预习做得好的同学加星，完成一次预习任务加一颗星，预习充分、做得出色的再加一颗星，根据各人的得星数，定期评选班级学习之星，授予荣誉称号。也可以采用加分的方法。

（2）布置分层作业。学生学习基础不一样，学习需求也就不一样。这就要求我们在布置预习作业时，要充分考虑学生的这种差异性，科学设计。基础较差的学生要降低门槛，让他们把课文读熟，画出生词和不理解的词句；学习较好的学生要求搜集有关资料，根据课文内容提出问题，看看自己能解决哪些问题。由于采取分层布置预习作业的方法，人人都能完成预习任务，学生普遍兴趣浓厚，取得了较好的预习效果。

（3）创新预习方式。在布置学生预习时，还要注意创新预习方法，激发预习兴趣。如果每次预习都是把课文读熟，画出生词和不理解的词句，不出一个月，学生对预习的兴趣就降低了。在平时的教学过程中一定要注意创新预习方法，不断给学生以新面孔，把知识性与趣味性融合起来。语句优美的可以摘抄、美读，内容浅显的可以编列提纲，介绍几个方面的可以列表，名家名篇可以搜集资料，科学性课文的可以动手实验。

2. 方法指导是关键

预习的本质是自学。要提高学生自主预习能力，必要的方法指导是保证。有了科学有效的方法，不仅可以规范预习行为，还可以提高学生预习的效率，真正实现自主预习，培养自学能力。

为了帮助学生逐步学会预习，便于进行预习方法指导，我们尝试着将初读前移，即将课上的初读环节前移到预习，手把手地引导学生学会预习。这样可以使学生知道预习分几个步骤，从哪几个方面入手，达到什么样的要求。以课文预习为例。在平时的教学过程中，为了提高预习的实效，我们尝试总结出阅读教学"四步预习法"，即一读、二查、三找、四思，既明确了预习的基本要求，又提出了简便易行的操作方法，取得了较好的预习效果。具体流程如下：

一读，即初读课文。我们知道，课前预习实际上是为课堂上深入学习做好充分准备的。所以，我们在要求学生预习时，第一步就是把课文读熟。在要求学生读课文时，我们提出了三个层次的要求，即读正确、读通顺、读出情感。学生通过预习，要达到读正确、读通顺，力争读出情感。我们首先提出了量上的要求，开始预习课文的时候，必须要读课文2到3遍，而且要边读边做标记，把不认识的字、不理解的词句，用醒目的符号圈画出来。为了引导学生预习，我们还在开学初对学生进行预习读课文的方法指导。让学生以小组为单位，先个人自读，再同学互读，再由组长检查圈画的情况。这样一步步地把预习的方法教给学生，使之逐渐成为一种习惯。

二查，即查工具书理解生词。学生在初读课文的过程中，肯定遇到拦路虎——生字新词。我们要求学生在预习课文时，旁边必须摆放一本字典或词典等工具书。在第一遍读完课文后，把圈画出来的生字新词的读音、意思要借助工具书弄清楚。为了帮助学生提高查字典的速度，我们还教会学生查字典的一些简便方法，要求学生在字典旁边标出音序的起止范围，速记常见的部首，举行查字典比赛。学生在查出这些生字新词的音、义的同时，我们还要求学生必须将这些音、义写在生字新词的附近，便于在再次阅读时加深印象，深入理解。

三找，即找与课文相关的资料。我们知道，小学教材中的许多课文都是一些长篇作品的节选，或者和一定的时代背景联系在一起。在学习课文时，需要借助这些相关资料来理解。随着时代的发展，我们已经进入了信息化社会，学会搜集、整理资料，也是当代学生必须具备的基本能力。因此，我们在布置预习任务时，要求学生必须在书头写上与课文相关的资料。可以查阅相关工具书，可以上网浏览。如果是著名作家，要介绍简要生平、代表作品；如果是名著节选，要补充原著的主要内容、公认评价；如果和重大事件相关联，要回顾事件的大致经过。在上课之前，只要检查一下学生书头的摘抄情况，就知道学生预习的程度了。

四思，即质疑问难。我们预习的目的，是让学生习得方法，形成能力，养成习惯。学生通过一读、二查、三找，对课文已经有了大致的了解，但这还远远不够。俗话说：不会提问的学生就是不会学习的学生。为此，我们提出了预习的第四个基本要求——学会质疑问难。这就是我们平常所说的边读边思考。要鼓励学生再次回到课文中，边读边思考，为深入学习做充分准备。我们认为，可以从以下几方面去思考：思课题，思内容，思脉络，思疑难。

思课题，想想该写什么。我们常说，题目是文章的眼睛。一般文章的题目都是经过反复推敲、斟酌的。看了课题，想想课题告诉我们什么，主要应该写什么，产生应有的阅读期待。思内容，课文写了什么内容。可以通过把几个自然段的意思合并来概括，也可以到文中找关键句子。思脉络，课文按什么顺序来写的，写了几层意思。我们现在的阅读教学，朗读指导非常到位，随处可见一咏三叹的深情朗读，但是揣摩表达却做得不够。其实，揣摩表达也是写作训练的前奏、基础。学生通过思脉络，了解课文的表达顺序，写起作文来也就轻车熟路了。思疑难，想想有哪些不懂的词、句和问题。这既是培养学生的问题意识，也是为上课深入学习、精彩生成做准备。为便于反馈，我们要求学生把自己的问题写在课文相关内容的旁边，便于上课及时质疑问难。

3. 养成习惯是保证

美国心理学家威廉·詹姆士曾说："播下一个行动，收获一种习惯；播下一种习惯，收获一种性格；播下一种性格，收获一种命运。"这句话告诉我们习惯可以决定一个人的命运。养成好的习惯，会使你受益终身。

实践证明，预习正是一种良好的学习习惯。它培养了学生自学习惯和自学能力，有效提高了学生独立思考问题的能力。坚持预习不仅为上课做好了思想、知识上的准备，而且获得了上课的主动权。正如叶圣陶先生所说，学生通过预习，自己阅读课文，"动了天君，得到理解，当讨论的时候，见到自己的理解与讨论的结果正相吻合，便有独创成功的快感；或者见到自己的理解与讨论结果不相合，就作比量短长的思索；并且预习的时候绝不会没有困惑，到讨论的时候就集中了追求解决的注意力。这种快感、思索与注意力，足以鼓动阅读的兴趣，增进阅读的效果，有很高的价值。"

为了帮助学生养成预习的习惯，在平时的教学过程中，笔者注意采取了以下做法：

（1）实行书头预习。许多学生对预习兴趣不浓，不能坚持到底，一个很重要的原因就是预习作业多，要求过于繁杂。为了简化预习环节，降低学生抄写负担，我们在平时的教学过程中要求学生在预习时实行书头预习。所谓书头预习，就是将预习的成果在书头进行呈现。当然，书头预习并不是降低要求，流于形式。我们要求学生在书头预习时必须做到"五好"，即标好小节号、画好生词、写好意思、做好摘抄、记好问题。学生对于这种简便易行的预习方式很感兴趣，时间一长，就很容易养成预习的习惯。

（2）注意形式多样。许多学生预习半途而废，还有一个很重要的原因，就是预习形式单一。我们在布置预习时，注意把预习与课外阅读相结合。课本中许多课文是长篇作品的节选，大部分作者还有其他代表作品，许多文章的主题是相同或接近的，这就为有效开展课外阅读提供了大好契机。在布置预习作业时，要求学生搜集、阅读相关的文章。如预习《景阳冈》时布置阅读《水浒传》，预习《卖火柴的小女孩》时布置阅读安徒生其他童话作品，预习《嫦娥奔月》时布置阅读其他神话故事的文章。这样做，从某种程度上就迫使学生进行不间断的预习，进而养成习惯。当然，也可以将预习与实践活动结合起来，使活动的前期准备过程或初步开展过程同时也是预习的过程。不仅激发了预习的兴趣，还提高了学生的综合能力。如预习《林冲棒打洪教头》时，要求学生熟读课文，搜集相关资料，准备举行故事会。学生兴趣大增，不仅把课文读熟了，还自发地在课前进行了排练，个别同学还参照有关资料编写了课本剧。

（3）做到每日反馈。为了帮助学生养成预习的习惯，我们在每天的语文课上，课始都安排了检查预习的环节，做到每日反馈。让学生以小组为单位进行书头预习检查，初步交流预习中遇到的困惑。然后将小组无法解决的问题提交全班进行讨论。这样，就把预习和课堂学习有机结合起来，使新课的学习更有针对性。同时，也避免了学生检查预习中出现的许多弊端，起到很好的督促作用。

（二）科学导入——激发实施的欲望

俗话说："唱戏要看开头锣。"良好的开端是成功的一半，作为一堂课开端的导入，对学生的情绪和整堂课起到引领作用。德国教育家第斯多惠在《德国教师教育指南》一书中指出："教学艺术本质不在于传授，而在于激励、唤醒、鼓舞。"自然巧妙的导入，可以激起学生学习的兴趣，为课堂教学的展开奠定良好的基础。一次同课异构的教研活动中，上课的几位老师执教的都是苏教版三年级（下册）《狼和鹿》一课。在教学过程中，几位老师都很重视课堂导入环节，采用了不同的方法导入新课，取得了不同的教学效果，引起了笔者对课堂导入的思考。

第一位老师在上课开始时，戴着一个小白兔头饰走上讲台。一上场就和同学们打招呼："小朋友们好！大家认识我吗？"接着和学生聊森林里的动物："同学们，你们知道森林里都生活着什么样的动物？"在轻松愉快的谈话中引出课题——《狼和鹿》。第二位老师在上课伊始，出示了一组图片："同学们，瞧，老师给你们带来了什么？"这些图片有动物，也有变化的森林。在学生分别说出图片内容后，教者把学生的话题引到了破坏环境上，启发学生要保护环境，保护动物。第三位老师上课开始时和学生谈对动物的印象："同学们，在你们的印象中，狼是什么样的？鹿呢？"在学生交流的过程中，教者对学生的认识进行了适当小结，"今天我们要学习的这篇课文可能要改变大家的看法。"很自然地引出课题。

作为课堂教学的重要一环，导入是一堂课的开始，其重要性不言而喻。我们再来看看上面三位老师的导入。第一位老师在上课开始戴着一个小白兔头饰走上讲台。其用意可能一是引起学生的注意，激起学生的兴趣，活跃课堂气氛；二是提醒学生，这节课要学习的是有关动物的课文。设计不可谓不精巧。问题是，教者这样做，会把学生的注意力集中在这头饰上，而不顾及课文内容。事实上也正是如此。在学习的过程中，许多学生都在时不时地瞄一眼教者的头饰。教者在导入时的过分渲染，不仅没有起到集中注意力的效果，反而适得其反。第二位老师在上课伊始，从一组图片谈起，形象直观。可问题是教者把学生的话题引到了破坏环境上，启发学生要保护环境，保护动物。这与本课维持生态平衡的中心不相吻合，偏离重点，过于牵强。难怪在学到森林、鹿群的变化时，学生都讲到了环境保护的话题。第三位老师上课开始时，从学生对动物的看法谈起，与课文中狼是功臣形成鲜明的对比，激起学生探究的强烈兴趣。这样的导入，既铺垫了内容，又孕育了情感，还激起学生的思考，可谓一举多得。

从三次不同的导入，我们受到很深的启发。有效的导入可以激发兴趣，引发动机。兴趣是推动学生学习的一种最有效的动力。所以，善导的教师，在教学开始时，总是千方百计地设计自己的教学语言，以激发学生的求知欲。

第一位老师戴着一个小白兔头饰开始导入，正是基于这样的考虑。有效的导入可以沟通情感，活跃气氛。课堂上学生活动在很大程度上依赖于心理状态，而这种心理态度又在很大程度上依赖于师生双边活动时的心理融合。精彩的导入会使学生如沐春风、如饮甘露，进入一种美妙的境界。善导的教师总是善于运用独特的开场白来活跃气氛以达到师生心理融合的目的。这种良好的心理状态，既有利于教师的教，也有利于学生的学。第二位老师以给学生送礼物的形式出示图片，起到了沟通情感、活跃气氛的效果。有效的导入也可以复习旧知，引出课题。教者由旧知导入，既能体现知识的系统性与连贯性，又能帮助学生复习旧知，引出课题，在新、旧知识之间搭起了联系的桥梁，为全节课顺利进行奠定良好的基础，把课的进展不断推向高潮。第三位老师从课文的主题出发，引导学生从对动物的看法谈起，与课文中狼是功臣形成鲜明的对比，在新、旧知识之间搭起了联系的桥梁。

作为上课开始的导入，起着凝神、激趣、引题的作用，为后续的深入学习做充分准备。我们不能在上课伊始过分渲染，不分主次，偏离重点，过于牵强。在导入时，要切忌漫无边际，东拉西扯，要用通俗易懂的语言表述，努力增强导入的针对性，发挥导入对整堂课的引领作用。就指向表达的导入而言，我们可以从以下三方面入手，用通俗易懂的语言引入新课，增强导入的可操作性、针对性。

（1）铺垫内容。一般叙事性、说明性内容可以采用从内容入手的导入方法，课始交流与课文有关的内容，交代背景，拓宽视野，为学习课文做内容上的铺垫。《埃及的金字塔》是一篇介绍埃及金字塔形状及其建筑历史的说明文，在导入时可以从与金字塔相关的知识入手，如金字塔在世界的影响、金字塔的作用等，从而激起学生对金字塔、对课文的兴趣，为后面的深入学习做好准备。

（2）蕴蓄情感。许多课文情真意切，催人泪下，导入时可以从学生相关的经历入手，蕴蓄情感，为深入学习做好情感准备。《月光启蒙》回忆了作者童年时在夏夜月光的伴随下，母亲唱民歌童谣和讲神话故事的情景，表达了作者对母亲启蒙教育的感激、怀念之情。在导入时可以从对母亲的情感入手，引导学生回忆母亲对自己的关心帮助，内心涌起无限感激之情，为学习课文蕴蓄情感。

（3）提示学法。如果已经学过同类型课文，可以从复习同类型课文导入，提示学法。《山谷中的谜底》和《哲学家的最后一课》都是通过某件事或某种现象，揭示一个道理。在学习《哲学家的最后一课》时，可以从复习《山谷中的谜底》入手，山谷中有一种什么奇异的景观？为什么会出现这一奇异的景观？这篇课文告诉我们什么道理？从而为学习课文提示学法，做好方法的准备。

当然，我们在预设导入方法时，要综合考虑学生、课文内容和教者的实际，在轻松愉快的氛围中，激起学生学习的强烈欲望，使课堂导入真正成为乐曲的引子、戏剧的序幕。

（三）科学初读——夯实实施的根基

在阅读教学中，在深入学习课文之前，我们一般安排初读课文的环节，以帮助学生扫除字词障碍，了解课文内容，理清课文脉络，为深入学习课文做到充分准备。但是，我们在平时的教研活动中发现，许多老师在阅读课上安排初读环节时，要么放手让学生选读，要么教者越俎代庖，要么要求不清，以至使初读课文流于形式，收效甚微，直接影响了后续的深入学习。归纳起来，主要有以下几种情形，需要引起我们的注意。

1. 自主选择代替整体感知

一位老师执教观摩课苏教版五年级（下册）《月光启蒙》。在上课开始，教者安排学生进行课文初读，要求学生选择自己喜欢的部分读一读，看看你读懂什么。在汇报交流的过程中，有的学生喜欢课文的第1小节，从课文中"暑热散去了……洒满了我们的篱笆小院"感受到了夏夜生活的美妙；有的学生喜欢课文的最后一小节，知道了"是母亲用那一双勤劳的手为我打开了民间文学的宝库……使我……飞向诗歌的王国"；还有的学生喜欢课文的第4小节，从课文的描写中感受到了母亲甜甜的嗓音是那样的美妙。学生基本把课文14个小节都汇报了一遍。

从表面上看，以上初读过程理念前卫，教师把初读课文的权利还给学生，充分体现了"以人为本"的教学理念。但对每个学生来说，基本没有把课文通读完。如果没有充分预习，在别人交流的时候，可能还是一头雾水，不知所云。因此笔者认为，阅读教学在初读课文阶段，一定要强化整体感知。这不仅符合认知规律，也利于学生更快地走进文本，深入对话。

首先，强化整体感知符合学生的认知规律。人类认知事物时总是遵循从整体到部分再到整体的基本规律。认知事物如此，学习课文更是如此。学生拿到一篇课文，如果对课文没有一点整体印象，怎么可能与课文进行全面对话，从而走进文本、走进作者呢？难怪许多语文名家都提出，在第一课时，学生课文读不熟不开讲。其实，就是针对许多老师淡化整体感知而言的。整体感知虽然不容易出彩，但却是学习课文必须经历的阶段，也是第一课时学习重点所在，理应要强化。

其次，强化整体感知有利于学生从总体上把握全文。我们在学习课文尤其是公开教学时，总喜欢选择一些有代表性的句段，循序渐进地品读感悟，给人感觉课上得很实在。其实，如果淡化了对课文的整体感知，学生就不可能从总体上把握全文。即使勉强说出来，大多也是根据教辅资料上的内容照本宣科。这样带来的后果，学生对课文的了解支离破碎，就像上例初读课文一样，学生基本把课文14个小节都汇报了，却没有一名学生对课文内容进行概括、总结，也就是说，大部分学生还不能从总体上把握全文，初读的实效就可想而知了。

还有，强化整体感知还有利于学生深入理解课文。我们许多老师追求课堂气氛的热闹，喜欢学生精彩不断的动态生成。须知精彩的动态生成首先来自于对文本的准确把握。如果我们在与文本深入对话时，没有从整篇课文的背景切入，联系全文来解读，可能会造成对课文内容的曲解、误解。一位老师执教苏教版五年级（上册）《诺贝尔》一课。学生初读课文草草了事，教者就启发学生汇报自己的阅读感悟，以至两次出现对文本的误读。在交流对"诺贝尔的弟弟被炸死，父亲被炸成残废，但诺贝尔毫不气馁"一句的理解时，一位学生没有联系全文来理解，认为诺贝尔不是毫不气馁，而是毫无人情。这是对课文中心的背离，对人物精神境界的亵渎。第二次误读出现在朗读"诺贝尔完了！诺贝尔完了！"这句话。学生在朗读交流时，嘻嘻哈哈，完全是一副嘲笑、搞笑的语气。很显然，学生没有真正理解课文内容，也就谈不上走进人物的内心了。

整体感知课文是初读课文必须要经历的阶段。只有很好的整体感知课文，才能有后面的深入对话，精彩生成。一句话，初读课文一定要强化对课文的整体感知，切不可用自主选择代替整体感知。

2. 教师范读代替学生朗读

在课文第一课时的学习过程中，尤其是在各种公开课、观摩课上，为了展示教师良好的语文素养，在初读课文环节，不少教师选择了教师范读的形式，来取代学生朗读。实际上，从根本上说，在初读环节，范读并不利于学生整体感知课文，理应把初读课文的权利还给学生。

首先，初读环节的范读人为地剥夺了学生的权利，是教师中心论的体现。初读环节的范读实际上还是老师牵着学生的"牛鼻子"，学生没有亲身实践，除了静坐聆听，习得结果，没有任何方法和技能。他们只知道怎么读，却不知道为什么要这样读。范读的实质是告诉，只有老师的答案是唯一正确的。课程标准积极倡导自主、合作、探究的学习方式，鼓励学生自主确定学习内容，自由选择学习方法，实现生动、活泼、主动地发展。从落实课标精神这个角度来说，初读环节的范读还是少用为好。在初读环节，学生面对一篇陌生的课文，如果没有深入预习，可以说知之甚少。我们应该把属于学生的初读时间还给学生，让学生直面语言文字，捕捉相关信息，对课文有一个直接、全面的了解。

其次，究实质来说，教师范读并不能促使学生主动感知课文。从操作过程来看，范读表现为老师读学生听，学生被动接受。就其实质来说，范读忽略了学生主动参与这一必不可少的过程。学生自己没有投入其中潜心会文，好像学习效率提高了，实则越俎代庖。我们常说，要在游泳中学游泳。初读课文也是如此。教者应该引导学生带着任务自己主动去朗读课文，通过多种感官和文本亲密接触，从而对课文有一个全面、初步的了解，为和文本深入对话打下坚实的基础。

3. 表述含糊掩盖要求不清

让学生带着一定的任务去初读课文，可以提高初读的效率。因此，教者在安排初读前，要让学生清楚在初读时要完成哪些任务，可以是口头的，也可以是书面的。但在平时的教研活动中却发现，许多老师在进行安排学生初读时，任务表述过于笼统、含糊，以致无法评价目标的达成度。有的老师要求学生"大声朗读课文"，有的要求学生"快速浏览课文，待会儿我们来交流"，还有的要求学生"自由朗读课文，看看产生什么疑问"。

细细想来，这样的表述，在我们的阅读教学中或多或少地存在着。可能教者认为，这是初读环节，学生对课文知之不多，布置许多任务，学生难以完成，倒不如干脆让学生把课文通读一遍，至于其他方面的要求，待细读文本时再深究。实际上，教者在进行教学预设时，要由很强的目标意识。通过这一环节的学习，我要达到什么样的预期效果。如果连自己都不清楚目标指向，那只能是上到哪算到哪，还谈什么高效学习呢？

上述种种笼统、含糊的要求，指向性不明，表述含糊掩盖要求不清，这就造成教者难以对学生的初读进行评价。"大声朗读课文""快速浏览课文"，实际上都是指的初读课文的方式，在初读的过程中究竟要做些什么，教者实际上没有涉及。难怪不少课堂初读环节成了摆设，学生读得很热闹，交流评价显得很冷清。

这就提醒我们，在安排初读环节时，要交代清楚学生要完成的任务。是理解词语意思，还是概括课文内容；是画出相关句子，还是提炼小标题。如果要求较多，可以分条目呈现。还有，学生读完全文需要一定时间，初读要求最好能呈现给学生，可以扼要地写在黑板上，或用电教设备呈现。如果涉及到数量，要具体说清楚，如读几遍、画几句、提几个问题、写几处批注。这样学生在初读时，就知道该往哪个方向努力，达到什么程度，从而提高初读的实效。

（四）科学质疑——激活实施的思维

我们知道，"学成于思，思源于疑"。一切的发明创造都源于问题意识的产生。所谓问题意识，是指学生在学习活动中遇到问题时所产生的一种主动质疑、积极探究的心理状态。这种状态可以促使学生积极思维，不断提出问题、分析问题和解决问题。众所周知，问题意识是思维的动力，创新的基石，是学生发现问题、探究问题并解决问题的保证。可是我们发现，目前学生问题意识的严重缺失已是不争的事实，语文课上也是如此。可喜的是，培养学生的问题意识已经和正在得到越来越多的关注。课程标准明确指出：语文课程要充分激发学生的问题意识和进取精神。语文课上培养学生问题意识已经成为语文课程的基本理念。那么，在指向表达的语文课上怎样培养学生的问题意识？

1.聚焦课文——让学生善于提问

培养学生的问题意识，首先要帮助学生学会提问。引导学会从课文中善于发现问题,产生疑问。在语文课堂上,问题应当聚焦课文内容,贴近学生生活,避免问题大而不当、离题万里。下面以苏教版五年级(下册)《司马迁发愤写〈史记〉》为例,具体说说如何聚焦课文,让学生学会善于提问。

(1)课题质疑。课题是文章的"眼睛",起着概括内容、点明中心、交代背景等作用,是文章不可缺少的部分。学课文一般也是从课题开始的。引导学生学会提问首先要从质疑课题入手。在学习《司马迁发愤写〈史记〉》一文时,我引导学生反复读课题,"你们读出问题来了吗"?在学生质疑受阻的情况下,我及时引导学生抓住关键词语质疑。"题目中哪个词语给你留下深刻印象?"学生很快抓住"发愤"提出了许多有价值的问题:司马迁为什么要发愤写《史记》?他是在什么情况下发愤写《史记》的?他又是怎样发愤写《史记》的?结果怎样?我们常说,不怕做不到,就怕想不到。学生自己既然能紧扣课题提出这些有价值的问题,就一定能运用自己的聪明才智解决这些问题。

(2)课文质疑。课文内容是文本的主体,也是培养质疑能力的重点。在学习课文内容时,笔者始终把培养质疑能力放在重要位置,引导学生通过自读自悟、合作讨论,由浅入深地与文本对话,不断提出有价值的问题。在学习《司马迁发愤写〈史记〉》一文时,在解决由课题质疑产生的四个问题的基础上,让学生再读课文,静下心来,沉思默想,进行心灵与心灵的对话。在部分学生质疑受阻时,从重点内容入手,引领质疑的方向。"课文主要写了什么内容?仔细读读司马迁发愤写《史记》的部分,看看又有了哪些新的收获?"很快,学生抓住第3小节,反复阅读、感悟,最后提出了不少值得研究的问题:司马迁为什么想血溅墙头,了此残生?后来他又为什么打消了这个念头?在学生不断地质疑解疑中,创新意识得以培养,实践能力得以提高,语文素养得以提升。

(3)拓展质疑。在阅读教学中,如果就课文学课文,就会一叶障目,不见森林,就会限制了学生的发展。在学习《司马迁发愤写〈史记〉》一文时,注意从学生的长远发展出发,在拓展延伸上引导学生质疑,为开展语文综合性学习打好基础,做好准备。学完了《司马迁发愤写〈史记〉》,问学生:你们还有问题要问吗?学生你看看我,我看看你,摇了摇头。笔者及时引导学生联系语文实践活动,为课后的语文综合性学习导航。"你们了解司马迁吗？了解《史记》吗？"学生很快打开了话匣子。《史记》是一部什么样的书？司马迁在写《史记》时遇到哪些困难，又是怎样克服的？《史记》在今天又有着怎样的价值？兴趣激发出来了，笔者及时把问题相近的同学并为一组，开展语文综合性学习，为将来的探索研究做全方位准备。

2. 以问激问——让学生敢于提问

培养学生的问题意识，还要鼓励学生敢于提问。长期以来，我们的学生循规蹈矩，喜欢从众，随大流，不敢提出富有个性化的问题。作为教师，要从学生长远发展的高度，鼓励学生敢于提问，不迷信书本和老师。

一位老师执教苏教版三年级(下册)《花瓣飘香》，在学生陷入沉默的时候，教者适时示弱，以问激问，好似一块投石冲开水底天，为学生打开了提出问题的突破口。在板书课题以后，教者开始引导学生质疑："读了课题，你有什么疑问？"学生在提了大致相同的"摘花瓣做什么"问题后，课堂陷入沉默。此时，教者试着问学生："老师一开始读课题，也和你们一样找不到问题。再仔细一读，老师产生了一个问题，小女孩师是怎么摘花瓣的？你们再仔细读读课题，是不是和老师一样，也产生了新的问题？"学生在教者的激问下，一只只小手举了起来。课堂上不断闪烁着学生创新的火花。教者适时示弱，以问激问，帮助学生打开质疑的突破口，让学生不再沉默，成为培养学生问题意识的有效策略之一。

实际上，教师以问激问让学生找回了自信。学生普遍具有向师性，小学生尤其如此。老师在他们心目中的地位是神圣的，不可替代的。他们崇拜老师，敬佩老师，喜欢模仿老师。"老师一开始读课题，也和你们一样找不到问题。再仔细一读，老师产生了一个问题，小女孩是怎么摘花瓣的？你们再仔细读读课题，是不是和老师一样，也产生了新的问题？"教者的巧妙一激，让学生感到，原来老师是一开始也找不到问题，如果我像老师一样再仔细读读课题，一定也能产生新的问题。教师的示弱激问，无疑为学生注入了强心剂。学生充满了自信，智慧的火花由此点燃。质疑解疑的意识逐渐增强，学生的命运可能由此改变。我们经常说，教师要蹲下身子和学生说话。在学生面前，教师偶尔地主动示弱，不正是调动学习兴趣，活跃课堂气氛，重塑学生信心的极好方法吗？在学生困惑时，我们不妨都来一句"老师一开始也和你们一样……"；在学生精彩的发言面前，我们不妨都来一句"你比老师还……"。我们相信，学生的眼里一定会闪出异样的光芒，重新找回了自信，产生一种前所未有的成功感。

尽管如此，教师以问激问也要注意适时适度。适时，就是要把握时机。要在学生一时困惑，提不到有价值的问题，找不到对话切口的时候。此时教师的主动示弱，提供了质疑解疑的方法，打开了学生和文本对话的窗口，为学生找到了解读的钥匙。"老师一开始读课题，也和你们一样找不到问题……你们再仔细读读课题，是不是和老师一样，也产生了新的问题？"教者适时激问，好似平静的水面投下石子，立刻荡起智慧的涟漪。适度，就是要把握激问的尺度，不能让学生感觉到是教者的矫情造作。教者激问的问题不能太简单，要由一定的思考价值，发挥应有的示范引领作用。学生在教师的帮助下，顺着教者的思路，很容易找到提问的方法，也像老师一样提出有价值的问题。教者适度激问，可以充分发挥教者的主导作用，也是其教学智慧的一种体现。

（五）科学指导——提炼实施的策略

提高指向表达实施效率的关键是要充分发挥教师的指导作用。通过教师的有效指导，帮助学生选准内容，找准方法，科学实施，提高效率。在学生学习课文的过程中，经常遇到学生理解失当、找不到与课文对话切口的情况。我们习惯地称之为"教学的困境"。通常情况下，此时的学生一脸困惑，眼睛茫然地直盯着老师，等待老师的点拨。这里的"点"主要指引导、启发、指导，"拨"主要是指纠正错误，得出正确结论，即拨错反正。这就是我们常说的点拨式教学法。所谓点拨式教学法，就是引导、启发学生利用已知的原理和知识，经过逻辑推理，把错误的想法和结论纠正过来，得出正确结论和答案的教学方法。教师在点拨过程中要把握住学生的心理及智力活动的水平，随时调整自己的教学行为，以实现教与学的统一，学生掌握知识与发展智能的统一。

引导学生走出教学的困境，既是课堂教学顺利开展的需要，也是教者教学智慧、教学艺术的综合体现。在平时的听课活动中我们发现，许多老师在面对学生的困惑时，点拨方法简单，甚至出现我们常说的"无效点拨"。面对学生的困惑，要么采用判断式，"是不是？""对不对？"让学生进行对错判断；要么采用重复式，直接重复学生的答案；要么采用引答式，直接引出答案；要么采用漫无边际式，点拨到最后，学生也不知所云。如何才能科学指导、有效点拨，引导学生走出教学的困境呢？笔者在平时的教学过程中，尝试着运用点拨"五法"，帮助学生启迪思维，指导方法，重塑信心，学会表达，使点拨成为指向表达的语文教学的一大亮点。

1. 前后勾连点拨

许多学生在阅读教学中陷入困境，很大程度上是不能对课文进行整合，从全文的角度整体解读，以至于"一叶障目不见泰山"。此时，迫切需要引导学生运用前后勾连的方法，联系上下文，找相关联系点，挖掘课文的有效资源，反复品读感悟，走出解读课文的困境。

《爱如茉莉》是苏教版五年级（下册）的一篇课文。课文用清新、朴实的语言，记叙了妈妈生病住院，爸爸去医院照顾这件小事，让我们感受到真爱就如茉莉般平淡无奇却芳香怡人。本文的一大特色，就是通过许多细节描写表现真爱。在引导学生感受"直奔图"时，学生对爸爸的"紧握"理解不到位。为了学生多层次、多角度感悟真爱，我运用了互文阅读的方法，引导学生前后勾连整体感知。由第9自然段爸爸的"紧握"，到第10自然段的"睡眼蒙眬""蹑手蹑脚"，再到第11、12自然段的"布满血丝的眼睛""边打哈欠边说"，这样前后勾连，就把爸爸对妈妈的真爱集中在一起，聚焦重点，学生很快就感受了爸爸妈妈之间平淡无奇却芳香怡人的真爱。

2. 补充资料点拨

我们知道，许多课文是和一定的时代背景紧紧联系在一起的。这些背景资料，有些学生有所了解，更多的是学生非常生疏，甚至是学生知识的"盲点"。如果不对这些背景资料有一定的了解，我们在解读文本时，就可能不知所云，有时还可能偏离文章的中心。

在学习苏教版五年级（下册）《司马迁发愤写〈史记〉》一文时，许多学生对"飞来横祸"不理解，于是及时呈现了李陵兵败、司马迁为李陵辩护的背景资料。学生们能根据老师呈现的资料，再结合自己搜集的资料，不仅了解了那段历史，更进一步感受司马迁了忍辱负重、矢志不渝的高贵品质。可以说，学生们对课文解读这么深刻，正是由于对背景资料有了充分的了解。及时呈现资料，让学生找到了一个解读文本的支点。

但是，我们在重视对背景资料补充的同时，应该清醒地认识到，学生学习的对象是课文，而不是这些背景资料。也就是说，这些背景资料是为学习课文服务的。这也是以本为本的基本要求。如果没有对文本的充分感知，即使补充再多的资料，学生也不大可能深入理解课文。一位老师执教苏教版五年级（下册）《秦始皇兵马俑》一课时，在课上花很长时间，用精美的课件补充了大量有关秦兵马俑的资料。此时，学生被优美的画面、动听的解说所吸引，沉浸在音乐渲染的情境之中。而对于主要的学习对象——文本，却被丢在一边。语文课变成了课外资料交流课了。因此，我们补充背景资料一定要适量，不能挤占学生潜心会文的时间。要引导学生真正静下心来，沉到课文中去。

3. 伙伴互助点拨

合作学习作为课程改革积极倡导的学习方式之一，目前已被世界上许多国家都普遍采用，被人们誉为"近十几年来最重要和最成功的教学改革"。近年来，合作学习已逐步成为高效课堂常用的一种学习方式，成为高效学习的有效载体。

在学生对课文的解读陷入困境时，我们可以把学习的主动权还给学生，采用小组合作学习的方式，让学生以6~8人组成学习小组，围绕困惑进行讨论，互相启发。把点拨的权利交到学生手中，让伙伴在合作学习中互相点拨。在进行伙伴互助时，首先要明确讨论的问题。不能漫无目的，谈天说地。要聚焦困惑，多层次、多角度深入探讨。其次，要有序组织。要明确一名组长进行安排，给每个小组成员角色定位，如记录员、监督员等。各司其职，提高效率。要求在讨论的时候，要学会倾听，不随意打断别人的发言。最后，教者也要参与讨论。我们知道，学生的认知能力毕竟是有限的，对问题的理解难免有失偏颇，这就需要教师的适时引领。实际上，如果缺少了教师的指导，任凭学生东一榔头西一棒，海阔天空，漫无边际，合作的效率自然就大打折扣。有时，教师的一个眼神、一个手势、一句提醒，对学生都是那么的重要。当然，还要以学生自己解决为主。讨论的过程中，学生互相启发，取长补短，一定会碰撞出智慧的火花。

4. 提示要点点拨

在学生走入阅读教学困境的时候，最需要得到教者的引导帮助，这也是教师主导作用的体现。一方面，学生普遍具有向师性，潜意识中产生对教师的依赖。另一方面，教者学识渊博，能够给予学生有效的点拨。正是教者的要点提示，学生可以很快走出阅读的困境，理解得更深刻。

在学习苏教版五年级（下册）《只拣儿童多处行》的过程中，学生对为什么"只拣儿童多处行"就能找到春天不理解，教者及时提醒学生，课文哪些地方可以看出儿童"多"？从哪儿你感受到了春天的生机勃勃？帮助学生提示思考的方向，给学生搭搭梯子，补充解决的条件，扶学生一程。由于有了这些循序渐进的有效的提示，学生探究有了方向，在自己和伙伴的努力下，很快找到了问题的答案。

5. 评价激励点拨

在学生走入阅读教学困境的时候，教者的评价至关重要。在课堂上，我们发现，许多学生问题回答不出来，不是不会，而是自信心不足，害怕犯错误。在这种情况下，教者更要学会通过评价帮助学生树立信心。"相信自己，一定能行！""哎呀，比昨天棒多了，重来一遍一定会更好！""别紧张，慢点说。"一句句富有人性化的鼓励性的评价语言让学生看到了成功的希望，重塑了信心，给学生以无穷的力量。

在学习苏教版五年级（上册）《装满昆虫的衣袋》的过程中，一位学生对为什么用"装满昆虫的衣袋"为题不理解，教者这样说："这位同学如果注意联系全文和板书，就一定能找到答案。老师相信他一定能做到，等会儿老师再给你加星。"原来这位老师采用的是加星的方法给学生评价。"等会儿老师再给你加星"，实际上就是我们平常所说的延后评价。这样做，实际上保护了学生的自尊心。让学生感受到，老师是关心我的，更是相信我的。此时，这位学生一定会非常珍惜这难得的努力地机会。学习的潜能得到充分激发，积极性得到充分调动，学习效率也得到提高。从后来的结果可以看出来，这位学生不仅自己解决了问题，而且说得非常完整，真正起到了评价为了学生的发展的理念。

（六）科学补白——丰富实施的内容

留白，原是国画的一种手法，是创作中的一种构图方法，即在整幅画中留下空白。它的意思是计白当黑，可创造出虚实相映、形神兼备、无画处皆成妙境的艺术境界。著名的齐白石的《虾》、马远的《寒江独钓图》等，都被大家所熟知与称道，画面寥寥数笔、留下大面积的空白之处，却给我们提供了深远的意境，让欣赏者大胆去思考、去补充发挥，让欣赏者和自己共同完成作品美学价值的创造。实际上，不仅仅是国画，我们的许多课文在描述的过程中，也注意留下思维的空白，给学留下展开丰富想象的空间。

在我们的语文课本中，用心阅读，就会发现也有许多留白的地方，有的在字里行间，有的在句末标点，这种手法与绘画中的留白有异曲同工之处。这些留白，本身就是语文教学的课程资源。纵观许多有经验的教师的课，就特别重视巧妙利用这些课文中的留白，给学生营造一个想象和创新的空间。开发利用留白资源，让学生在空白处放飞思绪，闪现出智慧的火花，给课文留白处着上精彩的一笔，达到"于无声处听惊雷"的效果。

1. 在词语留白处品析

课文是由一个个词句连贯而成，理解词语的意思是学习课文的基础。许多老师把理解词语的意思作为解读词语基本要求，学习课文的第一步。我们经常说，要把一个词语读成一句话、一段话。也就是说，要在反复品读中理解词句背后的深刻内涵，从而增加语言的厚度。我们在平时的学习过程中，要引导学生抓住关键词句，在反复品读中补充留白，把一个词语读成一句话、一段话，使语言文字在品读中"增值"。

一位老师执教苏教版五年级（下册）《彭德怀和他的大黑骡子》一课。在教学过程中，教者抓住"说着，就把自己的干粮分出一些，悄悄地塞进大黑骡子的嘴里，一直看着它吃完"一句中的"悄悄"，引导学生思考：怎么理解这个词？彭德怀为什么要"悄悄地"？从"悄悄"这个词语，你读出了什么？在学习的过程中，教者紧紧抓住留白的关键词语"悄悄"，引导学生从理解词语意思入手，借助相关资料，由浅入深，在反复品读中逐步读懂词语背后的深刻内涵，使词语变得丰满起来。学生从"悄悄"这个词语中，读懂了当时粮草十分紧张，大黑骡子连一点草料都吃不上，所以彭德怀就悄悄地把干粮塞进大黑骡子的嘴里；他塞进的是自己的干粮，怕战士们看见会阻拦，所以悄悄地塞进大黑骡子的嘴里；彭德怀宁愿自己挨饿，也要把自己的干粮分出一些给大黑骡子。从"悄悄"这个词语中，学生读出了彭德怀对大黑骡子的爱：爱骡子胜过爱自己。教者借助"悄悄"，打开了与文本对话的一扇窗，把一句话成一段话，一幅画。学生在紧扣文本中走进文本，在咀嚼文字中走进人物。不仅读懂了词语的字面意思，也读出了词语留白的深刻内涵，语言文字在反复品读中得到"增值"。

其实，不仅仅是《彭德怀和他的大黑骡子》，教材中的许多课文，为了增强艺术效果，往往都会在一些关键的地方故意留白，给读者留下广阔的想象空间，令读者回味无穷。如果教者在预设时，能充分关注这些关键词语的留白，你就会发现，这些留白是课本资源中值得挖掘的一处丰富的矿藏。

2. 在标点留白处想象

标点符号是书面语中不可缺少的部分，一般用来表示停顿、语气和词语的性质和作用，是语言的组成部分。在一些课文中，标点处往往也是作者的留白所在。抓住这些标点引导学生补白，学生对课文的理解就更加全面，更加深刻。

一位老师执教苏教版六年级（下册）《莫泊桑拜师》一课。课文第7自然段写了福楼拜一连串的9个问句，而莫泊桑当时的表现却只字未提，这是课文的留白。在学习第7自然段时，教者引导学生抓住福楼拜第二次指导莫泊桑的关键句子"怎么能说没有什么东西好写呢？"进行猜读。在进行反问变陈述句式训练的基础上，让学生边读边想象莫泊桑当时的表现，对课文中9个问句后面的留白进行合理补充。先同桌模拟，再进行全班现场情景再现。同时鼓励学生加上人物的表情、动作，进行形象再现。在学习的过程中学生兴趣盎然，在课文内容叙述的基础上，展开合理的想象，用生动的语言把大家带入当时的情境，从莫泊桑的角度出发，对9个问句进行了合理的回答，想象出了富丽堂皇的马车和装饰简陋的马车、烈日炎炎下的马车和狂风暴雨中的马车、马车上坡和下坡不同的走法，还原了生活情境，丰富了课文内容，对课文的解读也更深刻了。

在上例中，正是由于对标点进行了合理、适度的补白，丰富了文章内容，还原了相关场景，加深对课文的理解，缩短了与文本的距离，实现与人物心灵的相通、情感的共鸣。许多困惑学生的学习难点迎刃而解，成功的喜悦重回到学生的脸上。在标点处补白，为学生打开了又一扇对话的窗口，课堂上因此精彩不断。

3. 在言外之意处揣摩

如果把在词句和标点处留白称作直接留白的话，在言外之意处留白就可以称作间接留白了。言外之意，就是指真正想要表达的意思并没有明说，而是通过别的话来暗示。许多课文中有不少这样的句子，猛一看很好理解。当我们静下心来反复品读以后，你会发现，这些语言的背后又在告诉我们另外一层意思。引导学生感悟在言外之意处的留白，可以更加深刻地理解课文，和作者进行深层次的对话，读懂人物的内心。

一位老师执教苏教版五年级（上册）《少年王冕》一课。在学习"娘，我在学堂里也闷得慌，不如帮人家放牛，心里倒快活些。这样可以贴补些家用，还能带几本书去读呢"时，有学生认为这句话说明王冕不想在学堂里读书，想去帮人家放牛。因为这样做既可以贴补些家用，又可以带几本书去读，心里当然快活些。教者敏锐地发现学生的理解浮于表面，出现误读、曲解文本的情况，及时引导学生联系上下文，反复品读，边读边思考：这句话是不是王冕的真实想法？有学生认为这是王冕在说谎。"哦，你们有过说谎的经历吗？心里快活吗？"教者一句巧妙的引导，勾起了学生对往事的回忆。学生在回忆往事的过程中逐步体会到这是王冕在安慰母亲，一个十分孝顺、懂事的王冕形象浮现在学生眼前。

言外之意处的留白一般非常隐蔽，学生不容易一下子读出来。要准确理解语言的言外之意，我们可以引导学生联系上下文来理解。课文中的语句总是和一定的语境联系在一起的。学生通过学生联系上下文，可以全面把握课文内容，站在全文的角度来理解，言外之意往往就会浮现出来。当然，准确理解语言的言外之意，还可以联系学生的生活实际。我们知道，教材的课文从创作到选入，都有一段时间，一般不与生活同步。也就是说，与学生的生活都有一定的距离。学生解读文本的主要障碍是文本远离学生生活。文本的许多内容让学生可望而不可及。联系生活可以很好地帮助学生深刻解读文本，成为学生解读文本的催化剂。通过联系生活，拉近了学生和文本的距离，找到了和文本对话的窗口，理解言外之意也就容易多了。

（七）科学拓展——延伸实施的范围

重视课程资源的开发和利用是课程改革提出的新目标。语文教师是语文课程资源的开发者和使用者，也是语文课程实施的基本条件资源。因此，语文教师必须增强课程资源意识，充分发挥自身的潜力，积极进行语文课程资源的开发与利用。指向表达的语文教学，教师必须转换角色，不能仅仅充当课程的实施者，也要主动地去开发和利用课程资源；要创造性地去开发和利用一切有助于实现课程目标的资源，充分发挥其在提升表达能力中的作用。

一位老师执教苏教版五年级（下册）《郑和远航》，最后这位老师布置同学们这样一个作业：郑和下西洋分别到过哪些国家？选择其中的一两个具体介绍当时的情景。猛一看，符合课改精神，着力培养学生的实践能力。细一推敲，尽管现在信息技术发达，可要查阅郑和下西洋时的具体情景还比较困难，不要说学生，就是成人，也有一定难度。教者一味追求拓展延伸，没有把握合适的"度"，超出了学生能力范围，是典型的"目中无人"。

我们在进行拓展延伸时，不能仅仅就文本进行拓展，而要把拓展和学生的生活紧密联系起来，要注意把握延伸的"度"，让学生在表达时有话可说。

一是延伸的深度。我们知道，学生的延伸探究和科学家的探究有本质区别。科学家的探索研究是为了解决生产生活中急需解决的难题，进行理论和实践创新。而学生探究主要是体验探究过程，激发兴趣，锻炼能力，为将来做准备。因此，我们在进行必要的拓展延伸时，要重在培养学生兴趣，锻炼能力，尤其要有助于培养学生搜集资料、整理分析资料的能力。在设计题目时要难易适度，太难了，学生完成不了，反而打消了他们的积极性；太简单了，没有探究的必要。最好能贴近学生的"最近发展区"，贴近学生的认知水平。让学生经过努力，跳一跳就能摘到果子。比如，学了《嫦娥奔月》后布置收集民间故事，举行故事会；学了《装满昆虫的衣袋》后布置观察昆虫的活动，写一篇观察日记；学了《半截蜡烛》后将故事改编成课本剧，举行课本剧表演比赛……

二是延伸的广度。因为我们面对的是学生，所以在进行拓展延伸时，要充分考虑学生的实际情况。要贴近学生的阅读实际，紧扣课文作适当延伸。在设计题目时，只能略高于学生的知识面，不能漫无边际。既要考虑到题目的开放性，又要注意切口要小。比如，学习《一个中国孩子的呼声》后布置收集联合国维和的资料，介绍联合国维和的情况。这篇课文表达的是厌恶战争、渴望和平的思想，让学生收集某次战争的资料，了解战争的残酷性尚可，而让学生收集联合国维和的资料就显得太大了，学生无从下手。如果改成给深受战争苦难的外国小朋友写封信，表达你对他们的同情与关心，有利于知识的迁移，便于学生收集、运用资料，找到切口。

总之，只要我们一切从教材和学生实际出发，紧扣课文内容，贴近学生实际，着眼于表达能力的提升，就一定能科学整合课内外资源，把握好拓展延伸的"度"，从而真正让学生有话可说。

第二节　指向表达的基本策略

一、指向表达的阅读策略

阅读教学一直是语文教学内容最多、课时最长的一项教学内容，直接影响着学生表达能力提升的速度与质态。长期以来，语文教学中的阅读与表达经常是分离的，也就是把语文课分"阅读"和"习作"两种。这样最大的危害就是容易造成繁琐分析，高耗低效。结果许多学生上了阅读课之后，只知道课文写了什么，却不知课文怎样写的，为什么这样写。教者更多关注了表达的内容，而不关注表达的方法，致使指向表达成了一句空话。

那么，在阅读教学中如何才能将阅读与习作有机融合，切实提升学生的表达能力呢？现将笔者在阅读教学中有关指向表达的思考、实践整理出来，以期能找到阅读教学中指向表达的最佳路径与方法，切实提高阅读教学的效率。

（一）聚焦词语，在品词中学会表达

随着课改的不断深入，阅读教学正逐步回到以人为本、以本为本的常态，漫无边际的拓展少了，指向表达的语言文字训练正在成为阅读教学的核心内容。词句作为组成文章的基本元素，正日益受到重视。课堂上随处可见咬文嚼字、品词析句的情形。学生多层次、多角度的词语解读，常常成为语文课上一道靓丽的风景。学生借助这些关键词句，打开了与文本对话的一扇扇窗口。笔者在平时的教学过程中，注意引导学生从不同角度，由浅入深地理解词语，努力打造词语解读的"三维空间"，构建立体化的解读模式。

1.知意思——吹尽黄沙始到金

课文是由一个个词句连贯而成，理解词语的意思是学习课文的基础。理

解词语的意思，作为解读词语基本要求，成为学习课文的第一步。在引导学生理解词语的意思的时候，主要从以下两个层面入手：

第一层面，要求学生借助工具书了解词语的字面意思。在平时，要求学生书包里必须放一本字典或词典。在预习课文的时候，必须通过工具书了解词语的意思。在学习课文的过程中，遇到不理解的词语，随时查阅工具书，逐步养成随时查阅工具书的习惯。

第二层面，学会联系上下文或联系生活理解词句的语境意思。词语的字面意思，是理解词语的起点。在学习课文的过程中，引导学生从字面意思出发，学会理解词句的语境意思。在理解语境意思的过程中，可以联系上下文来理解。在理解苏教版五年级（下册）《灰椋鸟》"没有几分钟，'大部队'便排空而至，老远就听到它们的叫声"中"排空而至"一词时，学生通过联系上下文，知道句子中的"排空而至"应该是指许多灰椋鸟整群整群地从空中迅速飞落下来。在理解语境意思的过程中，还可以联系学生生活来理解。在理解苏教版六年级（上册）《草原》"在这种境界里，连骏马和大牛都有时候静立不动，好像回味着草原的无限乐趣。"中"回味"时，引导学生回忆自己游玩的经历，帮助学生理解这里的"回味"就是对经历或接触过的事情重新体味的意思。

理解了词语的意思，"吹尽黄沙始到金"，做到了对词语的准确解读，为后面深入解读词语打下基础。

2.悟情感——横看成岭侧成峰

从语言文字的微观分析，语言文字是有感情、有内涵的，值得我们反复咀嚼、体会。这就是我们常说的语言文字的"温度"。正所谓"语言有温度，字词知冷暖"。入选教材的课文都是经过编者反复挑选的，要么荡漾着情感的涟漪，要么绽放着人性的光辉，要么凝聚着精神的力量。引导学生解读这些文章，当然必须让他们对作品流露的情感因素、高举的人性大旗、彰显的精神伟力有具体而深刻的感受。我们在理解词语的时候，不仅仅了解词语的意思这些表象的东西，还应该透过这些表象，去感悟词语背后所蕴含的深厚情感，感受语言的温度。

一位老师执教苏教版五年级（下册）《水》。在学习"从头顶倾注而下的水滑过了我们的脸，像一条小溪流，顺着脖子缓缓地滑过了我们的胸和背，然后又滑过了我们的大腿和膝盖"一句时，教者抓住三个"滑过"引导学生反复品读，感受背后蕴含着的伟大的母爱。"这里的三个'滑过'可以换成哪些字词？""仔细读读这三个'滑过'，你又体会到了什么？"学生通过把滑和流、淌进行比较，从水量、速度、感觉等三个方面读懂了"滑过"的深刻内涵。从三个"滑过"，学生感觉到就像母亲温柔的手在轻轻地抚摸着，温暖的感觉洋溢在学生的心头。

学生通过反复品读，读出了词语背后蕴含着的浓浓情感，让情感在语言文字间流淌，让语文课洋溢着浓浓的语文味。

3. 明表达——问渠那得清如许

长期以来，我们在阅读教学中品词析句很多，朗读训练扎实，但揣摩表达有所淡化。学生知其然，不知其所以然，导致学生理解能力的退化。在平时的教学过程中，我们不仅要引导学生知意思、悟情感，更要学会揣摩表达：作者为什么要这样写？在刨根问底式的探究中，体会用词的准确、巧妙，逐步学会表达运用，使学生对词语的理解跃上一个新台阶。

一位老师执教苏教版六年级（上册）《姥姥的剪纸》。在教学过程中，教者注意引导学生紧扣词句，揣摩表达，深入与文本对话，与作者对话，力求"知其所以然"。在学习"密云多雨的盛夏，姥姥怕我溜到河里游泳出危险，便用剪纸把我拴在屋檐下。"一句时，教者和学生一起探究"拴"的妙处。"什么叫拴？""剪纸能这样拴我吗？""作者为什么要说姥姥'用剪纸把我拴在屋檐下'？"教者通过引导学生对"拴"字的深入辨析，了解了姥姥用剪纸拴住了我的心。一个"拴"字，体现出作者对剪纸的喜爱，姥姥对我的关心，表达了作者对姥姥的敬佩、感激之情。通过刨根问底，学生逐步领会到"拴"字表达的形象、传神，作者用词的准确、精当。学生通过揣摩词句的表达，读出了作者的匠心独运，学会了表达的基本方法，实现了对词语的立体感知，放大了词语的文本价值。

（二）巧妙引导，在朗读中学会表达

朗读是一种个性化的表达能力，是对语言富有个性化的理解、体会、感悟，能使无声的书面语言变成有声有色的口头语言。朗读是学生整体语文素质的重要组成部分，也是阅读教学中教师指导的重点。课程标准强调指出：小学各年级的阅读教学都要重视朗读，"要让学生充分地读，在读中整体感知，在读中有所感悟，在读中培养语感，在读中受到情感的熏陶"。著名特级教

师于永正老师说过："朗读是语文教学的根本之法。"我们在学习课文的时候，不仅仅了解词句的意思这些表象的东西，还应该通过深入的朗读训练，读通句子，读出理解，读透情感，读出语言文字特有的魅力。下面以低年级为例，具体谈谈基于指向表达的朗读指导策略。

笔者从陆续参加的几次低年级语文教研活动中发现，低年级朗读指导正逐步浮于表面，流于形式。一方面朗读花样不断翻新，缺乏针对性。齐读、对读、开火车读，赛读、表演读、分角色读，让人眼花缭乱、应接不暇，声音响亮，缺乏内涵。另一方面，朗读指导浮于表面，缺乏实效性。实际上，这种现象在时下低年级的阅读教学中普遍存在着。长此以往，低年级的朗读指导势必走向形式主义，步入概念化、表面化的怪圈，致使朗读教学逐渐成为低年级语文学习的一块短板。笔者以为，低年级朗读指导关键在于选准方法，科学指导。形象化朗读指导正是基于低年级学生特点的朗读指导的有效策略。

形象化朗读指导，顾名思义，就是教者在朗读指导过程中，根据学生和文本特点，采用一些形象直观的教学手段，把抽象的文字变成生动有趣的画面、动作，让文字、内容生动形象起来，从而便于学生理解内容、学会朗读。小学低年级学生的思维以形象思维为主，形象化朗读指导在小学低年级的课堂运用较为频繁。学生在教者形象化朗读指导过程中，课堂气氛活跃，积极性空前高涨，学生的主体地位得到充分体现。形象化朗读指导，为低年级学生打开了一扇与文本对话的窗口。

笔者以为，形象化朗读指导主要有以下几点长处：首先，形象化朗读指导易于激发兴趣。爱因斯坦说过："兴趣是最好的老师。"可见，兴趣是学习活动的主要动力源泉。低年级学生生性活泼，喜爱游戏。让学生借助画面、手势等形式学会朗读，切合低年级学生的年龄特点，难度适宜，充满趣味。在形象化朗读指导过程中，语言所表达的形象在学生头脑中逐渐清晰起来，一下子激发了学生的学习兴趣，学生学得兴趣益然。其次，形象化朗读指导重在直观呈现。低年级学生在感知对象时以形象思维为主。他们通常把课文中的一段话读成一幅画。画面、手势等形式形象直观，通俗易懂，切合低年级学生的年龄特点。它们形象地再现课文语言的内涵，把抽象的语言形象化，为学生朗读课文搭梯子，降低难度，由浅入深。再次，形象化朗读指导便于深度参与。人的心理是一种动态的活动过程，包括认知过程、情感过程和意志过程。而认知过程又是个体获取知识和运用知识的过程，包括感觉、知觉、记忆、思维和想象等，即通过视觉、听觉、嗅觉、味觉和触摸觉等不同感官对事物形成表象形象化朗读指导正是调动学生的多种感官，形成对事物的表象，从而加深对课文的理解。在教学过程中，教者借助画面、手势等形式，让学生用眼看，用心想，用手摆，用嘴读，多种感官同时作用，深度参与，获得对语言的直接、深刻的理解。

《小松树和大松树》是苏教版一年级（下册）的一篇寓言故事，主要讲的是山上的一棵小松树觉得自己长得很高，瞧不起山下的大松树。风伯伯批评了小松树缺乏自知之明、盲目骄傲自大的行为。在课上，教者主要从教师范读、画面展示、手势表演等三方面进行形象化朗读指导，学生学得兴趣盎然，朗读能力有了明显提升。

1. 教师范读，让学生有例可循

学生普遍具有向师性，低年级学生尤其如此。他们都有模仿、接近、趋向于教师的自然倾向。在他们的心目中，教师是神圣崇高的，教师的一言一行，都是模仿的对象。我们在进行低年级朗读训练时，可以根据学生的这一特点，适时进行范读指导。实际上，范读更能唤起学生的注意，激发学生对朗读的兴趣，调动学生朗读的积极性、主动性，提高学生的朗读水平。好的范读，对学生来说无疑是一种美的熏陶。学生在教者示范下，很容易学会朗读的停顿、重音、语调等基本方法，找到提高朗读水平的捷径，从而提高了朗读指导的效率。可见，教师范读是朗读教学中任何其他指导方法都无法取代的。

在执教《小松树和大松树》过程中，在进行关键句子的朗读指导，教者采用范读的方式，提醒小朋友们认真听老师读书。在指导"我能看到很远很远的地方，你呢？"这句话时，教者一遍又一遍地示范"很远很远"和"你呢？"这两个难读的地方。很快，学生都能学着老师的样子，读出了距离的"远"和小松树的得意、骄傲。

不仅仅关键句子的朗读指导采用范读，有经验的教师还喜欢和学生一起朗读课文，实行师生共读。其实，师生共读也是我国传统教育的精华，在历史典籍和现代古装剧中经常见到师生共读的情形。我们知道，"教师自身就是教学情境"。学生看到老师和他们一起读书时，也会学着老师的样子，往往读得特别认真，连爱开小差的学生也被吸引过来了。同时，他们也会学着老师的语调、停顿、重音，自主纠正自己读书过程中的一些错误。可谓一举多得。笔者最近在引导学生读课文时，就尝试着和学生一起朗读，学生那认真劲就甭说了。实际上，这种师生共读的方式，在朗读指导的起始阶段，往往特别有效。

2. 画面展示，让学生有图可观

低年级学生的思维以形象思维为主。他们容易被形象的画面所吸引。这就要求我们在进行低年级朗读指导时应运用多种教学方法，让学生直观形象地学会朗读方法。

低年级语文课本一个很显著的特点就是图文并茂，几乎每篇课文都有一幅或多幅插图。课文中的插图一般都是编者精心选编或创作的，体现了编者对文本的解读，是编辑意图的形象体现，是课文的有机组成部分。这些插图，色彩鲜艳，画面精美，形象直观，富有童趣，给学生解读文本提供了极大地方便。插图与课文有着密切的联系，反映了课文的某一内容或场景，通过看图，能够加深理解课文内容，也有利于提高同学们的观察能力和审美能力。而且，这些插图不只是单纯地配合课文内容，还提供了形象直观的课程资源，是课文中文字无法替代的。这种图文并茂的教材编排，符合低年级小学生的年龄和认知特点，不仅有利于提高小学生学习语文的兴趣，而且有利于更好地理解课文内容，培养观察、想象和语言表达等能力。因此，我们在低年级朗读指导过程中要充分发挥课文插图的作用，借助课文中的插图指导朗读。

在执教《小松树和大松树》过程中，教者在指导"你看我长得多高哇！"一句时，让学生观察课文中的插图，找到两棵松树所在的位置，比一比谁长得高，高多少。然后让学生通过自己的朗读把小松树的"高"读出来。学生有了插图的形象感知，充分感受到小松树的"高"，读起来声音格外响亮。

当然，不仅仅是插图，许多老师还根据课文内容，创造性地采用画简笔画、看视频的形式，引导学生深度参与，深入理解词句内涵，感悟朗读方法。这些简笔画、视频，形象直观，通俗易懂，非常切合低年级学生的年龄特点。在执教《小松树和大松树》过程中，为了让学生体会小松树和大松树的位置，教者在黑板上简要画了一座大山的轮廓，让学生在上面标出小松树和大松树的位置。这样的设计，操作简单，直观形象，学生很容易就理解了小松树和大松树的位置。

3.手势表演，让学生有法可用

现代心理学之父皮亚杰曾经说过：活动是认识的基础，智慧从动作开始。低年级学生好动、好胜、好奇心强，喜欢模仿和表演。为了增强朗读指导的趣味性，低年级老师常常喜欢采用手势表演来指导学生朗读。对低年级学生来说，手势表演便是一种以"动"促进"思"的过程。教者借助手势，引导学生用眼看，用耳听，用手演，用嘴读，多种感官同时作用，获得对语言的直接、深刻的理解，为学生打开了解读文本的又一扇窗口。

手势，即手臂姿势，是人在运用手臂时所出现的具体动作与体位。在课堂教学中，手势表演是一种类似游戏、易于操作的表演形式，符合低年级学生的年龄特点，难度适宜，充满趣味，很适合低年级学生表演。在手势表演过程中，学生借助手臂姿势，形象再现语言的深厚内涵，表达对语言的独特理解。手势表演在低年级朗读指导中的作用是显而易见的。一方面，手势表演形象直观。手势表演形象地再现课文语言的内涵，把抽象的语言形象化，为学生解读文本搭梯子。另一方面，手势表演能调动多种感官，加深对课文的理解。手势表演可以调动学生的视觉、听觉、嗅觉、味觉和触觉等多种感官，形成对事物的表象，从而加深对课文的理解。应该说，手势表演是低年级朗读指导的有效形式。

在执教《小松树和大松树》过程中，教者多次提醒学生："能加上动作来读吗？"在指导"喂，朋友，你看我长得多高哇！我能看到很远很远的地方，你呢？"一句时，提醒学生读"喂"时要双手成喇叭状，读"你呢"时两手叉腰。在指导"孩子，山下的松树比你高多了。你能看得远，那是大山爷爷把你托起来的呀！"一句时，提醒学生读"孩子"时要摸着小松树的头，读"山下""托起来"要分别加上相应的手势。学生借助手势，深入理解了"喂""你呢""托起来"等词句的深刻内涵，读起来更形象、更投入。

（三）立足文本，在感悟中学会表达

古人云："学者所以求悟也，悟者思而得通也。"语文课程是工具性和人文性统一的学科，语文教学尤其是阅读教学，离不开感悟的情感体验。阅读中的"感悟"是学生凭借对语言及其语境的直感，获得某种印象或意义的心理过程。感悟实际上是一种深化的情感体验，是文本与教师、学生的生活体验撞击出的火花。学生通过感悟文本，与文本、人物深入对话，了解课文

内容，把握人物形象，体会深层情感，学会深度表达。我们在引导学生进行自读感悟时，一定要做到"四到位"，在学习文本和学会表达之间搭建一座迁移的桥梁，让学生在感悟中学会表达。

1. 内容明确到位

学生自读感悟之所以出现"放任自流"的情况，很大程度上是因为自读感悟内容不够明确，缺乏任务意识。所谓任务意识，就是指个体对自身完成的任务及其要求的察觉与认识。也就是明确知道自己在自读感悟时要做什么。只有有了明确的任务意识，学生才会有的放矢，发挥自己的主观能动性，主动去感悟和思考，提高自读感悟的效率。

然而，我们在平时的学习过程中，为了落实课标精神，突出学生主体，往往是一味地放手让学生去自读感悟，赋予学生自主选择内容的权利。教者在学生进行自主感悟时，常常会提出这样的要求："选择你自己喜欢的段落多读几遍。""画出让你感受最深的句子，在旁边写批注。"从表面上看，这样的设计观念前卫，教师把课堂还给学生，充分体现了"以人为本"的教学理念。问题是学生面对这些大而空的问题，怎么去选择自己喜欢的段落，画出哪些让自己感受最深的句子？正是由于要求的模糊，带来了学生任务意识的缺乏。他们甚至觉得每一段自己都很喜欢，每句话都有话要说。一位老师执教苏教版五年级（下册）《月光启蒙》，在布置学生自读感悟时，要求学生选择自己喜欢的部分用自己喜欢的方式读一读，看看你能读懂什么。一位学生在交流时说他全文都很喜欢。可见，我们布置自读感悟内容时，表述要明确、到位。明确，就是要让学生清楚自读感悟的任务：是全文，还是某几自然段；是读课文，还是写感受；是自学，还是小组互助。到位，就是要表述准确，能量化的还要尽可能量化。比如自读哪几个自然段，从哪些方面进行感悟。只有学生清楚了自读感悟的内容，才少绕弯路，提高自读感悟的效率。

2. 时间安排到位

学生与文本进行对话时，需要静下心来，沉到文本当中去，进行咬文嚼字、品词析句，读懂蕴藏在文字背后的深刻内涵。有的时候，一个字词，一个标点，都有可能包含着一段故事，蕴藏着一段情感，值得学生慢慢品味。因此，我们在引导学生进行自读感悟时，要舍得花时间。让学生真正静下心来，与文字进行深层次对话。相信学生经过一段时间的静默后，一定会有智慧火花的闪现。

然而，在平时的教学过程中，我们常常看到，教者在布置学生自读感悟时，常常是自己在行间巡视一两圈后，就要求学生停笔、闭嘴，进行感悟交流。一位老师执教苏教版五年级（下册）《司马迁发愤写〈史记〉》，在学习课文第三自然段时要求学生自读感悟司马迁"悲""愤"的原因。可学生刚把第三自然段读完，教者就进行全班交流了。其效果可想而知。课后交流时，教者谈了这样做的原因，一是担心时间太长，课堂出现冷场。二是担心时间过长，影响下面的学习，导致完不成本节课的教学任务。在这位老师看来，感悟时间太长，课堂会出现冷场，影响下面的学习。在阅读课上，许多时候，我们总抱怨学生不会思考，理解没有深度，交流泛泛而谈。可是，我们给他们充分思考的时间了吗？课堂被快节奏的学习牵引着，学生就是想思考，也打不开思路。我们一定要为学生的思考创设一种"静"界。静是思的前提。要舍得放手，让他们静下心来，和文本对话，和作者对话，和自己的心灵对话。有了这样深入的对话做保证，何愁不"小脸通红、小眼发光、小手直举、小嘴常开"？

3. 方法指导到位

我国著名教育家陶行知先生指出："我以为好的先生不是教书，不是教学生，乃是教学生学。"这句话充分揭示了学习方法指导的重要性。在教学过程中注重学习方法指导，就要最大限度的调动学生的主动性和积极性，激发学生的思维，帮助学生掌握学习的方法，培养学生的学习能力，为学生发挥自己的聪明才智提供和创造必要的条件，实现学生学习由"学会"到"会学"的根本转变。我们在引导学生进行自读感悟时，要重视学生自读方法的指导，让学生知道用什么方法去自读感悟，才能读懂文字背后的深刻内涵。

然而，在平时的教学过程中，我们常常看到，教者在要求学生进行自读感悟时，常常自己做"甩手掌柜"，认为自读感悟是学生自学的过程，教者没必要过多干预。一位老师执教苏教版五年级（下册）《爱如茉莉》。在学习"熟睡图"部分时，教者让学生自读感悟，体会"熟睡图"给自己的感觉。在汇报自己的自读感悟收获时，有的说"熟睡图"很感人，有的说很温馨，还有的说很幸福。学生都是浮在语言文字的表面来谈，没有深入到语言文字之中，使感悟成了名副其实的"空谈"。究其原因，是教者没有对学生的自读感悟进行必要的方法指导。实际上，我们在引导学生感悟"熟睡图"时，可以引导学生抓住关键字词品味爸爸妈妈之间的真爱。如抓住"怔住"一词，启发学生深入思考：为什么映儿怔住了？可以引导学生抓住细节描写品味。如妈妈嘴角挂着恬静的微笑、爸爸一只手紧握着妈妈的手。也可以引导学生抓住环境描写品味。如阳光悄悄地"探"了进来。这些方法，我们可以用"方法小贴士"的形式，和自读要求一起出示给学生，便于学生对照、领会。有了这些具体可操作的方法指导，学生在进行自读感悟时，就会有法可循，学以致用，这些学习方法也会内化为学习能力，为学生长远发展打下坚实的基础。

4.交流点拨到位

学生自读感悟的效果，最终要靠交流展示来检验。有些学生交流展示时，能根据要求，紧扣文本语言畅谈体会感受。而更多的学生常常是感悟肤浅、用词单一，有的甚至一脸困惑，眼睛茫然地直盯着老师。面对这样的情形，教者的点拨就显得非常关键。这里的"点"主要指引导、启发、指导，"拨"主要是指纠正错误，得出正确结论，即拨错反正。学生通过教者的及时有效的点拨，纠正错误的想法和结论，使得肤浅的感悟变得深刻、具体。

然而，笔者在平时的听课活动中却发现，许多老师在面对学生交流展示的困惑时，点拨方法简单，甚至出现我们常说的"无效点拨"。面对学生的困惑，要么采用判断式，"是不是？""对不对？"让学生进行对错判断；要么采用重复式，直接重复学生的答案；要么采用引答式，直接引出答案；要么采用漫无边际式，点拨到最后，学生也不知所云。实际上，我们在学生交流展示过程中，要关注学生的动态生成，及时进行引导点拨。执教苏教版六年级（上册）《姥姥的剪纸》。在交流展示过程中，教者注意引导学生紧扣相关词句，立足文本，揣摩表达，体会语言运用的精当准确，力求"知其所以然"。如在交流"密云多雨的盛夏，姥姥怕我溜到河里游泳出危险，便用剪纸把我拴在屋檐下"一句时，教者引导学生围绕"作者为什么要说姥姥'用剪纸把我拴在屋檐下'？"展开交流，从"什么叫拴"到"生活中在哪见过、用过拴"，再到"为什么剪纸能拴住我"，引导学生拾级而上，层层深入，充分体会"拴"的妙处。沿着字面义、生活义、语境义的思路，学生不仅了解了"拴"的意思，还体现出姥姥对我的关心以及作者对剪纸的喜爱，字里行间流露出对姥姥的敬佩、感激之情。通过刨根问底的点拨，学生逐步领会到"拴"字表达的形象、传神，作者用词的准确、精当。教者及时到位的点拨，帮助学生学会了揣摩词句的基本方法，实现了对词语的立体感知，放大了词语的文本价值。当然，点拨的有效策略还有很多。学生理解片面、"一叶障目不见泰山"的，可以前后勾连联系全文；学生内容生疏，甚至是知识的盲点的，可以补充相关背景资料；学生理解困惑、找不到对话切入口的，可以提示要点、指引方向；学生信心不足，害怕犯错误的，可以鼓励、激励，让学生看到了成功的希望，重塑信心。

（四）强化积累，在拓展中学会表达

课程标准指出，要使学生"具有独立阅读的能力，注重情感体验，有较丰富的积累，形成良好的语感。"可见，积累在语文教学中的重要性。积累是表达的基础。小学语文教学不仅要"指导学生正确地理解和运用祖国的语言文字"，还要帮助学生"丰富语言的积累"。实际上，学习语文的过程本身就是一个不断积累的过程。通过长时间的积累，逐步夯实表达的基础，内化为表达的能力。因此，不少教师主动更新观念，改进教法，把积累落到了实处。但是也有部分教师，为了积累而积累，套搬应试教育的那一套。要求学生囫囵吞枣，死记硬背，结果耗时低效，所获不多。即使记住一些，也不会正确运用，甚至还闹出不少笑话来。那么，如何落实课改精神，立足表达促进有效积累呢？笔者在教学活动中从以下几方面入手，取得了明显的效果。

1. 激发兴趣促积累

爱因斯坦说过："兴趣是最好的老师。"要想促进有效积累，必须注意激发学生兴趣，产生内驱力，使学生把积累当作一件快事，乐此不疲。长此以往，逐步养成积累的良好习惯。激发学生积累兴趣的方法很多，笔者尝试了以下几点做法：

（1）通过教师生动精彩的语言激起积累的兴趣。学生普遍具有向师性。在他们心目中，老师是至高无上的。教师要巧妙的运用这种优势，通过富有磁性的生动精彩的语言，激起积累的兴趣，引导学生主动积累。可挑选文中用得准确生动的词语、句子、片段，引导学生反复诵读。"同学们，这些词句用得多准确，多形象啊！如果把它们记下来，该是一件多么有意义的事情啊！用在你的作文里面肯定能赢得老师同学们的称赞。"只要引导得法，学

生肯定乐意去主动积累。

（2）通过激励机制激发积累兴趣。要使积累成为学生的自觉行动，还要建立激励机制。如建立星级评价方法。根据学生积累的量与质，一至两周进行一次星级评选。视完成积累任务、课外主动积累、写积累笔记、运用积累的情况加星。每次加星的同学都要展示自己的积累成果。学期末对得星多的学生授予"积累能手"的称号。由于建立了星级评价方法，学生积累的兴趣大增，取得了较好的效果。

2. 注重理解巧积累

我们知道，积累是新的认知结构的重建，不是知识的机械累加。如果一味地机械记忆，不仅降低了学生积累的热情，而且也容易使学生的思维钝化，不利于学习能力和综合素养的提高。因此，我们在进行积累的时候，一定要更新观念，注重理解，为学生的发展积蓄后劲。笔者在实践中主要采用了以下几种方法：

（1）结合文本理解。在平时的教学过程中，注意让学生和文本深入对话，理解文本内容，适时进行积累。如在学习苏教版五年级（上册）《去打开大自然绿色的课本》一文时，学生觉得"让明亮的眼睛 / 去发现翠竹的挺拔，松柏的苍劲。/ 用绚丽的色彩 / 去描绘果园的丰收，沃野的耕耘"写得很美。教者及时引导学生结合实际展开想象的翅膀，进入诗人描绘的动人画面，感受"翠竹的挺拔""松柏的苍劲"，想象"果园"的丰收景象和"沃野"的耕耘场面，领略大自然色彩绚丽、气象万千的美好图景。这么美好的句子，想不想把它记下来？由于学生已经深入理解了内容，积累起来兴趣盎然，也就水到渠成了。

（2）梳理归类积累。在平时的教学实践中，还注意帮助学生把积累的知识梳理归类，系统化，这样便于学生进行比较、辨别、理解、记忆。如成语分为对偶成语、典故成语、寓言成语、方位成语、含有动物的成语、表示"说"的成语、学习类成语、品质类成语、AABB 式成语、ABCC 式成语、近义成语、反义成语等类别；名言分为人生、抱负、爱国、品德、学习、幸福等类别；古诗文分为描写山水、风雨、花草、动物的，表现思乡、友情、惜时的，描写四季景色及边塞风光的等类别。由于进行了恰当地归类，学生积累起来就容易多了。

（3）利用误会积累。在日常学习生活中，经常有学生把词句用错，出现误会，甚至闹出不少笑话。这些实际上正是引导学生积累的大好契机。学生从这幽默轻松的气氛中学会运用，会给他留下终生难忘的印象。在学习苏教版五年级（上册）《师恩难忘》一文时，有位学生说："老师对我们的关心真是无所不至啊！"不少学生笑了。教者及时引导学生比较"无所不至"与"无微不至"，并让他们分别造句。很快，大家就分清并记住了这两个成语了。

3. 创设情境用积累

我们知道，积累的目的在于运用。如果光积累不巩固运用，学生很快就会遗忘。因此，我们在指向表达的教学过程中，要千方百计地创设各种情境，尝试让学生不断运用积累。

（1）联系课文内容用积累。在平时的教学实践中，我们非常注意结合课文内容，让学生在课文创设的情境中运用积累。如学习《黄鹤楼送别》一文，在烟雾迷蒙、繁花似锦的长江边，李白和孟浩然在分别的时候都说了些什么，要求学生用上表现友情的诗句。《师恩难忘》要求学生对着田老师的画像说几句尊敬老师或师恩难忘的名言。学生刚学了课文，还沉浸在课文的氛围中，可谓情动于衷，处于"愤悱"的状态，此时要求他们说几句名言诗句，他们会把自己学过、了解的知识搜索一遍，达到巩固运用的目的。

（2）再现生活场景用积累。在平时的教学实践中，我们还有意识的再现生活场景，让学生在生活中用积累。如中国申奥成功，全国人民的心情都十分高兴，你想用哪些成语表达自己的心情；某书店要在醒目的地方挂一个条幅，请你为他选一句合适的格言；同桌经常打游戏机，你想用哪些名言来劝他；好朋友要转学，你想对他说些什么(用积累的名言警句)。这些场景来源于生活，离学生很近，容易引起学生共鸣，也就把积累落到实处。

（五）尝试概括，在复述中学会表达

复述能力是小学生听说能力的重要组成部分。复述，按照《现代汉语词典》的说法，就是指学生把读物的内容用自己的话说出来。复述，是学生对文本内容的一种内化，实际上是一种再创造的过程。学生通过复述课文，既深化了对课文内容的理解，又训练了口头表达能力，是一种行之有效的提升学生综合素养的方法。笔者最近却发现，部分学生在复述课文时，降低要求，原文照宣，复述成了背诵课文的翻版。从某种程度上说，复述练习已走入了误区。笔者以为，可以采取以下两种对策，增强复述的针对性，提高复述的效率。

对策一，限时间。为了有效地防止学生照本宣科地复述，可以给复述限定时间。把学生复述课文的时间限定在规定的时间之内，一般控制在2~3分钟。这样做，能逼迫学生重新审视文本，对文本内容进行加工改造，把文本内容内化为自己的东西，从而有效地提高复述的质量。如苏教版五年级（上册）《林冲棒打洪教头》一文，课文篇幅较长，给学生限定复述时间，学生不得不对文本内容进行取舍。这样就把学生的注意力再次引向文本，和文本展开有效的对话。学生发现，课文主要写的是林冲，于是把写洪教头的内容加以概括；故事的高潮是比武，于是把起因、结果进行浓缩。经过这样必要的处理，突出了课文的重点，也增强了复述的针对性，提高了学生的复述能力。

对策二，限内容。为了防止学生照本宣科、随意复述，还可以给学生复述限定内容。如要求学生抓住课文主要内容进行复述。这样可以促使学生对课文内容进行必要的取舍。一般可以采取"删""补"的方法。"删"是指删去不必要的交待性语言、和课文中心联系不紧密的内容，使学生的复述内容精要、语言简洁。"删"实际上是使复述的重点更突出。"补"即补白，是指学生根据课文内容，对课文内容的留白处展开合理的想象，进行恰当的补白，使主要内容更具体，中心更突出。如苏教版五年级（上册）《诺贝尔》一文，要求学生抓住诺贝尔发明炸药的艰难过程进行复述。学生在复述时，就删去了介绍诺贝尔奖授奖仪式的部分，对诺贝尔发明爆炸力更大的炸药的内容展开了合理的想象，使诺贝尔的形象更突出，取得了较好的效果。给学生复述限定内容，可以把学生的注意力集中在课文的主要内容上，从而增强复述的针对性，提高复述的效率。

（六）读写结合，在练笔中学会表达

课程标准指出，语文教学的核心任务是组织和指导学生学习语言，提高理解和运用祖国语言文字的能力。学习一篇课文不仅要借助语言文字理解课文的思想内容，还要在理解内容的基础上，揣摩课文的表达方式，内化表达的能力。同时，课程标准明确指出：要在每天的语文课中安排10分钟写字。正是基于以上认识，读写结合作为落实课标精神、强化语用训练、提高表达能力的基本策略，受到语文老师的普遍重视，成为夯实语文基础、提升表达能力的重要途径。

所谓"读写结合"，就是以文章为载体，从文章的内容出发，设计与之相关"写"的训练，通过揣摩表达来促进写作，为学生构建自我表达和与人交流的平台，使阅读、写作、思维训练三者融为一体，全面提高学生的语文素养。如果说理解作者"写什么"是指向内容方面的，那么读写结合则是学习和借鉴作者"怎么写"。张志公先生说过："多写，这是完全必要的，不过，写必须以读为基础的前提；没有正确、充分的读作基础，光写还是不行的。"这句话充分说明读和写是个互逆的过程。它们之间既相对独立，又密切联系着。读是写的基础，写是读的继续和发展。笔者参加教研活动时发现，不少老师在进行读写结合训练时存在着急功近利、读写分离的倾向，导致训练效率低下，机械僵化。这就迫切要求我们深刻领会课标精神，全面理解读写之间的关系，在多层次的阅读中习得表达的方法，在方法迁移中内化表达的能力，以读促写，读中悟写，切实提高读写结合训练的效率。

1. 整体感知是前提

读写结合首先要求对课文内容要有一个整体把握。我们在学习课文尤其是公开教学时，总是急匆匆地选择一些有代表性的句段，火急火燎地品读、仿写。这样带来的后果，学生对课文的了解支离破碎，感悟表面化。人类在认知事物时总是遵循从整体到部分再到整体的基本规律。如果没有总体上的感知，就可能出现类似盲人摸象的笑话。学生拿到一篇课文，如果对课文没有一点整体印象，怎么可能与课文进行全面对话，从而顺利实现读写迁移呢？其实，学生的许多练笔，尤其是和课文有关的内容，如果缺少了对课文的整体感知，常常会出现认识上的偏差，导致盲人摸象的笑话重演。一位老师执教苏教版四年级（下册）《公仪休拒收礼物》。在交流读后感受时，一位学生认为公仪休不诚实，明明喜欢吃鱼，却说自己"一闻到鱼的腥味就要呕吐"，这分明在说谎，所以，公仪休不能算是一个品德高尚的人。这种背离课文整体的片面认识，是对人物形象的曲解、误读，完全走到了文本的反面。

正是基于此，我们的读写结合训练要从强化整体感知课文开始，从总体上把握课文表达的特点，为下面深层次的揣摩表达、内化表达打下基础。选入教材的课文，大多是名家名篇，都是经过编者精心挑选的，具有很强的代表性。仔细品读这些课文，我们会发现，几乎每一篇课文都有一个贯穿全文的线索，或明或暗，有的一眼就能看出，有的要仔细研读才能发现。有的是叙事线索，有的是情感线索。我们在整体感知内容时，要帮助学生理清这些贯穿全文的线索，了解表达顺序和文体特点，初步体会课文表达特点。一位老师执教苏教版五年级（下册）《爱如茉莉》，引导学生围绕课题整体感知课文，通过画句子的方式逐步明晰课文的情感主线，用这一情感主线串起全课，为寻找爱的足迹、捕捉爱的细节打下基础。当然，从整体上看，课文在表达方面的特点还有许多，如总分结构、首尾呼应、描写细腻等。学生通过整体感知，从整体上把握课文表达方面的特点，确定读写结合的切入点，为后面品析词句、方法迁移做好准备。一句话，只有进行整体感知，才能从总体上把握表达特点，做到言之有理，避免读写结合偏离方向。

2.品析词句是基础

课文是由一个个词句组成。我们读写结合就应该从品析词句开始，落脚点就要放在品析词句上面，让学生知其然，更要知其所以然。以关键词句为切入点，打开与文本、作者对话的大门，读懂文字背后的深刻内涵，充分体会表达的准确，逐步学会正确运用，提升表达能力。从语言文字的微观分析，语言文字是有感情、有内涵的，值得我们反复咀嚼、体会。这就是我们常说的语言文字的"温度"。正所谓"语言有温度，字词知冷暖"。我们在品析词句的时候，不仅仅了解词句的意思这些表象的东西，还应该透过这些表象，去感悟词句背后所蕴含的深厚情感，感受语言的温度。在品析词句中体会表达的准确精当，感悟表达的特点，积累表达的语言，做到言之有词，夯实表达的基础。

一位老师执教苏教版五年级（上册）《清平乐·村居》。这是宋代辛弃疾写的一首词。在教学过程中，教者没有满足于了解诗句意思，而是选择有内涵的词语让学生进行品析，在咬文嚼字之间揣摩表达特点。教者引导学生抓住诗句中的一个"醉"字，组织学生讨论：仔细读读课文，看看是谁醉了？学生通过反复研读、讨论，体会到一方面是"翁媪"醉了。虽然一家人生活比较清苦，但大儿子很勤劳，二儿子做事很专注，小儿子那么天真、淘气。另一方面是作者醉了。作者长期抗击金军，多么希望天下所有的人幸福美好的生活。看着这温馨、美好的画面，作者陶醉了。还有学生发出感慨：作为读者的自己也醉了。这么优美的画面、可爱的人物、细腻的情感，能不陶醉吗？学生在揣摩表达的过程中，逐步完成了角色的转换，不仅理解了词语的字面义，还理解了字中义、字后义，对词语的理解跃上一个新台阶，实现了对词语的立体感知。在刨根问底式的品析词句过程中,学生初步体会了作者表达的准确,养成推敲、锤炼词句的意识,逐步学会准确使用语言文字,避免了表达的随意。

3. 方法迁移是关键

叶圣陶先生说过:"阅读得其方,写作之能力亦即随而增长。"只有从阅读中习得写作方法,学会迁移运用,才能实现写作能力的同步提高。读是写的基础,写是读的内化和提升。我们在阅读教学过程中既要授之以鱼,更要授之以渔。要教会学生安排表达顺序,选择构段方式,合理语言组织,进行描写细腻。只有这样,学生才能做到言之有法,读写结合才能收到明显成效。

一位老师两次执教苏教版五年级(下册)《望月》,其中读写结合训练的改进给我们留下深刻印象。第一次执教时,在学习"心中月"部分时,在体会小外甥想象形象、奇特的基础上,让学生动笔写写"在我眼中,月亮还像什么"。教者除了象征性地行间巡视外,就是站在一旁,袖手旁观,不停地提醒学生抓紧时间。听课的老师不禁纳闷:我们的学生都成了神童,都能准确领会教者意图,独立进行读写迁移?我们现在的读写结合训练,普遍存在着教师指导缺位的现象。难怪学生除了圆盘、月饼这些事物之外,再也找不到其它可以替代的内容了。找到问题以后,第二次执教时,在进行读写结合训练之前,教者把学生的注意力引向课文,画出文中描写月亮的句子,并进行写法分类指导。很快,学生从"月亮出来了""安详地吐洒着它的清辉""月光为它们镀上了一层银色的花边""是月亮把我叫醒的"等句子中归纳出"介绍——描写——想象——抒情"的四步写法。当学生进行读写训练时,运用自己学到的四步写法,不仅写出了月亮的样子,还展开丰富的形象,写出对月亮的喜爱之情,学生的表达能力得到显著提升。很明显,注重方法指导是第二次执教成功的关键。实际上,读写结合不是简单的读写复制,而是新旧知识、生活经验的相互作用而引发的认识结构的重组,是学生个体的生活经验在一定环境中自内而外的"生长"。作为教者,既要注意巧妙选择读写结合的训练点,还要以课文为载体,进行练笔方法的指导,做到言之有法,帮助学生实现自内而外的"生长"。

(七)科学作业,在巧练中学会表达

随着课改的深入推进,我们的语文教学发生了很大变化。教学不再围绕老师转,课堂不再满堂灌。以人为本的思想逐步深入人心。语文作业也从课

堂走向学生生活，客观题少了，主观题多了；动笔的少了，阅读的多了。这些变化，折射出教者对学生的充分关注，关注学生的情感体验，关注学生的生活实践，关注学生的未来发展。

一位老师在学完苏教版二年级（上册）《梅兰芳学艺》后，让学生展开合理想象，用"为了练好_____，梅兰芳常常_____。日子一长，_____。"的句式进行写话训练。猛一看，这样的作业训练体现了对文本内容的关注，对学生个性化理解的包容，是以人为本的具体体现。细一推敲，对于梅兰芳，二年级的学生知之不多。他们的阅历有限，搜集、查阅资料的能力又不强。让学生去完成这种远离生活的高难度的练习，学生只能不知所云，勉为其难。

上则案例说明，我们在布置作业时，既要心中有教材，也要心中有学生，要把握好合适的"度"。

1. 紧扣课文，把握训练的着力点。

我们布置作业是为了深化对课文的理解，巩固所学知识，实现得法于课内、得益于课外的目的。因此，我们在设计练习时，一定要紧扣教材，把握作业的着力点。

教材是学生学习的主要内容，也是提高学生语文素养的主要凭借。它是编者根据课程标准编写的学习基本用书，具有权威性。可见，教材的基础地位不容动摇。我们在课堂学习时必须尊重教材，以教材为本，用好教材资源，扎扎实实地进行语言文字的训练。在进行作业设计、课外学习时，同样要用好教材资源，使教材成为学生提高能力的一块基石、一个跳板。切不可为了求新，赶时髦，把教材放在一边，另搞一套，以迎合评委、听者的口味。像前面提到的苏教版五年级（下册）《郑和下西洋》，教者布置学生完成这样一个作业：郑和下西洋分别到过哪些国家？选择其中的一两个具体介绍当时的情景。而课文重点介绍了郑和第一次远航的情况。这样的作业，明显偏离了学习的重点，是典型的"装饰性"作业——中看不中用。

2. 贴近学生，把握训练的延伸点。

我们知道，无论布置什么样的作业，最终要由学生去完成。因此，我们在进行作业设计时，一定要从学生的学习需求出发，要目中有人，蹲下身子看学生，使设计的作业既要紧扣教材实际，又要难易适度，贴近学生最近发展区，把握训练的延伸点。这样贴近学生生活的作业，才是最有效的。像上例，让二年级学生去联系梅兰芳的生活，想象梅兰芳学艺的情景，远离了学生的生活，没有把握合适的"度"。看似以人为本，实则"目中无人"。

因此，我们在进行作业设计时，一定要密切联系学生生活。以学生的视角品读课文，找到教材与学生生活的结合点。让练习贴近学生生活，使学生有一种似曾相识的感觉，打通了练习与学生生活的藩篱，勾起了学生对过去生活的美好回忆，帮助学生开启了思维的闸门。学生在回忆生活的过程中，找到了完成练习的切入口，也就有话可说，有情可抒了。实际上，我们在布置作业时，还可以从学生实际出发，和推进课外阅读有机结合起来，根据课文内容，推荐适合学生的课外读物。让学生在书海中畅游，在课外阅读中拓宽知识面，提高表达能力。

（八）注重迁移，在运用中学会表达

为切实提高语文学习的效率，我们需要从其他课堂的教学过程中学习、借鉴，进一步更新理念，走出当前语文课改的思想误区。不少学校大力推行跨学科听课活动，要求所有语文教师走进其他课堂。通过跨学科听课，语文教师普遍感到：语文课在很多情况下还没有完全践行"以人为本"的教学理念，训练目标不明确，针对性不强，学法指导不够，迁移运用不到位，存在一些认识、实践方面的误区。教师往往追求的是教学内容的"教过"，不大重视学生是否"学会"，应该引起广大语文教师的高度重视。下面，以苏教版五年级（下册）《秦兵马俑》为例，简要介绍如何注重迁移，内化表达方法，实现从"教过"到"学会"。

1. 搭建"学会"的支架

我们常说，授人以鱼，不如授人以渔。联合国教科文组织有两个明确的观点：今天教育的内容百分之八十以上都应该是方法，方法比事实更重要。未来的文盲就是那些没有学会怎样学习的人。《学会生存》一书中指出：未来的文盲不是目不识丁的人，而是没有学会怎样学习的人。"教会学生学习"已经成为当今世界流行的口号。可是我们在语文课上，看到更多的是，学习方法被人为地碎片化了。教者可能更多地顾虑到语文课的"语文味"，于是，一切围绕课文内容转，从学习生词、初读课文，到研读课文、拓展提升，基本上"千课一律"。课文有什么，教者就教什么。这样的教学流程，导致学生如"盲人摸象"，不能从整体理解和掌握方法，从而有效形成学习能力。

《秦兵马俑》是苏教版五年级（下册）的一篇说明类课文，生动地介绍

了秦兵马俑规模宏大、类型众多、个性鲜明的特点。课文先后具体介绍了将军俑、武士俑、骑兵俑、车兵俑、弓弩手、马俑等六种兵马俑。要想让学生顺利了解这六种兵马俑，就要教给学生"学会"的方法。为此，教者采用举一反三的策略，以将军俑为重点进行学习方法的渗透，帮助学生逐步掌握学习的方法。教者先出示描写将军俑的第四自然段，引导学生读中体会将军俑威风凛凛的特点。接着细读句子，看看课文是从哪些方面介绍将军俑的。学生从中学到了介绍人物常用的外貌、动作、神态等方法。然后探究课文是按什么顺序介绍的。细心的学生一下子发现，前面的句子是作者看到的，后面的句子是作者想到的。最后接着朗读，把威风凛凛的将军俑读到我们的眼前。

提高学生的学习能力，需要为学生提供方法的帮助，搭建"学会"的支架。正是这些贴近学生实际，也是学生所急需的支架，为学生"学会"课文提供了强大的支撑。让学生借助这些搭建的支架，内化方法，从而逐步形成学习能力。像上例，在学习将军俑这部分内容时，教者既有学习过程的方法指导，从整体概括特点，到具体学习语言，理清表达顺序，再到读中感悟；也有人物写法的方法渗透，抓住人物特点，从外貌、动作、神态等方面具体介绍。可以说，学生借助学习将军俑，已经初步掌握了以上学习方法，为学习其它兵马俑做好了方法上的准备。

2. 经历"学会"的过程

没有一个人是在沙滩上或者沙发上学会游泳技巧才下水的。要想学会游泳，必须亲自下水尝试练习，也就是要在游泳中学游泳。学生的学习也是如此。如果学生只是从理论层面上了解学习的方法，而没有充分经历学习的过程，不经过实践的磨练，这样的方法很难内化为学生的学习能力。一句话，光有方法的支架还远远不够，要遵循从认识到实践的规律，引导学生亲身经历"学会"的过程。

在学习《秦兵马俑》的过程中，为了让学生充分经历"学会"的过程，在前面教给学习方法的基础上，教者放手让学生自主学习，把学习的时间还给学生。实际上，只要教者学会放手，学生学习能力就一定能得到提升。在学生自主学习之前，教者要引导学生回顾学习将军俑的过程，总结学习的方法，为接下来的自主学习探路。教者及时帮助学生提炼，形成"抓特点、品细节、想画面、读出味"的学习方法。然后，让学生运用上面的方法，从武士俑、骑兵俑、车兵俑、弓弩手、马俑这五种兵马俑中选择最感兴趣的一种兵马俑，进行自主学习。在学生自主学习的过程中，教者一定要学会等待，给予学生充分独立的学习时间。让学生能静下心来，和课文进行充分的对话。这正是学生必须经历的"学会"过程。在随后进行的交流过程中，教者要充分发挥引导者、教练员的作用，通过必要的点拨、提醒，及时进行纠偏、校正，尽量让每一位学生都能参与学习的全过程，内化方法，形成能力，达成"学会"的预期目标。

没有过程的结果注定不会长久。没有充分经历"学会"的过程，学生的学习能力很难得到提高。在上例中，教者通过放手自主学习的方式，让学生充分经历"学会"的过程，并通过必要的点拨、提醒，及时进行纠偏、校正，确保学习目标的顺利达成。正是有了这样实实在在的过程，学生真正体验到"学会"的过程，体会到"学会"的快乐。当然，体验"学会"的过程，还要注意训练的方式、方法。要根据课标和年段要求，有层次、按步骤逐步进行训练，切不可人为加大训练的难度，拔苗助长。

3. 内化"学会"的能力

课程标准明确指出：语文课程是一门学习语言文字运用的综合性、实践性课程。学习语文的重点在语言文字运用。在从"教过"到"学会"的过程中，适度进行运用至关重要。通过运用检验学生"学会"的程度，让学生在运用中进一步形成"学会"的能力，提升表达能力。

在学习《秦兵马俑》的过程中，为了让学生"学会"运用，教者首先用多媒体播放一段秦兵马俑的视频资料，要求学生仔细观察各种秦兵马俑，然后定格出示一组秦兵马俑的图片，让学生以小导游的身份，选择感兴趣的一种兵马俑，模仿文中的方法，写一段简短的解说词，准备参加小导游的现场选拔。学生在教者创设的情境中，顺利转换角色，将学到的"抓特点、品细节""先观察、再想象"等方法，巧妙运用到解说词中。在随后进行的小导游现场选拔中，学生惟妙惟肖的解说，尤其是秦兵马俑细节的刻画，再配上大方得体的肢体语言，让人仿佛真的来到了享誉世界的秦兵马俑参观，令人流连忘返。

运用是检测"学会"的标尺。学生在运用的过程中内化方法，形成能力，为后续的深入学习做好准备。这实际上是一个不断螺旋上升的过程。"学会"通过运用来检测，运用为新的"学会"做准备。当然，我们在进行运用的过程中，要注意激发学习的兴趣，创设运用的情境，搭建展示的舞台，实现方法向能力的蜕变、课内向课外的延伸。

语文课程是实践性课程，学生的表达能力必须在实践中才能逐步形成。让我们切实转变观念，贴近学生的实际，搭建方法支架，经历实践过程，尝试进行运用，真正实现从"教过"到"学会"，让每一位学生都能学有所得。

（九）搭建平台，在整合中学会表达

随着"互联网＋"时代的到来，人们的生活方式、学习的方式发生了很大改变。人们获取信息的途径更多也更便捷了。互联网已经悄悄融入了人们的生活。当李克强总理在《政府工作报告》中"互联网＋"这个新概念后，更是每天引来上百万网民的点赞。所谓"互联网＋"，就是"互联网＋各个传统行业"，但这并不是简单的两者相加，而是利用信息通信技术以及互联网平台，让互联网与传统行业进行深度融合，创造新的发展生态。"互联网＋"在中国的迅猛发展，不仅给每一个人带来了希望与挑战，也为教学改革带来了机遇，指明了方向。

由此，笔者想到了阅读教学。对于阅读教学，"互联网＋"又意味着什么呢？笔者在平时的教学实践中，尝试着将"互联网＋"思维与阅读教学联系起来，将阅读教学与互联网进行资源整合，从预习到阅读交流，再到课外阅读，将互联网与阅读教学的整个过程有机结合，提升了学生的阅读、表达能力，取得了显著的效果。

1. 互联网＋预习：电子资料库

古语说："凡事预则立，不预则废。"学生的学习也是如此。预习作为对课堂学习的提前准备，是课堂教学的前导，已被实践证明是一种良好有效的学习习惯。九年义务教育小语教材还将"预习"编入课例，可见预习的重要性。所谓预习，就是预先自学将要学习的内容。就课前预习而言，实际上是学生自觉运用所学知识和能力，对课上将要学习的内容预先进行了解，求疑和思考的主动求知过程，为课上学习做好充分准备。

我们知道，小学教材中的许多课文都是一些长篇作品的节选，或者和一定的时代背景联系在一起。在学习课文时，需要借助这些相关资料来理解。随着信息化社会的到来，学会搜集、整理资料，也是当代学生必须具备的基本能力。因此，许多老师在布置预习任务时，要求学生必须在书头写上与课文相关的资料。问题是这些资料，有的可以从教辅资料和相关网页直接查找到，有的则很难直接查找。人们常说："巧妇难为无米之炊。"难怪许多学生在完成预习作业时经常眉头紧锁、抓耳挠腮，苦不堪言。

在"互联网＋"思维的启发下，我们将课前预习和学生搜集、整理资料的过程巧妙结合起来，按课文分别设立电子资料库。首先是搭建平台。在学校班级主页中设立专门的电子资料库——"我会预习"栏目，用来储存和课文相关的各种资料。其次，充实内容。要求师生将和课文相关的内容，上传到"我会预习"中。我们实行的是实名上传，定期进行评选。根据提供素材的数量和质量，给予相应的奖励。如果是著名作家，要介绍简要生平、代表作品；如果是名著节选，要补充原著的主要内容、公认评价；如果和重大事件相关联，要回顾事件的大致经过。当然，可以采用复制、粘贴的方式，对于视频等容量比较大的资料，也可以采用网址链接的方式。再次，分类呈现。由专门的管理员将师生上传的素材，根据内容进行分门别类，分为作者介绍、创作背景、词语理解、佳句赏析、习题辅导、视频链接等六类，设立相应的文件夹进行归类存放，便于学生快速提取和运用。

设立电子资料库，一是可以充分利用网络资源。现在的网络资源浩如烟海，内容丰富，包罗万象。设立电子资料库，可以做到网络资源为我所用，提高使用效率。二是可以帮助学生养成预习的良好习惯。设立电子资料库，可以调动学生参与上传的积极性，督促学生每天进行预习，养成良好的预习习惯。三是方便教者检查、指导。有了电子资料库，教者对学生预习的情况一清二楚，就可以很容易找到预习交流的重点，有的放矢，提高指导的针对性。

2. 互联网＋阅读交流：在线论坛

传统的阅读教学，是在单学科、相对封闭环境下的授课式教学。学习的对象主要是课本，以教师讲授为主。这样的教学信息量极小，信息传输一般是单向传输。学生学到的主要是知识，语文能力的提升很慢，客观上造成了阅读教学的"高耗低效"。

在传统的阅读教学中，许多学生阅读能力提高不快，一个重要原因就是语感不强，阅读感受肤浅。他们迫切希望阅读感受的交流。在阅读感受的交流中，他们可以互相启发，加深对课文的理解。而现实状况是，由于时间有限，阅读感受的交流常常成了好学生的"独角戏"，其它学生机会极少。实现面向全体、开放式的阅读感受交流成了制约学生语文能力提高的瓶颈。

在"互联网+"思维的启发下，我们将阅读感受的交流过程与互联网有机结合起来，为学生提供在线交流的平台。我们首先在学校网站开设专门的阅读感悟在线论坛——"阅读吧"，使感悟交流有一个固定的阵地。然后，由学生将自己原生态的感悟通过发帖的形式发布在在线论坛"阅读吧"里，供同伴点评。为了提高学生点评的质量，我们还有意识地利用阅读课指导学生阅读感悟的方法，诸如怎样品词析句，怎样抓中心句、关键句，怎样联系上下文理解，怎样联系生活实际等。在我们的正确引导下，学生交流的质量总体比较高。当然，作为教者，也要对学生回帖的情况进行跟踪，发现情况及时提醒、纠正。我们也欢迎广大家长对跟帖情况进行监督，协助管理。为了调动学生参与的积极性，我们对学生的跟帖进行专项评比，按感悟的质量评选最佳跟帖。许多学生还主动邀请同学给自己的感悟多提意见，学生课间经常讨论"阅读吧"中的感悟。

"互联网+"背景下的阅读交流，可以最大限度地发挥学生的主动性、积极性，既可以进行个别化学习，又可以进行协作型学习，是一种新型的阅读教学模式。这种模式可以更好地让学生进行自主、合作、探究性学习，有助于学生对学习内容的理解和学习能力的提高。

3. 互联网+课外阅读：电子书库

著名语言学家吕叔湘先生在谈到课外阅读的作用时曾说："学生得之于老师课堂上讲的与得之于课外阅读的应是三七开。"也就是说，学生所得百分之七十得益于课外阅读。由此可见课外阅读的重要性。一项调查显示，现在学生对课外读物很感兴趣的仅占23%，超过一半的学生拥有的课外读物主要是教辅书。学生课外无书可读的情况已经相当严重，"互联网+"时代的到来，为学生的课外阅读提供了极大的方便。让学生随时遨游在知识的海洋里，沐浴在浓浓的书香中。

要想让学生课外真正有书可读，建立书库很有必要。创建班级书库之初，我动员学生捐书，许多学生有顾虑。家中的好书珍贵，父母不舍，学生不愿。有了这种想法，学生捐来的书必定品质低下，多属家中藏书之"次品"或"淘汰品"。没有好书可读，班级书库必然无人问津，形同虚设。由此，笔者想到了创设电子书库。于是，笔者和学校图书馆联手，在学校图书借阅系统中为我班开设特别通道，设立班级电子书库，供学生随时在线阅读。同时，鼓励学生及家长及时推荐、上传电子图书，以丰富书库藏书。

开学初，笔者发现班级电子书库的目录里漫画作品较多，书库总体品位不高。为了使书库更加符合儿童特点，利用晨会及时向学生进行了好书推荐。重点推荐推荐书目上面的读物，鼓励学生上传有价值的图书。为了鼓励学生优先阅读推荐书目上的图书，我们尝试着对书库书籍进行每月一次的"最受欢迎图书"的评选。对符合推荐要求且借阅率较高的书籍予以奖励。激励方案一出台，学生推荐的热情空前高涨。现在，在我们班的电子书库里，中外经典名著、儿童文学作品比比皆是，为深入开展课外阅读奠定了坚实的基础。

"不积跬步，无以至千里；不积小流，无以成江海。"没有平时的日积月累，就没有深厚的语文功底。班级电子书库的建立，给学生的课外阅读提供了很大的帮助，是对学校图书室的有益补充。学生足不出户就能够读到许多自己喜欢的读物，培养了学生阅读的兴趣，拓宽了视野，提升了素养，真正达到了为学生成长助跑、为生命奠基的目的。

"互联网+"给我们的阅读教学带来了新机遇、新挑战。互联网与阅读教学的整合，为学生搭建了展示、交流的平台，实现了预习有资料、交流有论坛、阅读有书籍的预期目标，提高了阅读教学的效率。"互联网+"背景下的阅读教学，打破了时空的限制，整合了多方面资源，为学生提高阅读、表达能力找到了一个行之有效的捷径。

（十）阅读教学中指向表达的常见误区

误区一：语文教学知识化

知识是人们在改造世界的实践中所获得的认识和经验的总和。知识对于语文教学的重要性毋庸置疑。试想，如果缺少了知识，那我们教什么？没有了知识，能力、情感、态度等教育目标的达成从何谈起？更进一步讲，没有了"语文知识"，语文何以成为一门学科？

张志公先生在谈到传统语文教学的弊端及其影响的时候指出：传统语文教学忽视知识教育，不教系统的语文知识……其结果是语文教学长期停留在"粗放经营"的状态，陈陈相因，代代相传，没有多大的突破。课程标准明确提出：在阅读教学中，为了帮助理解课文，可以引导学生随文学习必要的语文知识。可见，语文教学离不开语文知识，语文知识应当成为语文教学的重要内容。

知识在语文教学中的地位和作用毋庸讳言，但同时我们也要警惕语文教学知识化倾向。所谓语文教学知识化，就是在语文教学过程中，以掌握语文相关知识为主要价值取向，引导学生进行学、记、用语文相关知识的训练，达到掌握语文相关知识的目的。语文教学知识化，淡化了学生对语言的感悟，忽略了学生的主观能动性。这样的课堂，毫无生机可言，会逐渐把语文教学引向绝境。在日常教学过程中，语文教学知识化或多或少地普遍存在着，应该引起我们的高度重视。

1. 内容选择知识化

如何提高语文课堂学习的效率，一直是广大语文教师关注的焦点话题，而讨论的核心问题无外乎"教什么"和"怎么教"这两个基本话题。教什么，指教学内容的选择、教学目标的确定等，是对教学内容的理性思考。

我们在日常集体备课时中发现，许多教师在确定教学内容时，常常将一篇语言生动、描写具体、妙趣横生的课文，提炼成一个个高度浓缩的知识点，然后用填空的形式来引导感悟、检查效果。他们认为，这样能帮助学生找到语用的支点，引导学生借助这些知识点去顺利地和课文、作者进行深入对话。这就是我们常说的课文内容"知识化"。

一位老师解读苏教版四年级（上册）《春联》，把课文内容浓缩成了五副春联，引导学生重点探究春联讲究对仗、抑扬顿挫的特点，把优美的语言、深刻的意蕴、美好的祝福全丢在了一边。随着语用的不断强化，课文内容"知识化"现象在平时的教学过程中比比皆是。学《变色龙》体会变色龙外形、捕食、变色的特点，学《音乐之都维也纳》了解音乐之都的四个方面，学《麋鹿》探究麋鹿的外形特点、生活习性和传奇经历。内容选择知识化，学生学习、运用的对象不再是语言，变成了僵化的知识。

实际上，内容选择知识化是应试教育的后遗症。长期以来，我们的课堂教学深受应试教育的拖累。许多老师甚至还抱着"考试考什么我就教什么"的错误想法，课堂教学围绕着应试教育转。其背后的根源是我们的评价指标不科学，评价手段不完善。在应试教育的重压之下，我们的许多老师在课前备课时，只得将一篇文质兼美的课文，提炼成一个个的知识点，让学生了解、背诵，好端端的语文教学被严重异化了。在这样的课上，学生毫无兴趣可言，完全成了知识的容器。

2.教学过程知识化

课程标准指出，语文教学的核心任务是组织和指导学生学习语言，发展学生理解和运用祖国语言文字的能力。学生学习一篇课文，不仅仅要借助语言文字理解课文的思想内容，还要在理解内容的基础上，揣摩课文的表达方式。从第三学段开始，课程标准对不同文体文章的阅读目标进行了分别表述，这些表述成为我们揣摩表达的基本要求。反思自身教学及听过的各级各类公开课，发现语文课上普遍偏重于朗读指导以及思想内容的理解，对表达方法的揣摩却很少。如果说理解内容、体验情感是理解作者"写什么"的问题，那么揣摩表达顺序、领悟文章表达方法则是学习和借鉴作者"怎么写"的问题。从阅读的层次上说，这一要求更高一些，也是当前小学语文教学急需强化的一个方面。

在平时的教学过程中，许多老师受狭隘语用观的影响，普遍存在着教学过程知识化现象。他们往往只重视课文内容中的知识点，写了什么人、什么事，表达了什么主题，对课文怎么写的，也就是揣摩表达常常轻描淡写，一笔带过，做淡化处理。结果学生知其然，不知其所以然。

一位老师执教苏教版三年级（下册）《放飞蜻蜓》，把学习的重点放在了陶老师到底和孩子们说了什么上面，着重了解课文内容。设计了如下一张表格，让学生根据表格自主探究。

项　目		内　容
蜻蜓	吃食	
	尾巴	
	眼睛	

在教后评议时，大家都认为，"说了什么"内容浅显，大多数学生一读就可以了解，应该把重点放在"怎么说"上面。引导学生不仅知其然，更要知其所以然。第二次执教时，教者调整了学习的重点，引导学生认真研读课文，重点关注人物对话和描写方法。一是关注提示语，了解提示语的位置、作用，进行分角色朗读，揣摩人物心理；二是关注细节描写，尤其是陶老师的动作，体会陶老师的慈爱、民主。学生从"慈爱地抚摸"体会到陶老师的关心，从"拉

着孩子们坐在田埂上"体会到和孩子们亲密无间，从"小心地翻过去"体会到对蜻蜓的爱护，从"商量的口吻"体会到对孩子们的尊重。学生通过揣摩词句的表达，读出了词语蕴藏的深刻内涵，体会了遣词造句的精准，学会了表达的基本方法，实现了对词语的立体感知，放大了词语的文本价值。

教学过程知识化，淡化了语文味，扼杀了学生的想象力，不利于发展学生的语言，是典型的以本为本、目中无人的表现。课标标准对语文课程的性质进行了准确的界定：语文课程是一门学习语言文字运用的综合性、实践性课程。可见，语文学习的基本行为特征，就是学习语言文字的运用。这个界定，一语道明语文课程"学什么""怎么学"两大问题，给我们寻找教与学的结合点指明了方向。我们在引导学生与教材对话时，不仅要了解课文写了什么人、什么事，知意思、悟情感，更从揣摩表达的角度深入解读教材：作者为什么要这样写？引导学生在刨根问底式的探究中，体会结构的完整、顺序的巧妙、用词的准确，从而逐步学会表达运用，使学生对语言的理解运用跃上一个新台阶。教学过程知识化，只见知识不见语言，学生掌握的只见一个个生硬的知识点，而没有对语言的深入感悟。试想，课堂缺少了咬文嚼字、品词析句，缺少了朗读训练、读写结合，学生的语言文字运用能力能得到充分发展吗？长此以往，只能掏空学生语文学习的底子，其结果可想而知。

3. 练习设计知识化

练习设计是教学的基本环节之一，是教师课堂教学效果的反馈，是调控教学过程的实践活动，更是在老师的指导下，由学生独立运用和亲自体验知识、技能的教学过程。随着课改的深入推进，教学的有效性引起了大家的普遍关注。有效教学最终的衡量标准不是老师讲得怎么样，而是看学生有没有获得具体的进步和发展。作为课堂教学的重要环节之一的课堂练习，其效果直接关系到教学的质量和人才培养的实际价值。换句话说，只有提高练习设计的有效性，才能保证提高课堂教学的有效性。

笔者在平时的教研活动中发现，许多老师在设计练习设计时，关注的往往就是课文内容中的知识点，因为这些知识点教者好命题，学生易答题。这就是常见的课堂练习知识化。

练习设计知识化表现形式很多，主要有内容回顾型、知识积累型两种。内容回顾型练习以课文内容为基础，主要检查学生对课文内容的掌握情况。

一位老师执教苏教版六年级（上册）《詹天佑》时，设计了如下课堂练习：

　　课文主要从＿＿＿、＿＿＿以及＿＿＿这几个方面表现出詹天佑是一个杰出的工程师，但他之所以能这样，是因为有一个强大的动力在支撑他，那就是遇到困难他总是这样勉励自己："＿＿＿。"他又用＿＿＿的事实给了帝国主义者一个有力的回击。

　　上述练习，主要是对《詹天佑》课文内容的回顾。完成这样的课堂练习，学生需要的是对课文内容知识点的死记硬背。至于语言文字背后蕴含的丰富内涵，语言表达的精当巧妙，统统丢在一边。

　　练习设计知识化另一种常见类型是知识积累型。知识积累型主要考察学生对和课文内容、语言相关联的知识积累的了解情况。如和作者相关的文学常识，和课文相关的背景知识，和语言相关的词句积累。一位老师执教苏教版四年级（下册）《沙漠中的绿洲》时，为了强化学生对"不毛之地"的理解，出示了一道根据内容说成语的填空题：

　　最恶劣的环境——（　　）　最反常的气候——（　　）　最怕冷的人——（　　）

　　最遥远的地方——（　　）　最有信用的人——（　　）　最长的文章——（　　）

　　上述练习，主要是检查学生成语的积累情况。经过一段时间的语文学习，学生已经或多或少地积累了一些语言基础，包括名言警句、成语古诗等。设计这样的课堂练习，可以激活学生的语言储备，丰富学生的语言积累，进而提升学生的语文素养。

　　内容回顾型、知识积累型练习，共同点都是指向呆板的知识。学生完成这样的练习，不需要深入思考，只要死记硬背就行了。长此以往，将会僵化学生的思维，弱化学生的语言感悟能力，形成对课文、教师乃至教辅资料的依赖，完全沦落为知识的容器，成为新一代的"书呆子"。我们在设计练习时，要着眼学生的长远发展，既关注内容回顾、知识积累，更关注阅读感悟、读写结合，引导学生把着力点放在对语言文字的品析、感悟、运用上面，读懂语言背后的深刻内涵，实现读写能力的巧妙迁移。

　　当然，语文教学需要知识，语文知识本身就是语文教学的重要内容。同时，我们也要警惕语文教学知识化。只要我们立足学生和文本实际，引导学生着力进行语言文字的品析、感悟、运用，就一定能走出当前语文教学知识化的误区，实现语文课堂真正的回归。

误区二：语文教学活动化

语文教学活动化是指在语文教学，特别是课堂教学中打破传统的教师讲问、学生听记的被动接受模式，在教师的组织、引导下，采用比赛、表演、游戏等有趣的教学形式，让学生积极、主动地学习语文，增长知识，提高语文素养。现代心理学之父皮亚杰曾经说过：活动是认识的基础，智慧从动作开始。小学低年级学生个性活泼，表现欲望强烈，因此，语文教学活动化一般在小学低年级语文教学中采用较为普遍。语文教学活动化有利于调动学生学习兴趣，引导学生积极参与，在具体情境中进行听说读写训练，受到低中年级语文教学的普遍欢迎。笔者曾参加一次同题异构专题教学研讨会。会上，三位老师同台执教苏教版二年级（上册）《小动物过冬》。在学习过程中，教者都采用了活动化的教学策略，由于把握的度不一样，取得的效果大相径庭，引起了笔者对语文教学活动化的深入思考。

1. 内容要紧扣表达

课堂教学本身是一种活动，但我们所说的教学活动化与传统的课堂教学活动有很大的区别。活动化吸纳"活动课程"理论中的精华，摒弃以"教师为中心，教材为中心"的陈旧观念，强调课堂教学必须以学生为中心，切切实实地以学生的自主活动和合作活动为主，让学生充分体验学习的全过程。这就要求我们在选择活动内容时要注意紧扣课文语言文字的运用，引导学生在活动中咬文嚼字、品味语言、揣摩表达，在实实在在的语文活动中学习语文。

《小动物过冬》是苏教版二年级（上册）的一则童话，讲的是青蛙、小燕子、小蜜蜂一起商量过冬的事。通过三个小动物之间的对话，介绍了它们不同的过冬方式，小燕子飞到温暖的南方去，小青蛙冬眠，而小蜜蜂则是藏在蜂巢里吃蜂蜜。课文的内容比较浅显，语言也比较直白，便于二年级学生开展语文体验活动。在教学过程中，三位老师分别设计了三种不同的语文体验活动内容。第一位老师让学生选择一种小动物，结合课前搜集的资料，借助手势表演介绍这种小动物的过冬方式；第二位老师选择"第二年春天再次相见，三个小动物会做些什么、说些什么"作为话题，让学生小组合作表演；第三位老师让学生选择小燕子和青蛙、小蜜蜂的一次对话，进行分角色朗读练习。

《小动物过冬》这篇课文极富童趣，贴近儿童的生活，非常适合学生参与体验感悟。但是，我们一定要注意把握好活动内容的匹配度。也就是说，活动的内容既要适合学生体验感悟，也要体现语文学习的特点，让语文活动的根深深扎在语文这片沃土里。一种教学手段的运用，最终要能帮助学生学习，促进学生学习能力的提升。否则，就是搭花架子，搞形式主义。我们再来看上例。第一位老师让学生借助手势表演介绍一种小动物的过冬方式。《小动物过冬》是一篇以对话为主的课文，不是介绍自然知识的科学说明文。我们在解读课文时一定要从文本的特点出发，选择适当的教学内容，引导学生在语文活动中学习语言、揣摩表达。很明显，把介绍一种小动物的过冬方式作为主要学习活动偏离了课文的主要内容。第二位老师选择"第二年春天再次相见，三个小动物会做些什么、说些什么"作为话题合作表演。《小动物过冬》这篇课文主要讲的是青蛙、小燕子、小蜜蜂一起商量过冬的事。而"第二年春天再次相见"则是课文在末尾的留白，把末尾的留白作为训练的重点，也偏离了课文学习的重难点。第三位老师让学生选择小燕子和青蛙、小蜜蜂的一次对话，进行分角色朗读练习。这样的训练是从课文表达特点出发，围绕课文的主要内容，引导学生在读中了解内容，感受人物，积累语言，尝试表达，全面提升学生的语文素养。选择这样的活动内容，既符合学生的年龄特点，又紧扣课文的训练重点，落实课标的主要精神，突出进行语用训练，为学生语文素养的全面提升提供了充分的前提条件。

2. 形式要贴近实际

儿童活泼好动，在感知对象时通常以形象思维为主。可以说，喜欢表演是儿童的天性。现代心理学之父皮亚杰认为："所有智力方面的工作都要依赖于兴趣。"可以说，兴趣是学习活动的主要动力源泉。这就要求我们在开展语文教学活动时要注意从学生年龄特点出发，通过设计形式多样的活动，激发学生的学习兴趣，让学生在活动中形象感悟，深入体会，获得真知。

《小动物过冬》一篇拟人体的童话，不仅生动地介绍了有关动物过冬的知识，而且还处处流露出朋友之间温暖的情谊。在教学过程中，三位老师都非常注意活动形式的变化，相继采用了手势表演、合作表演、分角色朗读以及现场采访、找朋友、小小解说员、小组赛读等多种活动形式，力争做到形式多样，参与面广。

应该说，这些语文活动的开展活跃了课堂气氛，促进了学生对课文内容的理解，训练了语言，丰富了积累，提高了认识。但是，我们在设计活动形式时，一定要适合学生的年龄特点。一种教学手段的运用，只有符合学生的年龄特点，学生才会感兴趣，才会积极参与，否则只能是教者或少数学生唱独角戏。我们来看上例。第一位老师让学生选择一种小动物，借助手势表演介绍这种小动物的过冬方式。内容都是有关迁徙、冬眠、备粮等小动物过冬方式方面的。低年级学生知识储备有限，让他们去拓展这些离生活遥远的话题，显然力不从心，只能天马行空，乱说一气。学生借助手势表演介绍青蛙冬眠时，先摸摸肚子，然后在地上爬了起来，引得哄堂大笑。我们在设计活动形式时，要能帮助学生有效解读文本。对于语文课来说，一种教学手段的运用，最终要能帮助学生学习语言，理解内容，提高认识。对于低年级学生来说，"我准备吃得饱饱的，过两天钻到泥土里去，好好睡上一大觉。"理解起来并不困难。这样的表演，对于帮助理解课文内容，效果并不明显。只能是活跃气氛、增加笑料罢了。我们现在的课堂，活跃有余，确实到了该静下来的时候了。

3. 时间要把握适度

一节课的时间是固定的。我们的老师总喜欢把课堂安排得满满的，一环接着一环，密不透风。尤其是在开展活动时，由于考虑不周全，造成活动过程拖沓，时间冗长，挤占了学生和语言文字直接对话的宝贵时间。

在三位老师执教《小动物过冬》的课堂上，这样的现象随处可见。第一位老师为了帮助学生体会"商量"的过程，让学生小组商量秋游的事情。教者的本意是让学生经过商量而彼此意见一致，结果学生各执己见，争得面红耳赤。第二位老师让学生以"第二年春天再次相见，三个小动物会做些什么、说些什么"作为话题，进行小组表演。学生争执于角色的分配，甚至有的小组到老师叫停时也没有最终确定。

之所以会出现这种情况，主要是教者预设不充分、准备不到位。一是开展语文活动前应该先让学生和文本充分对话。许多学生活动拖沓，其中很重要的原因就是对课文感受肤浅，知之甚少。教者要切实转变观念，舍得把咬文嚼字的时间还给学生，学会等待。可以让他们潜心会文，静思默想；可以熟读课文，读中感悟；可以联系搜集的资料，独立思考；也可以研读重点段落，在书旁写批注。相信学生在和文本深入对话之后，会有自己独特的理解。在此基础上的语文活动，一定会让你眼前一亮。二是明确活动的具体要求。有经验的老师在学生开展活动前，总是把活动的具体要求呈现给学生，让学知道活动的基本流程和相关要求。针对时间拖沓的问题，我们可以采取限时间的方法，把学生活动的时间限定在规定的时间之内，安排专门的时间记录员，以切实提高时间的利用效率。

当然，语文教学活动化的误区还有很多。只要我们一切从学生和课文的实际出发，落实课标精神，紧扣文本内容，贴近学生实际，把握内容确定、形式选择、时间安排的度，引导学生用语文化的学习方式来开展活动，就一定走出语文教学活动化的误区，实现语文课堂的真正回归。

误区三：语文教学碎片化

整体包含部分，部分从属于整体。整体观照，就是从整体上来认识、理解事物，寻找、发现规律，获得对事物全面、深刻的认识。就阅读教学来说，整体观照就是要着眼全篇，在整体中了解内容、感受人物、把握主题、升华认识，形成对课文全面、深刻的认识，提高学生的表达能力。就过程来说，阅读教学应遵循从整体到部分再到整体的思路，初读整体感知课文，精读部分斟酌词句，总结整体升华认识。整体观照理应成为指向表达的阅读教学的基本视角。

随着课改的深入推进，我们的课堂正在进行深层次的改革。课改一定要改课已经成为共识。纵观课改背景下的课堂，学生的主体地位日益凸显，教学越来越贴近学生的实际。同时，我们也发现，在名师的示范引领下，我们的课堂教学越来越追求精致化。教学设计精致化，课堂组织精致化，就连文本呈现也追求精致化。就阅读教学来说，我们的课堂为了体现所谓的"高效"，开始删繁就简，引导学生紧扣重点，不及其余，甚至把文本肢解开来，重新进行组合。在这样的课上，整体被肢解成了一个个以重点词句为代表的部分。学生往往一篇课文学完，对课文都没有一个整体感知，留下的只是一个个的碎片。这种功利化的对话文本的现象，应该引起我们的高度重视。

现象一：初读直奔重点

一位老师执教苏教版五年级（下册）《音乐之都维也纳》（第一课时）。在学习完生字词之后，直接出示课文的第二小节，让学生默读找中心句。尽管对第二小节的解读比较深刻，但听课的老师都觉得直接学习课文的第二小节太唐突，缺少整体感觉。这样的情况在平时或多或少的存在着。可能不少老师觉得整体感知课文很单调，有点沉闷，不容易出彩，倒不如直奔重点，或找出文眼，或画出中心句，或圈出关键句子。这样做，说白了，一切从课堂效果出发，根本不考虑学生学习的实际，是典型的"只见教师不见学生"，是教师中心论的表现。我们在初读文本时，一定要增强整体意识，引导学生整体感知课文，这不仅符合认知规律，也利于学生更快地走进文本，深入对话。

整体感知课文不仅符合学生的认知规律，有利于学生从总体上把握全文，还有利于学生深入理解课文。我们许多老师追求课堂气氛的热闹，喜欢学生精彩不断的动态生成。须知精彩的动态生成首先来自于对文本的准确把握。如果我们在与文本深入对话时，没有从整篇课文的背景切入，联系全文来解读，可能会造成对课文内容的曲解、误解。一位老师执教苏教版六年级（上册）《牛郎织女》。在交流第七自然段老牛临终前说的话时，学生为了一味地标新立异，对"我死了以后，你把我的皮剥下来留着……"进行了过度解读，认为这样做不人道，缺乏环保理念，以至于学生在朗读时，表现出的完全是一种轻松的心情，没有读出老牛对牛郎织女的深厚感情。这完全是一种片面化、错误的解读，是对课文中心的背离，更是对人物精神的亵渎。很显然，学生没有真正理解课文内容，也就谈不上走进人物的内心了。很显然，学生没有真正理解课文内容，也就谈不上走进人物的内心了。

由此可见，整体感知课文是初读课文必须要经历的阶段。只有很好的整体感知课文，才能有后面的深入对话，精彩生成。一句话，整体感知课文是深入学习的前提和基础。

现象二：精读分类呈现

我们在精读课文的时候，为了帮助学生更清楚地学习课文，常常将课文内容分门别类，或按叙述顺序，或按场景变化，或按人物，将课文内容人为地分割开来，分类呈现。表面上看，条分缕析，一清二楚，实则支离破碎，把文本、学生的思维生硬地割裂开来，学生常常是一叶障目不见泰山，甚至出现对文本的误读。

一位老师执教苏教版六年级（下册）《三打白骨精》。为了让学生清楚了解文本对话，教者要求学生分别画出描写白骨精、孙悟空、唐僧的句子，然后，选择一个人物进行研究。教者在交流的时候，也是按人物分类呈现相关句子，让学生集中品读、体会。不少学生根据白骨精一会儿变成村姑，一会儿变成老妇人，一会儿变成老公公，得出了白骨精聪明、随机应变的结论。

之所以会出现对课文的误读，是因为教者人为地引导学生肢解文本，不是从整体上去感知，而是逐个人物进行分析，把文本、学生的思维生硬地割裂开来。我们在对话文本一定要有整体观点，增强整体意识，不能仅仅着眼于一词一句的分析，要引导学生从整体的角度，去感悟内容、体会情感。

首先，文本本身就是一个整体。我们知道，课文是由一个个文字符号组成，正是这些文字符号构成的句子，才有了一篇篇文质兼美的课文。由此，我们在引领学生和文本对话时，就不能仅仅着眼于一个词、一句话，而是要从整体的角度，去感悟文字背后的深刻内涵。上例在引导学生按人物分类品读白骨精、孙悟空、唐僧的句子，不是从整体着手，而是让学生分别去画描写白骨精、孙悟空、唐僧的句子，肢解了课文内容，影响了学生对文本的整体感知，出现误读也就不奇怪了。

其次，解读文本不能割裂学生的思维。我们知道，思维是人脑对客观现实间接、概括的反映，反映的是事物的本质和内在的规律性，是人类认识的高级阶段。思维实现着从现象到本质、从感性到理性的转化，使人达到对客观事物的理性认识。学生感知文本，总是从整体入手，把文本作为一个整体来对待，在整体中领会意思、了解人物、学习方法、获得启迪。再来看上例，教者让学生一会儿画描写白骨精的句子，揣摩白骨精的个性；一会儿画描写孙悟空的句子，揣摩孙悟空的个性；一会儿画描写唐僧的句子，揣摩唐僧的个性。在学生眼中，"三打"就像放慢镜头一样。如此这般解读，学生怎么可能体会到孙悟空的嫉恶如仇、除恶务尽呢？如此这般割裂学生的思维，又怎么能提高学生思维的整体水平呢？

现象三：总结以偏概全

为了把对话引向深入，帮助学生更深刻地理解文本，我们需要在总结时对主题思想、人物形象进行必要的拓展提升。许多老师在结课时为了体现对文本的深刻解读，往往独辟蹊径，发别人未敢发之声，以偏概全，乱贴标签。或拔高主题，喊空口号；或放大品质，给人物贴标签。这样做，割断了原本水到渠成的感悟体验，使学生一头雾水，不知所云，使得本该是亮点的结尾成了文章的"黑子"。

一位老师执教苏教版五年级（上册）《少年王冕》一课。在总结课文时，学生根据"娘，我在学堂里也闷得慌，不如帮人家放牛，心里倒快活些"，认为王冕很勤快，不想在学堂里读书，想去帮人家放牛。因为这样做既可以贴补些家用，又可以带几本书去读，心里当然快活些。教者对学生个性化的见解表示肯定，没有及时予以纠正。实际上，学生对人物的评价以偏概全，乱下结论，完全走到了文本的反面。

首先，总结提升要基于文本。阅读教学需要进行总结提升，这样可以帮助学生明确主要内容，理清写作思路，了解人物特点，懂得深刻道理。但是，我们的总结提升要基于文本，源于课文，把握整体，不能成为空中楼阁。在总结提升时，要引导学生再次回到文本，潜心体会文章，到文中找源头，从整体上把握，切不可把文本丢在一边进行所谓的"高谈阔论"。如果为了体现自己与众不同的文本解读能力，一味地标新立异，不顾文本的基本内涵，去搞所谓的"创造性解读"，可能会走向文本的反面，容易对学生造成误导。

其次，总结提升要引领价值取向。价值取向是人们对客观事物有无价值或价值大小的一种根本观点和评价标准，在认识事物、个人成长中具有导向作用。我们在总结提升时要从关注成长的高度重视体验的价值取向，凸现教育的育人功能，为学生的健康成长撑起一片蔚蓝的天空。一位老师执教苏教版六年级（上册）《钱学森》。在总结课文时，一位学生认为钱学森很傻，理由是放弃了优厚的生活待遇、优越的工作条件和自己美好的前途。甚至认为他如果那时不回国，现在恐怕早就获得诺贝尔奖了。教者面对这样的认识，及时进行了纠正。"你们认为钱学森很傻，可他心里装着的全是祖国，他傻得那样可爱、可敬。"作为教师，一定要肩负起祖国时代赋予的神圣使命，引领好价值取向，理直气壮地坚决纠正这种"变了味"的认识，为学生的长远发展保驾护航。

文本作为一个整体应该贯穿于阅读教学的全过程。无论在初读、精读、总结时，都要增强整体意识，提高学生整体把握课文的能力，为学生的长远发展打下更加扎实的基础。一句话，整体观照应该成为指向表达的阅读教学的基本视角。

误区四：读写结合形式化

随着课改的不断深入，语文课程的实践性得到明显加强，读写结合训练成了语文课，特别是中高年级语文课必备的训练形式之一。在许多公开课、赛课活动中，还有了每节课学生动笔时间不少于10分钟的硬性规定。一方面，是进一步落实新课标关于读写结合训练的要求。课程标准指出：语文学习应注重听说读写的相互联系。要重视写作教学与阅读教学、口语交际教学之间的联系，善于将读与写、说与写有机结合，相互促进。另一方面，也是贯彻落实《教育部关于中小学开展书法教育的意见》和《教育部中小学书法教育指导纲要》精神，确保课标强调的"要在每天的语文课中安排 10 分钟写字"落到实处。

其实，安排读写结合训练本无可厚非。叶圣陶先生说过："阅读是写作的基础。"作文离不开阅读，作文得益于阅读。阅读为作文提供了怎样写的范例，为学生提供了一个文章的整体框架。可以说，读是写的基础，写是读的继续和发展。因此，重视读写结合训练，可以有效提高学生的写作能力，提升语文综合素养。问题是如何科学合理地把握读写转换的时机，提高训练的针对性、实效性？笔者在近期参加的语文教学观摩活动中发现，表面上看，读写结合训练得到明显加强，学生在课上都能动起来、写起来。实际上，不少老师在设计读写结合训练时，在时间、内容、形式等方面安排过于随意，甚至为了读写结合而练笔，不仅训练机械、呆板，而且远离学生，成了语文课堂的一块"鸡肋"，应该引起我们的深刻反思。

1. 破坏课堂情境

教育家乌申斯基说过：儿童是用形象、声音、色彩和感觉思维的。这就要求我们在课堂教学中，要从儿童的特点出发，注重创设情境，激起学生学习的热情。实际上，几乎所有的教学活动都要在一定的教学情境中进行。可以说，离开了教学情境，教学将难以进行。教学情境已经成了课堂教学的基本要素。一个好的情境能像磁铁一样将学生的注意力牢牢的吸引住，给整节课的教学营造一种非常和谐的氛围。课程标准四次提到了情境的创设，要求在教学中要创设丰富多彩的教学情境，提高教学效率。正因为如此，许多老师都非常重视教学情境的创设。他们或语言描绘，或出示图片，或开展活动，或启迪想象，把学生带入浓浓的教学情境之中。然而，我们却发现，许多老师在设计读写结合训练时，急于求成，没有考虑到与情境的衔接，人为破坏课堂情境，训练的时机把握不当。

一位老师执教苏教版六年级（下册）《夹竹桃》。课文第五自然段作者从叶影花影方面描写夹竹桃在月光下扑朔迷离的景象，以及引起作者许多的幻想。在学习的过程中，教者在引读第五自然段的基础上，借助多媒体再现当时如诗如画的美景。可以说，此时学生已经沉浸在如梦幻般的情境中了。教者突然出示"我幻想它是＿＿＿＿＿，它居然就是＿＿＿＿了。＿＿＿＿＿。"让学生模仿课文的表达方式进行课堂练笔。教者又是引读，又是呈现画面，给学生创设想象的情境。可当学生刚刚进入情境，又被教者生硬地拽出来，刚刚悄悄展开的想象翅膀也被无情地折断了。此时的小练笔，好似横来一棒，硬是把学生从课文情境中拉回来，人为破坏了教者精心创设的学习情境，可谓前功尽弃。从课上学生完成的练笔情况来看，内容单一，语言空洞，可以说，这是一次失败的小练笔。之所以出现这种情况，表面上看，这是教者急于求成，担心时间不够，实际上是教者目中无人的表现，心中只有教案，没有学生。我们在设计读写结合训练时，既要注重情境的创设，也要注意用好情境。舍得花时间让学生在情境中去感悟、体会，尽情放飞想象的翅膀，在语言的王国中自由飞翔。

2. 远离学生生活

我们常说，生活是作文的源头活水。课程标准提出习作教学"应贴近学生的实际，让学生易于动笔，乐于表达"。我们在安排随文练笔时，一定要贴近学生生活，在生活与练笔间建立起一座相互融通的桥梁，建立起一个同步律动、相似跳动的互换机制，打通练笔与生活的藩篱，让学生找到表达的支点，真正做到让学生有话可练，有情可抒。

在一次同题异构活动中，几位老师同时执教苏教版四年级（下册）的《云雀的心愿》。几位老师分别设计了如下随文练笔：①小云雀和妈妈的心愿是＿＿＿＿，之所以产生这样的心愿，是因为＿＿＿＿。②明年春天，小云雀会邀请哪些小伙伴到那片沙漠上去种树？请选择一个小伙伴，写下小云雀邀请时的对话。③学习课文第十自然段的写法，按照一定的顺序(如从上到下的顺序)，介绍自己熟悉的内容(如一种植物、一个场所)。在评议时，大家认为，第一次、第二次小练笔的设计，都是紧扣课文内容，一个是回顾课文内容，一个是补充课文留白，不能说这样的安排没有道理。问题在于，课文写的是保护森林的重要性，作为城里的学生，大多数对这方面没有直接的感受和体验，只能根据课文的描述，依样画葫芦，要么原样照抄，要么适当改写。难怪在交流时，学生基本上在重复文中的描述，很少有令人眼前一亮的练笔内容。第三次设计，摆脱了课文内容的束缚，从学生熟悉的生活入手寻找练笔内容，训练的结合点抓得巧，抓得准。学生可以写自己熟悉的一种植物，也可以写曾经参观过的一个场所。由于这些内容贴近学生的生活，学生非常熟悉，有话可说，有情可抒，练起笔来也就轻车熟路、水到渠成了。

3. 缺少方法指导

读写结合不是简单的读写复制，而是新旧知识、生活经验的相互作用而引发的认识结构的重组，是学生的生活经验在一定环境中自内而外的"生长"。作为教者，既要注意巧妙选择读写结合的训练点，还要树立以人为本的教学理念，帮助学生选择练笔的素材，指导练笔的方法。在平时的教学中，我们发现，许多老师在布置学生进行读写结合训练时，自己却置身事外，袖手旁观，重结果、轻过程。

一位老师执教苏教版四年级（下册）《鸟语》。在学习了课文以后，教者让学生抓住特点，介绍自己喜爱的一种鸟类，写出它的样子和叫声。教者除了象征性地行间巡视外，就是站在一旁，袖手旁观，不停地提醒学生抓紧时间。听课的老师不禁纳闷：我们的学生都成了神童，都能准确领会教者意图，独立进行读写迁移？我们现在的读写结合训练，普遍存在着教师缺位的现象。许多时候读写结合成了课堂上调节上课时间的机动环节。实际上，对于四年级的学生而言，介绍自己喜爱的鸟类的样子和叫声还是有一定难度的。无论是按一定顺序描写外形，还是介绍鸟语的深刻含义或者关于鸟语的故事传说，都需要得到教者的指导。难怪不少学生眉头紧锁、抓耳挠腮。教者方法指导的缺位，导致训练效率的低下。究其原因，主要是教者完全相信学生，放手让学生去写，以尊重学生的名义略去了必要的练前指导。实际上，我们在学生练笔之前，可以先小组合作，进行必要的口头交流，先说后写。口头交流，帮助学生发散思维，避免素材的雷同，也给教者提供了指导的契机。在学生练笔的过程中，教者要蹲下身子，参与其中，及时发现存在的共性问题，挑选展示的样本，进行集中指导。当然，练笔的形式还有很多，可以师生同作，同桌续写，同伴互评。一句话，教者只有真正参与其中，才能有效提高指导的针对性、实效性。

二、指向表达的习作策略

习作教学是语文学习的重要组成部分，习作能力是学生表达能力的综合体现。课程标准指出：写作是运用语言文字进行表达和交流的重要方式，是认识世界、认识自我、进行创造性表述的过程。写作能力是语文素养的综合体现。小学语文习作教学是语文教学中不可缺少的重要环节，我们应该努力强化习作教学，提高学生习作能力，提升学生的表达水平。下面笔者从习作教学的过程入手，进行细致剖析，力求提炼出指向表达的习作课的最佳路径与有效方法，切实提高习作教学的效率。

（一）积累素材，夯实表达基础

许多学生在写作文时经常眉头紧锁、抓耳挠腮，苦不堪言。笔者曾做过一个调查，有40%的同学坦言，没有东西可写。人们常说："巧妇难为无米之炊。"帮助学生积累写作素材就显得非常紧迫而重要。笔者以为积累写作素材要念好"三字经"。

一是看，即学会观察。鲁迅先生曾说过："如要创作，第一须观察。"我们知道，生活是作文的源泉。现在的学生依赖性很大，各种能力弱化。在平时的教学活动中，要有意识地培养学生的观察能力，做生活的有心人。可以通过多种途径去观察，用眼睛看，用鼻子闻，用耳朵听，用手触摸。还要引导学生按一定顺序去观察，可以先整体后部分，可以先主要后次要，可以按方位顺序，可以集中观察，也可以分散长期观察。只有这样，才能让作文的"根"深深扎在生活的"土壤"里。

二是读，即加强课内外阅读，帮助学生从读物中吸收写作素材，储备写作语言。要有意识地帮助学生选择课外读物。低年级应以童话、寓言类为重点，中年级以篇幅短小、内容生动的自然科技、名人传记等为主，高年级以各类有代表性的名家名篇为主。同时要随着年级的升高逐步提高阅读要求。低年级以培养兴趣、感知内容为主，中年级以积累语言、提炼素材为主，高年级以读写结合、学习写法为主。逐步实现小学生的课外阅读总量保底150万字，力争300万字的目标。

三是记，即学会做材料卡或写观察日记。有了好的写作素材，不及时储存下来，时间一长，可能渐渐淡忘，失去做材料的价值。因此要培养学生勤于动笔的习惯。老舍曾经给初学写作的人讲："你要仔细观察身旁的老王或老李是什么性格，有哪些特点，随时注意，随时记录下来。这样的记录很重要，它能锻炼你的文字表达能力。要天天记，养成一种习惯。"可以引导学生做材料卡，根据写人、记事、写景、状物分别记录、储存。也可以写观察日记。先回顾当天自己的所见所闻所想，然后有重点地从当天的记忆中选取有趣、印象深、有价值的写在日记本上。要重在养成习惯。

积累素材是写作的前提和基础。只要我们走进学生生活实际，念好看、读、记这"三字经"，就一定能帮助学生积累许多鲜活、生动、有价值的写作素材。

（二）链接生活，激活表达欲望

纵观近年来的小学生作文，我们发现普遍存在内容空洞、言之无物的现象。学生作文的程式化现象非常严重，形式单一，内容空洞。我们在批阅语文试卷时经常发现，学生作文"千人一面"的现象比较严重，许多学生要么直接背默精彩片段，要么一味地模仿优秀作文的写法，机械套用，要么天马行空、胡编乱造。作文教学走入了形式主义的怪圈。究其原因，我们发现，许多老师对写作教学的看法存在误区，功利主义倾向严重，受应试教育的影响太深，没有从学生长远发展的角度考虑。他们在进行作前指导时，追求"短平快"，把作文机械地分为开头、中间、结尾三大块强化训练。表面上看，学生似乎掌握了许多写作的技巧，但是作文却陷入了"假大空"的困境。正是针对以上学生作文的实际情况，我们在进行作文指导时，着眼学生的生活实际，着力链接学生生活，力图破解小学生作文内容空洞、言之无物的困局，让活水源源而来。现以《童年"偷"着乐》教学为例，加以说明。

《童年"偷"着乐》是根据苏教版五年级上册第五单元"写一件亲身经历的事"的相关要求，引导学生从自己的生活入手，用儿童的视角观察生活，抒写童年的乐趣。在习作过程中，我们注意着眼学生生活，引出生活话题，激活生活素材，还原生活过程，分享生活乐趣，贴近学生实际，让学生易于动笔，乐于表达。

1. 巧妙导入，引出生活话题

我们知道，准确领会题目的内涵是习作的首要任务。许多学生的习作偏题也是因为对题目理解出现偏差，内涵把握不准。在本次习作训练中，对"偷"字内涵的理解可谓至关重要。为此，我们在上课伊始，引导学生从熟悉的诗句开始，在比背诗句中激起习作兴趣，揣摩"偷"字内涵，引出"偷"的话题。

我们先背诵从描写儿童生活的诗句入手："同学们，通过平时的学习，我们积累了很多古诗。在这些古诗里边，还有不少是描写咱们儿童生活的呢。

你想到了哪首诗？"我们小学教材中有许多描写儿童生活的诗句，学生非常感兴趣，也十分熟悉。既激发了兴趣，复习了古诗，又巧妙地引出"偷"的话题。在学生背到白居易的《池上》时，在分析小娃形象的基础上，我们把学生的注意力聚焦到"小娃撑小艇，偷采白莲回"的"偷"字上面来，引导学生辨析"偷"字的意思，揣摩"偷"字的内涵。"这个'偷'在诗中是什么意思呢？这是一种怎样的'偷'？"学生联系全诗内容，体会到这里的"偷"是背着大人、瞒着大人的意思。这是一种高兴的"偷"，可爱的"偷"。

通过比背诗句，引出"小娃撑小艇，偷采白莲回"；通过感悟人物形象，理解"偷"字的意思；通过揣摩"偷"字的内涵，体会"偷"的高兴、可爱。在教者的巧妙引导下，学生一步步理解了"偷"字的深刻内涵，把握了习作要求，激起了对习作题目的亲近感，为后面的链接生活打下了基础。

2. 形象再现，激活生活素材

我们知道，生活是学生作文的源头，而且是唯一的源头。人们常说："巧妇难为无米之炊。"许多学生在写作文时经常眉头紧锁、抓耳挠腮，苦不堪言。帮助学生积累写作素材就显得非常紧迫而重要。我们在进行作前指导时，要引导学生走进自己丰富多彩的生活，用自己优美的笔触再现生活、抒发感受。许多有经验的老师在作前总是布置学生搜集习作素材，有采访体验的，有写观察日记的，也有做材料卡片的。通过这些形式，引导学生走进生活，回到生活中去选材，避免选材的空泛、虚化。唯有如此，学生才有话可写，有情可抒。正如课程标准所说：小学生作文就是练习把自己看到的、听到的、想到的内容或亲身经历的事情，用恰当的语言文字表达出来。

本次习作时，在揣摩"偷"字内涵的基础上，为了帮助学生挑选习作素材，课前，我们特地拍摄了一个学生偷看电视的生活短片，帮助学生打开习作思路，激起表达的欲望，感受"偷"的乐趣。看了视频短片，学生笑得前仰后合。教者及时进行现场采访："刚才就你笑得最灿烂，老师来问问你，为什么这么开心？"在师生对话的过程中，教者紧紧扣住一个"趣"字，引导学生品味"偷"的细节："你觉得哪些镜头特别有趣？"学生在交流的过程中，进一步饱满了"偷"的细节，丰富了人物形象。在交流的时候，教者还着重引导学生从动作、语言、心理等方面把"偷"的过程说具体。在揣摩心理变化过程时，学生感受到：在写作业时小主人公是<u>平静</u>的，当妈妈走后，他一阵<u>窃喜</u>，后来在确信妈妈真的走了以后，他一阵<u>狂喜</u>，突然，他听到了敲门声，心理<u>猛地一惊</u>，妈妈进来了，他更加<u>忐忑</u>，最后，一切正常，<u>石头落下</u>。教者还通过画思维导图的方式，帮助学生还原"偷"的过程，体会过程的一波三折。

通过播放视频，让学生从似曾相识的生活中找到了习作的素材，链接了学生生活，激起学生表达的欲望。通过现场采访，回顾视频内容，帮助学生进一步丰富"偷"的细节，习得写作方法，为后面的表现生活做好了准备。

3. 创设情境，还原生活过程

我们知道，学生作文的素材来源于生活。只有打通习作与生活的藩篱，让习作链接生活，学生才有话可写，有情可抒，易于动笔，乐于表达。但有时，学生对生活的印象又不是太深刻，尤其是其中的一些细节。为此，在播放视频激活素材的基础上，我们着力创设生活情境，帮助学生还原"偷"的过程，寻找"偷"的细节，体会"偷"的乐趣。

"刚才大家看得聚精会神，讲得绘声绘色，听得人也乐不可支。孩子们，你曾经背着大人，'偷偷'地做过些什么事，至今回忆起来还能让你笑出声来呢？瞧，爸爸拿起工具包急匆匆地赶去加班，妈妈也背起挎包去菜场买菜去了。此时，你产生了什么有趣的想法，又是怎么做的呢？赶快把你的乐趣和大家分享。"通过课件呈现画面、教者语言描述，学生一下子回到了从前，那快乐的经历又浮现在了眼前：那天趁妈妈不在家，我偷用妈妈的化妆品……那次爸爸出门后，我偷偷地抽过烟……在教者的启发引导下，学生打开了话匣子，曾经的快乐经历又回到了眼前，脸上洋溢着甜甜的微笑。学生明白了：原来，这些曾经的"恶作剧"也是作文素材。学生在说话的过程中，纷纷产生了写作的冲动，从说到写，水到渠成。

通过创设情境，帮助学生充分链接生活，激起学生表达的强烈欲望。通过练习说话，帮助学生理清事情经过，明确表达重点，丰富还原细节。通过说写结合，减缓表达坡度，降低习作难度，使习作不再变得遥远、可怕，使学生的表达水到渠成。

4. 多元评价，分享生活乐趣

讲评是习作再指导、再提高的过程，也是深入内化写法、形成写作技能的重要环节。许多学生之所以作文写得不着边际，其中一个很重要的原因，作文的评价标准模糊。在动笔之前，我们要求本次习作做到内容有趣、描写具体。学生对作文的基本要求有了具体了解，写起作文来能心中有数，也为讲评提供了具体依据。

为了调动学生讲评的积极性，我们从小学生的年龄特点出发，采用了故事对决的形式。先由一位学生朗读自己的片段，进行学生星级自评，然后请其他学生上台挑战，进行故事对决。在进行星级评价时，选择的内容有趣得两颗星，写的故事精彩得三颗星。故事对决和星级评价的有机结合，充分调动了学生参与的积极性，使讲评环节和习作内容一样有趣精彩。

一位同学展示的习作如下：

门"砰"一响，妈妈出去了。我继续写作业，两分钟后，妈妈又回来了，说是钥匙落下了，我没做声，心想，这样的"伎俩"都不知道玩过多少回了，还拿钥匙呢，鬼知道是干嘛的。这回她大概是真放心了，我跑到阳台上目送她远去的身影，心理跟她打着招呼呢：精明的老妈，再见。我冲向电视，不急，看遥控器在什么位置，心里记下了，打开电视，哦，扬州城市频道，也记下了，嘿嘿，道高一尺，魔高一丈啊！"亲爱的灰太狼，我来了！"津津有味地看了起来。不能大意失荆州啊，半小时后，我将电视调回扬州城市频道，关掉电视，放回遥控器，摸摸电视后面，还好，不是太烫，"老弟，让你凉会儿"，我得写作业了。不一会儿，妈妈就回来了，一切神不知，鬼不觉，成功！

学生在点评时，能根据习作基本要求，具体说出加星的理由。学生甲认为：写得太好了，这哪里是看电视啊，斗智又斗勇，分明是谍战大片嘛，我觉得可以得五颗星！学生乙认为：这样的经历我也写过，我觉得他把"偷"看电视的那种变化着的心理写得非常传神，我也同意给他五颗星，我要学习他！学生丙认为：有些细节写得很好，比如，在看电视之前，要确认妈妈真的走了，然后要记得遥控器在什么地方，上次是在哪个台上关掉了，这些他注意到了，也衬托出他妈妈的精明。习作写得生动，学生评得精彩。学生在"偷"字故事大对决的过程中，进一步明确习作要求，在多元评价时互相学习，共同分享生活乐趣。

生活是习作的源头活水。在平时习作指导中，我们要引领学生走进生活，去品味那香醇甘甜的源头活水；要贴着学情善引巧拨，去欣赏那柳暗花明的迷人风景。学生有了这些鲜活的、富有生活气息的素材，等待我们的，必将是不可预约的精彩。

（三）四步跟进，引导表达起步

三年级是学生写作文的起步阶段。三年级作文是整个小学阶段作文教学的启蒙阶段，为整个小学阶段作文教学奠定基础。但凡教过小学三年级语文的老师都知道，三年级语文确实不好教，尤其是作文的起步教学。三年级的学生一下子由二年级的看图写话练习过渡到三年级的作文习作，跳跃性很大。在平时的作文教学中我们发现，许多三年级的学生在写作文时经常眉头紧锁、抓耳挠腮，苦不堪言。但是，三年级的起步作文至关重要，直接关系到学生是否喜爱写作，能否顺利掌握写作的基本技能，可以说，三年级的起步作文教学是小学作文教学的关键。万事开头难。那么，三年级的作文如何起好步，从而达到培养学生的作文兴趣，提高学生的写作能力，使学生易于动笔、乐于表达呢？笔者提炼的"四步跟进"教学法不失为三年级起步阶段作文教学的有效方法。

1. 从说话过渡

小学阶段是学生语言发展的最佳时期，也是掌握语言的关键阶段。说话训练，作为培养学生听说读写能力、强化语言文字运用的一项重要内容，不仅对于提高学生综合素养，尤其是培养现代公民，至关重要，而且可以培养学生表达能力，为学生写作做好充分准备。课程标准指出，要善于将读与写、说与写有机结合，相互促进。以前中高年级教师在进行写作训练时，往往只重视对学生"写"能力的培养，而常常忽视对学生"说"能力的训练。有关调查显示，许多学生的口头表达能力落后于书面表达，充分说明加强学生的说话训练显得非常迫切和重要。

小学一、二年级特别重视说话训练。课程标准要求低年级学生能较完整地讲述小故事，能简要讲述自己感兴趣的见闻。也就是说，经过两年的说话训练，低年级学生已经学会了讲述自己感兴趣的见闻。而这些，正是学生写作的常见素材。为此，在三年级作文起步阶段，有必要从说话开始进行过渡，逐步提高要求。为了实现口头表达与书面表达的无缝衔接，要求三年级学生在说时要尽量做到言之有物、言之有序。言之有物，就是说话要有内容，不能空洞无物。可以介绍一个人，叙述一件事，描摹一个场景。言之有序，就是说话要有顺序，有条理。可以按时间先后、地点转换。用说话训练的形式，帮助三年级学生规范自己的表达，逐步学会写作文。

近几年来，笔者引导三年级学生借助每天晨会课这个平台，举行每天一次的"新闻发布会"，以口头作文的形式，着重介绍前一天发生在身边的故事，尽量做到言之有物、言之有序。为使更多的学生可以发布，时间一般不超过一分钟。可以是亲身经历的，也可以是听别人介绍的，可以是发生在校园的，也可以是发生在校外的，总之，只要是你认为有意义、有价值、值得介绍的事情都可以在新闻发布会上发布。新闻发布会极大地调动了学生说话的积极性，帮助学生及时收集写作的素材，说话内容也变得新鲜有趣，学生兴趣盎然，乐此不疲。

2. 从模仿起步

语文教育家黄光硕先生说过："学生的语文学得怎样，作文可以作为衡量的尺度。"因此，作文教学一直是语文教师经常研究和探讨的课题。尽管如此，当前"学生怕作文，教师教作文难"的现象依然普遍存在。刚刚升入三年级的学生，对作文训练非常陌生。他们感到作文难写，提起笔来，胸中纵有思绪万千，下笔却只有片言只语，不知道应该如何表达。

有关研究表明，人之所以不同于其它动物，就在于人是最善于模仿的。人一开始学习，就是借助模仿。可以说，模仿是人类的一种天性。朱熹曾说："古人作文作诗，多是模仿前人之作。盖学之既久，自然纯熟。"著名作家茅盾也说过："模仿是创造的第一步。"处于三年级阶段的儿童模仿性特别强，模仿习作也就成为三年级作文起步的一种必然阶段。可以说，仿写是三年级学生写好作文的起点，是提高学生作文水平的快速通道。没有今日的模仿，可能就没有明天的创新。

笔者在三年级作文教学起步，尝试着从模仿入手，先仿后创。笔者很惊喜地发现，由于写作时有范文仿效，降低了写作的难度，三年级学生写作的积极性都非常高，连平时怕写作文的学生也喜欢上了写作文。实际上，好的范文有时就像是一个向导，引导学生一步步把作文写得更加具体、生动。教者在作文课上出示范文，把文章的结构格式、遣词造句、谋篇布局的方法直观地呈现在学生面前，形象地告诉学生怎样写作。学生从范文中不仅学到了语言和表达方式，还学到了作者观察事物、分析问题的方法和规律。通过仿写，学生把写作知识转化为能力，从而提高了写作指导的效率。范文引路为学生写作水平的提高提供了捷径，是一种简便高效的作文指导方式，在三年级作文起步阶段应当得到大力提倡和推广。

3. 从素材突破

三年级学生作文最大的问题就是无话可写。其中一个重要原因就是隔断了作文与生活的联系。叶圣陶先生提出："要使学生觉得作文是生活的一部分，是一种发展，是一种享受。"在平时的作文教学中，一定要从学生的生活入手，帮助学生积累、交流作文素材，破解小学生作文内容空洞、言之无物的困局合。

在三年级起步阶段，为了帮助学生积累写作素材，一定要强化观察练习。鲁迅先生曾说过："如要创作，第一须观察。"生活是作文的源泉。现在的学生大多过着"学校—家庭"式周而复始的单调生活。三年级学生年龄小，再加上家长的包办，他们普遍对周围的事物漠不关心，视而不见。这就要求我们在平时的教学活动中，要有意识地培养学生的观察能力，做生活的有心人。可以通过多种途径去观察，用眼睛看，用鼻子闻，用耳朵听，用双手摸，激起他们对生活的新奇感，逐步认识周围事物。在学生观察的过程中，还要引导学生按一定顺序去观察。可以先整体后部分，可以先主要后次要，可以按方位顺序，可以集中观察，也可以分散长期观察。只有日积月累地观察，帮助学生积累丰富的写作素材，学生才能有事可说、有话可写。

为了帮助学生养成观察的习惯，笔者在三年级开学初，首先从校园入手，带着学生参观校园。一路走，一路看。学生发现，原来熟悉的校园这么美，包含着这么多丰富的内涵。然后，布置学生回去观察自己居住的社区。慢慢地，再将范围逐步拓展到我们生活的城市。在这由近及远的扩展中，学生逐步养成了留心观察周围事物的意识和习惯，为三年级起步作文储备了丰富的作文素材。

当然，有了好的写作素材，不及时储存下来，时间一长，可能渐渐淡忘，失去做材料的价值。老舍曾经给初学写作的人讲："你要仔细观察身旁的老王或老李是什么性格，有哪些特点，随时注意，随时记录下来。这样的记录很重要，它能锻炼你的文字表达能力。要天天记，养成一种习惯。"为了帮助学生积累写作素材，我们尝试着要求三年级学生每周至少完成两张材料卡。材料卡上面分别填写时间、地点、人物和事情经过。事情经过可以是一句话，也可以用条目式，写出起因、经过、结果。为了便于学生提取素材，教者要帮助学生定期给材料卡分类，根据写人、记事、写景、状物等类别分类储存。这样，学生在进行作文时可以很方便地找到所需要的作文素材。

4. 从评价引路

兴趣是最好的老师。当学生对某种事物产生兴趣时，就会主动去做，就会获得更多更丰富的知识、技能。过去，教者对于一篇作文的评价，无论是采用优良评价，还是星级评价，都是一次性评定。可能这样便于操作，但我们发现，评定好的同学眉开眼笑，不太理想的同学愁眉苦脸。这样做，从某种程度上挫伤了部分学生作文的积极性。

为了进一步激发三年级学生作文的兴趣，我们尝试着改一次性定评为动态评价，从立意、内容、语言、篇幅、书写等方面入手，实行动态评价，让每一个学生都能收获成功的喜悦。借助动态评价，可以帮助三年级学生明确作文立意、内容、语言、篇幅、书写的要求，逐步学会，动态提高。笔者在平时评价作文时，尝试着借助星级评价的方式，实行动态评价。在每次作文前，公布星级评价的标准，上不封顶，鼓励冒尖。组内初评时，小组成员共同评定星级，并从立意、内容、语言、篇幅、书写等方面提出修改意见，然后学生进行有针对性地修改、完善。全班复评时，结合学生修改情况，重新进行星级评定。学生看到在自己的努力下，星级有了提高，得到了同学们的肯定，找回了写作的自信心。这种改一次性定评为动态评价的方法，更加注重过程的指导，是一种贴近学生实际的评价方式。学生在一次次的评价中，写作兴趣得到充分激发，写作技能得到有效训练，看到了成功的希望。可以想见，三年级学生将在一次次动态评价的引领下，逐步内化写作方法，收获写作的喜悦，驶向成功的彼岸。

三年级的起步作文是小学作文的关键。只要我们从学生的作文实际出发，从说话过渡，从模仿起步，从素材突破，从评价引路，就一定能帮助三年级学生实现说写的有效衔接，积累鲜活的写作素材，学会必要的写作方法，帮助三年级学生在作文方面起好步，实现表达能力的有效提升。

（四）抓住特点，培养表达个性

我们在日常写作教学过程中却发现，学生作文中"千人一面"的现象比较严重，作文立意、选材趋向雷同，甚至连描写的语句也大同小异。选材方面，一写到妈妈，就是我生病了，在又黑又冷的夜晚，妈妈背着我上医院；一写到同学，不是拾金不昧、参加大扫除汗流浃背、扶盲人过马路，就是小画家、小音乐家、小作家、运动健将；一写到老师，不是抱病上课、深夜批改作业，就是雨中送伞、帮助学困生补课。语言方面，写母亲，都是额头爬上了皱纹，双手长满了老茧。写同学，都是一双炯炯有神的眼睛，一张能说会道的嘴巴。写老师，总是两鬓斑白，眼睛会说话。写来写去总是老一套，好像除了这些方面，就没法表现人物了，给人似曾相识、千人一面的感觉。

为什么会出现学生作文"千人一面"的现象呢？笔者以为主要有以下两个方面原因：

一是生活单调，素材储备不足。我们现在的学生绝大多数是独生子女，生活范围狭窄，基本都是"学校—家庭"两点一线。再加上家长疼爱有加，处处过于呵护，"含在嘴里怕化了，捧在手里怕吓了"，学生参加的课余生活比较少。这就造成写作素材储备严重不足。到写作文时无话可写，巧妇难为无米之炊。再加上许多学生平时观察训练不到位，没有抓住人物特点，遇到写作文时，就想当然，凭空推断，提到妈妈，就是背着我上医院，提到同学，就是小画家、小音乐家、小作家、运动健将，提到老师，就是抱病上课、深夜批改作业。写作文成了变相的"贴标签"。正是这些思维定式，造成了学生作文"千人一面"的现象。

二是受作文选、教师模式化教学的影响。我们许多家长非常重视学生作文能力，为学生报了不少作文辅导班，买了很多优秀作文选。这些优秀作文选中的作文，成了学生作文仿写的主要对象。学生的作文，不少就是这些作文的翻版。学生不仅仅在学习优秀作文的写法，连作文素材也原样借用。这是造成学生作文"千人一面"的一个重要原因。还有，我们语文老师在进行作前指导时，过分强调选材的典型，要求学生所选的材料要有代表性。学生本来素材就少，再加上可能又不具有代表性，好像不符合老师的"代表性"。这就迫使学生去借鉴优秀作文选，借用作文素材，造成了学生作文"千人一面"的现象。

"为什么作文中的母亲都是一个模式？别让孩子从作文开始第一次撒谎。"这是国家总督学顾问、教育家陶西平对中小学作文教学弊端的抨击，发人深省。应该说，作文"千人一面"的现象充分暴露出学生作文创新意识不够，创新能力不足，已经引起了越来越多语文老师的关注。那么，如何有效避免出现作文"千人一面"的现象呢？

首先，从选材入手，引导学生抓住特点进行观察。这是从选材方面寻求突破口。为了破解巧妇难为无米之炊的困局，让学生有话可写，在日常教学过程中，我们要着力进行观察训练，帮助学生积累写作素材。

我们在引导学生观察事物时，一是要留心周围的事物。许多学生之所以写作素材缺乏，主要是对周围的事物视而不见，漠视生活。为此，我们要求学生每天上交一张观察记录表。记录表主要包括观察对象、观察内容、主要特点等方面。通过填写记录表的方式，帮助学生养成观察的习惯，学会积累写作素材。我们在引导学生观察事物时，还要注意抓住特点进行观察。之所以造成了学生作文"千人一面"的现象，主要是学生在作文时人云亦云，缺少个性化。这样才会出现上面所说的"贴标签"现象，在写人的眼睛时，几乎都用了"炯炯有神"一词，在写嘴巴时，几乎都用了"能说会道"一词。因此，我们要求学生每周对观察记录表进行整理，填写一张作文材料卡。在材料卡上，不仅写明事情发生的时间、地点、人物、起因、经过、结果，还要具体写出主要特点（印象）。这要求学生要对观察记录表进行再加工，提炼主要特点。比如观察人物时，可以从外貌、动作、神态、心理等方面找特点。学生逐步学会抓住特点进行观察，在写作时才能写出有特点的人物。

其次，从训练入手，引导学生把内容写具体。这是从语言方面寻求突破口。学生作文出现千人一面的现象，还因为学生在表现人物时描写不细腻，内容不具体，似是而非，模棱两可，含糊其词。同样的语言，可以用在不同的人物身上，难怪教育家陶西平会说："为什么作文中的母亲都是一个模式？"为了有效解决这一问题，在日常教学过程中，我们着力进行描写专项训练，帮助学生学会把人物写具体，写出特点。

在学会描写人物时，我们先引导学生从一个方面写特点。我们要求学生不仅要说出人物特点，还要具体说说从哪儿可以看出这个特点。比如，写学生的外貌。我们要求学生仔细观察写作对象外貌的某一个方面，或身材，或衣着，或头发，或眼睛，或嘴巴，然后，具体写出你所观察部位的特点。这就把学生的注意力聚焦到特定部位，集中笔墨，着力描写。这样，学生在写人的眼睛时，不仅用了"炯炯有神"一词，还用上了"慈祥的眼睛""会说话的眼睛""像闪烁的星星"……学生写好后，及时让学生猜一猜，看看像不像，有没有写出人物的特点。这样就避免了一句话概括、空洞无物的现象。然后，再引导学生从多个方面写特点。我们知道，更多的时候，人物的特点可以从不同的方面体现出来。因此，在表现人物特点时，我们要求学生从不同角度进行观察，具体说说从哪几个方面可以看出这个特点。比如写人物的外貌，可以通过身材、衣着、头发、眼睛、嘴巴等方面，可以正面描写、侧面表现。这样，循序渐进，引导学生逐步学会从不同方面进行具体写出人物的特点。

第三，从阅读入手，引导学生加强课外阅读。通过广泛的课外阅读，帮助学生从丰富多彩的课外读物中学会选取写作素材，借鉴写作方法，储备写作语言。当然，教者要有意识地帮助学生选择课外读物。在阅读内容方面，中年级以童话名篇和篇幅短小、内容生动的自然科技等为主，高年级以古今中外文学名著和名人传记等为主。在阅读要求方面，以培养兴趣、养成习惯、积累语言、提炼素材、学习写法为主，逐步实现小学生的课外阅读总量保底150万字，力争300万字的目标。

为了引导学生的课外阅读，我们从学生的阅读实际出发，结合课程标准的相关要求，分年级拟定了学生课外阅读推荐书目，做到推荐书目科学化、序列化。推荐书目分为必读和选读两类。必读书目必须人人阅读，教师全程进行阅读指导，并进行阅读成果展示。

为了激发学生阅读兴趣，我们特地成立了"读书银行"，每位学生一张读书银行卡。根据学生课外阅读的数量和质量，定期给每位学生在银行卡上储备金币。银行卡储备金币达到一定数量可以到老师处换取一本课外读物。根据学生银行卡上储备金币的数量，按月评选阅读之星进行表彰。为了便于教者集中指导阅读方法，交流阅读体会，我们还从学生实际出发，创造性地实施了漂流阅读。所谓漂流阅读，就是由学校根据学生的阅读实际，按班级统一购买同一品种的图书，学生人手一本，统一阅读内容、阅读进度，然后按班级顺序进行图书漂流。由于漂流阅读统一了阅读的内容、进度，便于集中进行方法指导和读后交流，提高了指导的针对性，学生参与的积极性普遍提高，受到了师生、家长的一致欢迎。

（五）适切训练，培养表达能力

写作能力是学生语文素养的综合体现，写作训练是语文学习的重要组成部分。课程标准指出："写作是运用语言文字进行表达和交流的重要方式，是认识世界、认识自我、进行创造性表述的过程。"可见，写作是学生认识水平和语言文字表达能力的具体体现，小学语文写作训练是语文教学中不可缺少的重要环节，旨在培养学生初步的书面表达能力。这方面基础打得如何，将对学生的长远发展产生重要影响。

然而，我们在日常写作教学过程中却发现，写作训练越位、错位的现象相当普遍。许多老师对写作教学要求把握不清，训练机械重复，形式简单呆板，语言僵化生硬。究其原因，许多老师对写作教学的看法存在误区，功利主义倾向严重，没有全面领会课标精神、准确领会编者意图。这就需要我们准确把握写作训练的"度"，吃透课标精神，进行适切训练，循序渐进，不断夯实基础，提升学生的书面表达能力。

1. 适切的训练目标

训练目标是学生通过训练以后预期达到的结果或标准，是对训练者通过教学以后将能做什么的一种明确的、具体的表述。写作训练目标对写作教学具有指导意义，可以指导控制学习过程。在教学过程中，师生的教与学的活动都应围绕训练目标开展，以学生为主体组织相应的自主、合作学习，达成目标。可以说，目标达成度高，写作教学的效果就好。也就是说，准确、科学的训练目标，是有效实施写作教学的前提和基础。

在平时的写作教学过程中，普遍存在着目标不清的现象，常常出现不同年段提出同样要求的情况。以苏教版教材为例。苏教版四年级（上册）《习作3》"给远方亲友的一封信"教者要求学生学会使用书信格式，以书信的形式介绍自己的家乡。六年级（下册）《习作7》"给老师的一封信"教者还是要求学生学会使用书信格式，以书信的形式写下对老师的心里话。四年级（下册）《习作3》"我的新发现"教者要求学生观察自己动手做的一个小实验，写下自己的新发现。六年级（下册）《习作4》"一次有趣的实验"教者还是要求学生动手做一个小实验，写出一次实验的过程。那么，如何才能避免写作训练目标的越位、错位呢？这要求我们在预设目标时一定要切合课标要求和学生实际。

切合课标要求，就是准确领会课标的精神。教师要深入研读课标，准确了解课标关于不同年段学生写作的基本要求，并细化到每次写作训练之中。

实际上，课标对不同年段学生写作的基本要求有着明确的表述。在第一学段，提出"写自己想说的话，写想象中的事物，运用阅读和生活中学到的词语"。在第二学段，提出"注意把自己觉得新奇有趣或印象深刻、最受感动的内容写清楚，能用简短的书信、便条进行交流"。在第三学段，提出"能写简单的记实作文和想象作文，内容具体，感情真实"。可以看出，课标对各年段写作教学表述清楚，要求具体。我们对课标的年段目标要做到心中有数，准确把握，才不至于出现越位、错位现象。像上例提到的书信格式，在第二学段已经提出"能用简短的书信、便条进行交流"，使用正确的格式应该是最基本的要求，那么到了六年级（下册）《习作7》进行"给老师的一封信"写作训练时，学会使用书信格式就不应该成为训练的主要教学目标了。

切合学生实际，就是要充分了解学情。学生是学习的主人。我们要纠正过去那种"目中无人"的教学，由以学科本位转为以人为本。在平时的写作教学中，不同学段的学生进行同样的教学内容、基本相同的教学要求的写作训练情形并不少见。像上例提到的"有趣的实验"，一位老师执教苏教版四年级（下册）《习作3》时做了"称气球"的实验，引导学生观察实验过程；另一位老师执教六年级（下册）《习作4》时也做了"称气球"的实验，还是引导学生观察实验过程。这样的实验对四年级学生而言直观形象，易于激发写作兴趣；而对学了几年科学的六年级学生来说就显得过于简单了。这就要求教者课前必须通过多种途径充分了解学生的学习需求，走近他们的生活实际、阅读实际，摸清学情。像"称气球"的实验，我们在课前一定要了解学生对实验了解的基本情况。比如，学生在科学课上做过哪些小实验，平时喜欢什么样的实验，在实验过程中遇到了哪些困惑……掌握了学情，我们就能进行大胆预设，从而准确拟定训练目标。

2.适切的训练内容

写作训练面广量大，内容繁多，不可能一蹴而就。我们在进行写作教学时，要根据课标要求和学生实际，从写作规律出发，确定训练重点，循序渐进，螺旋上升，逐步提高训练的要求。作为教者，要吃透课标精神，根据课标要求构建习作训练序列，结合教学内容突出训练重点，选准训练起点，进行有针对性地训练，提高写作教学的实效。

一是根据年段特点确定训练点。不同年段的学生，写作的基础不一样，语言的积累、方法的掌握各不相同。我们要从不同年段学生的实际出发，确定写作训练的重点，找准训练的着力点，切不可泛泛而谈，进行蜻蜓点水式的训练。以看图作文为例。苏教版三年级（上册）《习作3》，三年级（下册）《习作1》《习作4》《习作8》，五年级（上册）《习作6》，六年级（上册）《习作4》，共安排了六次看图作文训练。这就要求教者要根据每次写作的要求，确定训练的重点，形成一个合理的训练序列，提高学生的看图作文能力。像上例，三年级着重引导学生学会按一定顺序观察图画，抓住重点概括图画内容，展开合理想象把画面写具体。五、六年级着重引导学生根据画面主要内容展开合理想象，把故事想完整、写具体。

二是根据训练内容确定训练点。写作教学的内容非常宽泛，致使许多老师在进行写作训练时出现重复训练的现象。常常是同样的训练内容，各年段都在训练，结果学生写出来的作文大同小异，千篇一律。我们要根据训练内容的要求，结合学生特点，分阶段确定训练的侧重点，有层次地进行训练，逐步提高学生的写作能力。以自我介绍为例。苏教版三年级(上册)《习作2》"我的自画像"要求学生写一写自己，四年级（上册）《习作2》"请为我竖起大拇指"要求学生写一写自己最得意的长处、本领。我们要从两次习作的要求出发，分阶段确定训练的侧重点。"我的自画像"侧重从自己的外貌、性格、兴趣爱好等方面进行介绍，"请为我竖起大拇指"侧重选择一两个具体事例，写一写自己最得意的长处、本领。这样充分顺应写作规律，突出训练重点，避免了训练低水平的重复，提高了训练的针对性。

3. 适切的训练形式

明确了写作训练的目标、内容，提高写作训练的效率，还需要有简便易行有效的训练形式。同样的训练点，由于教者采用的形式不一样，取得的效果往往大相径庭。作为教者，一定要根据学生年龄特点、写作内容要求以及自身实际，精心设计训练形式，切实提高写作训练的效率。

在一次习作专题研讨活动中，两位老师同时执教苏教版六年级(下册)《习作7》，要求学生以书信的形式，通过具体情景，表达对老师的真情实感。在教学过程中，两位老师都将教学指导的重点放在围绕中心选择典型材料上面。第一位老师通过出示图片引导学生回忆六年来教过自己的老师，接着让学生分组讨论：你最难忘的是哪位老师，为什么难忘？在进行交流的时候，教者引导学生明确什么是典型事例。第二位老师在通过图片引导学生回忆六年来感人情景的基础上，着重聚焦"你最想写给谁？"这个核心话题，接着出示选材学习单（见下表），要求学生先想好你想给哪一位老师写信，再好好回忆一下与这位老师有关的事例，在学习单上至少写三件难忘的瞬间。然后在交流具体事例的过程中，让学生在最想写的事例前打"√"，并说说为什么选择这个事例。学生在交流的过程中逐步明白：最能表达自己的情感、最有话可写、能进行细节描写的事例就是典型事例。

典型事例	你最想写给谁？＿＿＿
①	
②	
③	

同样是进行围绕中心选择典型材料的训练，第二位老师采用通过简洁直观的表格，让学生在与老师有关的三件事例中选择一件最能表达自己的情感、最有话可写、能进行细节描写的事例来写。教者通过这样的训练形式，教给学生选材的具体方法，帮助学生知道什么是典型事例。不仅知其然，而且知其所以然。学生选材的能力得到明显提高，训练取得了明显成效。

4. 适切的训练语言

语言是学生表达的基础，也是作文的基本组成部分。一篇优美的作文，总会出现不少运用准确、描写生动、句式整齐的好词好句。正因为如此，许多老师在写作训练中格外重视对学生语言的训练。有的推荐成语、名言进行积累，有的抄写精彩片段进行背诵，还有的干脆直接背诵优秀作文。虽然学生在作文中偶尔会用到这些机械积累的语句，但往往都在生搬硬套，有时甚至还闹出笑话来。

为什么教者煞费苦心进行的语言积累没有取得预期的效果呢？问题是他们把语言积累和写作训练进行机械地分割，孤立地进行语言积累，也就是为了积累而积累，没有及时进行情境运用。一位老师在作文训练之前，要求学生背诵相关的开头、结尾，在进行作文写作时，直接把背诵的开头、结尾用到作文当中去。还有一位老师特别重视引导学生编列提纲。每次作文之前都要求学生把提纲列出来进行交流。但这位老师把作文提纲进行格式化、绝对化、开头、中间、结尾都规定了必须写的内容。学生实际上是进行一种填空的训练。说到底，是全班学生按照老师的思路在编列同一个提纲。如此固定套路地写作训练，最终形成我们常见的"八股文"。

诚然，规范化的语言训练也是必不可少的，因为这是提升表达能力的必经之路。作文需要规范化的语言训练，从一定程度上可以帮助学生增加积累，规范语言，提高语言表达能力。但规范化的语言训练必须以学生个性化的表达为基础，我们不能借规范化去扼杀学生表达的个性化。我们应该清醒地看到，上述种种做法实际上是一种急功近利的形式化训练，长此以往，必将扼杀学生写作的兴趣，将写作教学引向死胡同。每个学生都有自己的鲜活的语言，都有属于自己个性化的表达方式，我们要尊重学生的表达方式，鼓励学生发自内心的真诚、独特的表达。叶圣陶先生曾经说过："我们不能只思索作文的法度、技术等问题，而不去管文字的原料。"巴金先生也认为，文学的最高技巧是无技巧。在日常写作教学过程中，要重在激发学生表达的欲望，进行必要的语言积累，引导学生选择自己感受最深、最熟悉、最感兴趣的内容来写，用属于自己的鲜活语言进行表达，从而让学生易于动笔，乐于表达。

（六）与时俱进，拓宽表达途径

随着"互联网+"时代的到来，人们的生活方式、学习的方式发生了很大改变。人们获取信息的途径更多也更便捷了。"互联网+"不仅给每一个人带来了希望与挑战，也为作文教学改革带来了机遇，指明了方向。对于习作教学，"互联网+"又意味着什么呢？笔者在平时的教学实践中，尝试着将"互联网+"思维与作文教学联系起来，将作文教学与互联网进行资源整合，搭建选材、修改、展示的平台，激发学生写作的热情，将互联网与作文训练的整个过程有机结合，提升了学生的作文水平，取得了显著的效果。

1. 互联网+素材：电子素材库

人们常说："巧妇难为无米之炊。"许多学生在写作文时经常眉头紧锁、抓耳挠腮，苦不堪言。甚至有40%的同学坦言，没有东西可写。帮助学生积累写作素材就显得非常紧迫而重要。

以前，我们教给学生最常见的积累素材的方法就是观察。鲁迅先生曾说过："如要创作，第一须观察。"在平时的教学活动中，要有意识地培养学生的观察能力，做生活的有心人。可以通过多种途径去观察，用眼睛看，用鼻子闻，用耳朵听，用手触摸。还要引导学生按一定顺序去观察，可以先整体后部分，可以先主要后次要，可以按方位顺序，可以集中观察，也可以分散长期观察。

只有这样，才能让作文的"根"深深扎在生活的"土壤"里。

现在，在"互联网+"思维的启发下，我们将学生搜集素材的过程与巧妙结合起来。首先是搭建平台。在学校班级主页中设立专门的电子素材库——"我们的生活"，用来储存学生的生活素材。其次，充实内容。要求学生将每天看到、听到、想到的有价值的内容，上传到"我们的生活"中。我们实行的是实名上传，定期进行评选。根据提供素材的数量和质量，给予相应的奖励。再次，分类呈现。由专门的管理员将学生上传的素材，根据内容进行分门别类，分为记事、写景、状物、活动、想象等五类，设立相应的文件夹进行归类存放，便于学生快速提取和运用。

设立电子素材库，一是可以将学生每天的习作素材及时保存下来，防止遗忘，提高素材搜集的效率。二是方便学生在线提取习作素材。学生每次写作时，只要浏览习作素材库，就可以很方便地找到所需要的素材，再现当时的情景。三是方便教者指导。有了电子素材库，教者对学生素材的主要内容一清二楚，就可以很容易找到指导的重点，有的放矢，提高指导的针对性。

笔者指导《记一次拔河比赛》时，课前先组织学生分小组举行拔河比赛，用数码相机记录下比赛的过程，并把它上传到习作素材库上。上课的时候，让学生登录学校网站，观看比赛录像，让学生重新回到激动人心的比赛现场。此时此刻，学生心中涌起动笔的强烈冲动。经过精练的说议，提示写作的重点，然后放手让学生大胆练笔。很快，一篇篇生动有趣的作文呈现在大家眼前。电子素材库，为学生提取素材提高了极大的便利，受到学生的普遍欢迎。

2. 互联网+点评：在线论坛

习作是写出来的，也是改出来的。俄罗斯文学家陀思妥耶夫斯基说过："作家最大的本领是善于删改。谁善于和有能力删除自己的东西，他就前程远大。"文章在不断的修改中才能得以完善，习作水平也应该在不断修改中得以提高。培养学生修改习作的能力是教学中的一个重要的环节，对提高学生的习作水平有着不可忽视的作用。

以前，我们的习作批改主要以教者为主。教者通过有针对性的点评和概括性的总评，肯定习作的优点，提出努力的方向。尽管教者尽心尽力，学生一般一看了之，甚至还有连看夜不看一眼的。习作的批改失去了应有的作用。

现在，在"互联网+"思维的启发下，将学生习作修改的过程与互联网有机结合起来。我们首先在学校网站开设专门的习作评点在线论坛——"蓓蕾论坛"，使习作修改有一个固定的阵地。然后，由学生将自己原生态的习作通过发帖的形式发布在论坛里，供同伴点评。为了提高学生点评的质量，我们还有意识地利用作文课指导学生修改作文的方法，诸如一篇好文章的标准，在评点的时候可以从主题、选材、语言、结构等方面进行评价，点评要注意以鼓励为主，表述要清楚，注意说话的分寸等。在我们的正确引导下，学生点评的质量总体比较高。当然，作为教者，也要对学生回帖的情况进行跟踪，发现情况及时提醒、纠正。我们也欢迎广大家长对跟帖情况进行监督，协助管理。为了调动学生参与的积极性，我们对学生的点评进行专项评比，按评点的质量评选最佳金点子。许多学生还主动邀请同学给自己的作文多提意见，学生课间经常讨论"蓓蕾论坛"中的作文。现在，正常的习作学生互动跟帖都有 20 多个。学生跟帖的积极性可见一斑。

3. 互联网＋发表：电子作文选

小学生上进心普遍比较强，迫切希望有机会展示自己的学习成果，以期得到别人的认可。因此，我们在习作教学过程中，要创设各种机会，让学生都能展示自己的习作，初步体会成功的喜悦。

以前，学生习作的发表主要以公开发行的作文选和校报校刊为主。虽然发表的渠道也不少，但对学生个体而言，发表的机会仍然偏少。而且，对极个别习作能力偏弱的学生来说，基本没有这样的机会。

为了给学生搭建充分展示自己习作的舞台，在"互联网＋"思维的启发下，我们在学校班级主页专门设立电子作文选版块，用于发表本班学生的习作。教者一般根据各班习作的进度安排，每两周出一期电子作文选。学生先把经过反复修改、达到习作要求的文章发到电子作文选后台，教者作为管理员进行审核把关。符合要求的习作予以通过，对暂时不符合的习作发回重新修改。由于是班级电子作文选，所以发表的面特别广，基本做到了人人发表。为了照顾到学生的不同需求，我们还在电子作文选版块中添加了"我的作文选"栏目，让学生把自己在电子作文选中发表的作文进行修改、编辑、美化，形成电子小报"我的作文选"。让学生也来当一回编辑，体验一下出书的感觉。现在，我们许多同学都有"我的作文选"。

电子作文选的设立，极大地调动了学生习作的积极性。学生发表在电子作文选上的习作质量越来越高。我们及时会从电子作文选中挑选质量较高的学生习作，向相关报刊投稿，以进一步调动学生积极性，展示我校学生的风采。现在，一般每学期都有十多篇学生作文在相关报刊发表。

"互联网+"给我们的作文教学带来了新机遇、新挑战。互联网与作文教学的整合，为学生搭建了选材、修改、展示的平台，实现了动笔有素材、修改有论坛、发表有阵地的预期目标，提高了作文教学的效率。"互联网+"背景下的习作教学，打破了时空的限制，整合了多方面资源，使习作不再成为一种学生的负担，为提高学生作文水平找到了一个行之有效的方法。

（七）优化教材，整合表达资源

苏教版小学语文教材作为课程改革的成果之一，在全国产生了较大影响。苏教版小学语文教材明确提出了"语文姓语"、"小语姓小"、"摒弃繁琐分析，加强语言文字训练"等观点，引导师生集中精力念好"识、写、读、背、作、习"语文教学的"六字经"，帮助学生打好语文基础，促进整体素质全面和谐地发展。苏教版小学语文教材给人最突出的印象是"简"。所谓"简"，即结构简明，内容简约，练习简便。

习作教学，作为教材的"两根柱子"之一，在低年级安排了写话练习，中年级开始进行作文教学。为切实帮助教师搞好作文训练，提高学生作文质量，教材将作文部分编成独立的习作课文，使之成为与阅读训练并峙的一根"柱子"。在实际教学中，正是这读写分离的习作教学安排，给我们的习作教学带来了不便。

1. 苏教版小语教材习作训练的现状分析

苏教版小学语文教材将作文训练列为专门的课文，单立课型，自成体系，与阅读课文双线并进，使读与写既紧密配合，又相对独立。每课作文训练，包括"例文""习作要点讨论"和"作业"三个部分。"例文"文章内容简单，篇幅短小，用儿童语言写儿童生活，水平贴近，与每次训练的要求吻合。"习作要点讨论"是导语式短文，引导学生从"例文"中概括出写此类文章必须掌握的基本要领和规律。"作业"具体提出此次作文训练的命题及要求，与"习作要点讨论"中提示的内容衔接对应。

但这样安排，客观上造成了事实上的读写分离。学生所学单元主题内容，与习作内容没有对应关系。以下是苏教版五年级教材单元主题与习作内容的汇总表：

苏教版五年级上册			苏教版五年级下册		
单元序号	单元主题	习作内容	单元序号	单元主题	习作内容
1	园丁之歌	我的老师	1	春光无限	观察自然现象
2	自然的奥秘	写一种动物	2	科技之光	修改《拔河》
3	故事集锦	秋天的树叶	3	有志竟成	新闻报道
4	无私奉献	说说心里话	4	世界各地	学写游记
5	祖国各地	一件亲身经历的事	5	亲情依依	我身边的小能人
6	百折不挠	看图续编故事	6	八一壮歌	我最崇拜的人
7	走进名著	写自己的体验或感受	7	人与自然	月夜遐思

（1）背离学习规律。从上表所列内容可以很清楚地看出，苏教版教材的单元主题与习作内容不是一一对应，而是自成体系。从学生学习的角度来看，这样安排没有遵循学生的语文学习规律。

我们知道，学生通过单元课文的学习，不仅了解了课文内容，受到情感的陶冶，而且习得了表达的方法。我们在初读课文的时候，需要引导学生理清课文表达的顺序；在研读重点语句时需要引导学生揣摩表达的方式；在总结课文时需要引导学生学习表达的特色。所有这些，都为学生进行表达技能的迁移打下了基础。我们经常说的"课内得法，课外得益"就是这个意思。因此，许多教材在安排习作训练时，大多采用了单元主题与习作内容前后对应的方式，便于学生进行方法的迁移与运用，降低运用的难度，减缓运用的坡度，实现读写的有效衔接。

（2）降低教学效率。在实际教学过程中，单元主题与习作内容不一一对应，也给我们的教学带来了不便。因为习作训练的许多方法，我们不能在单元课文的学习中进行方法的铺垫，需要单独安排教学环节来实施，客观上使整个学习拖沓、重复。而且，我们在课文学习过程中习得的许多表达方法得不到及时的训练、运用，也不能及时形成表达技能，给实际教学带来了不便。

2.苏教版小语教材习作训练的优化策略

既然苏教版小语教材习作训练安排不尽合理，不利于读写技能的迁移，也给实际教学带来不便，那么该如何进行优化呢？

（1）实现读写迁移。我们知道，在语文学习过程中，阅读和习作关系密切，可以说，读是写的基础，写是读的继续；读是吸收，写是表达。而且，读、写训练是提高语文课堂教学效率的基本途径，是提高学生语文水平最有效的方法。读写迁移也是我国语文教学的传统方法。阅读教学与作文教学是相互联系，融会贯通的。习作教学必须和阅读教学密切配合，以"读"为本，以"练"为主，做到讲练结合，读写结合，才能提高习作教学的实效。

纵观小学语文教材中的课文，都是编者精心挑选的，语句优美，行文流畅，内容活泼，思想健康，结构严谨，图文并茂，可读性和欣赏性较强，在语言文字方面加大了训练的力度，在学习方法上架设了坡度，可以说每一篇堪称经典，是进行读写迁移训练非常拿手的"范例"。我们在实际教学过程中，要把课文学习和习作训练有机结合，实现方法上的无缝衔接，真正做到阅读课文学得方法，习作训练运用方法。在阅读和习作之间架起一座畅通的迁移桥梁。我们可以根据单元课文的特点，有侧重地安排习作训练内容，使课文成为习作的范文。在具体安排时，可以是内容的相似，也可以是方法的迁移。总之，通过单元主题与习作内容的一一对应，实现读写的衔接，方法的迁移，切实提高习作教学的实效。

以下是我们根据苏教版五年级教材单元主题内容对习作内容进行读写优化的情况：

苏教版五年级上册			苏教版五年级下册		
单元序号	单元主题	习作内容	单元序号	单元主题	习作内容
1	园丁之歌	我的老师	1	春光无限	观察自然现象
2	自然的奥秘	写一种动物	2	科技之光	我的小发明
3	故事集锦	看图续编故事	3	有志竟成	我身边的小能人
4	无私奉献	我们班的＿＿	4	世界各地	学写游记
5	祖国各地	介绍家乡一处名胜	5	亲情依依	我有一个＿＿的妈妈（爸爸）
6	百折不挠	我最崇拜的一个人	6	八一壮歌	给远方军人的一封信
7	走进名著	读名著有感	7	人与自然	月夜遐思

（2）贴近学生生活。我们知道，习作教学一直是小语教学中的薄弱环节。其中一个很重要的原因，就是习作内容远离学生生活，学生处于一种"被写作"的状态。长此以往，学生对习作的兴趣就逐步淡化，难怪不少学生一提起习作，就面露难色，抓耳挠腮，苦不堪言。

因此，我们在进行习作训练的优化时，要从学生的生活环境入手，从学生熟悉的生活选材，打通习作与生活的藩篱，使习作内容贴近学生生活，使习作训练成为学生表达的需要。像苏教版五年级上册第五单元介绍的是黄山奇松、黄果树瀑布、莫高窟等祖国各地风景名胜，我们根据地方特色，设计了介绍家乡一处名胜的习作。苏教版五年级下册第五单元《爱如茉莉》《月光启蒙》等课文讲的是有关亲情的内容，我们从学生的生活实际出发，设计了《我有一个＿＿＿＿的妈妈（爸爸）》的习作训练。以上习作训练的优化，更加贴近学生生活实际，便于选材，学生比较感兴趣，实现了内容和方法的自然衔接。

（3）形成训练序列。我们知道，现在的多数小语教材，都是将阅读教材和作文教材编在一起的综合型教材，意在加强读写结合。但是，更多的是由于要照顾课文内容，习作训练受到一定的束缚，出现了习作训练散而无序的现象。大家都知道，现在我国小学生作文的通病是内容空洞、语言干瘪。原因就在于目前多数教材片面强调阅读是基础，要求学生"读什么，写什么"，用阅读训练的序列代替作文训练的序列。实际上，阅读能力和作文能力的形成都有自己的客观规律。同阅读一样，作文也要分若干个训练项目，由易到难，从简到繁，依次进行训练。而且任何一种能力都必须经过反复实践才能形成，作文的每一个单项训练也必须一次多篇，多次反复。

因此，我们在进行习作训练的优化时，要从习作训练自身的规律出发，在整合单元课文的同时，形成习作训练的序列，科学提高学生的习作能力。低中高年级要形成序列，每册教材也要形成序列。就每册教材而言，要注意内容兼顾，写人、记事、写景、状物都要兼顾；要注意写法递进，词语、句子、段落，开头、中间、结尾，片段、全篇，外貌、动作、神态、心理描写……这些都要自成序列。当然，每册教材要有所侧重，不能追求大而全，不可能一下子解决所有问题。像上例，我们对苏教版五年级教材进行习作优化时，就统筹考虑了文体、内容、写法等方面，力求形成整册教材训练的序列。文体方面，有记叙文、应用文；内容方面，既贴近单元主题，又贴近学生生活；写法方面，从选材、描写、谋篇布局等方面进行系列训练。

当然，苏教版小语教材习作训练的优化策略还有很多。只要我们一切从教材和学生的实际出发，遵循习作训练的规律，就一定能找到更多更好地习作训练的优化策略，切实提高学生的表达能力。

三、指向表达的口语交际策略

口语交际能力是现代公民的必备能力。从语言交际能力发展的规律来看，口语交际是儿童形成和发展语言交际能力的第一步，也是开发儿童智力的重要方式。教育心理学工作者的有关调查表明，在人们的日常交际过程中，听占45%，说占30%（读占16%，写占9%）。75%的比例，显示出了口语交际的重要地位和重要意义。随着课改的深入推进，口语交际教学受到越来越多的重视，不仅每单元专门安排口语交际训练，而且在课堂教学过程中也随机进行口语交际练习。口语交际训练正逐步向多层次、宽领域、常态化推进，成为培养学生表达能力的重要途径。下面笔者从口语交际教学的流程入手，具体分析教学策略和存在误区，力求提炼出指向表达的口语交际课的最佳路径与操作方法，切实提高口语交际教学的效率。

（一）精心准备，积累表达素材

长期以来，受应试教育的影响，口语交际一直轻视预习，课前不让学生精心准备，课上让学生仓促上阵，学生往往词不达意，造成口语交际训练的虚化。训练目标落了空，训练流于形式。要想真正提高口语交际的训练效率，口语交际也要做好预习工作。笔者在平时的实践中，主要从以下两方面引导学生做好预习工作。

1. 围绕主题搜集资料

要想真正提高口语交际的效率，课前一定要引导学生围绕口语交际的主题大量搜集资料。这样才能保证学生在课堂上有话可说。搜集资料的途径是多方面的，可以查阅书籍资料，可以登录网站搜索，可以走访有关人士，也可以实地考察。资料的形式也很多，可以是资料摘抄，可以是谈话录音，也可以是录像资料。笔者为了调动学生搜集资料的积极性，根据学生搜集资料的数量和质量，分别给予加星，真正达到提升综合素养的目的。

2. 确定话题编列提纲

光拥有了翔实的资料还不够，还要帮助学生整理资料，确保学生有话能说，确定话题编列提纲不失为一个行之有效的办法。在学生广泛搜集资料的基础上，笔者要求学生根据这些资料，拟订一个交际话题。要求角度要小，不要面面俱到。在确定话题的基础上，编列交际提纲。提纲挈领地写出发言的过程。为了把口语交际引向深入，笔者还要求每位学生换位思考，准备接受其他学生的提问。同时还要围绕主题准备几个有价值的问题，这样才能保证参与的深度，保证交际的质量。在交际时，笔者通过评选最佳交际能手、最有价值的问题等激励措施，充分调动学生参与的热情。

预习是一种良好的学习习惯。它培养了学生自学习惯和自学能力，有效提高了学生独立思考问题的能力。对于口语交际课而言，有了精心的预习准备，口语交际训练就能有话可说，逐步做到有深度、有效度，从而不断提高学生的口语交际能力。

（二）创设情境，激发表达欲望

所谓教学情境，就是指教师在教学过程中创设的情感氛围。在口语交际过程中，好的教学情境可以调动学生表达的兴趣，激发表达的欲望，为口语交际创设浓浓的表达氛围。

一位老师执教口语交际《我来说一说》。在学习过程中，教者紧扣文本，先是指名读题，了解说话内容；接着到归纳话题，分小组练习说话；最后再全班交流。表面上看，教学思路清晰，学生主体突出。但笔者发现，学生交流的题材狭窄，篇幅短小，台上台下基本没有形成互动。细一推敲，原来在交际过程中，教者没有注意创设情境，发挥引领作用，把主动权完全交给了学生。实际上，要想使口语交际取得实效，更要注意创设情境。创设口语交际情境，可以从以下三方面入手：

1. 描绘语言情境

创设交际情境最常见、最直接的方法是教师运用形象的语言描述情境。教师通过自己声情并茂的描述，把学生带到特定的情境之中，激起学生说话的热情，为学生打开了话匣子。

一次，我们进行"推荐一本书"的口语交际训练，训练之前，通过自己的语言的描述，把学生带到特定的品书情境之中。具体内容如下：同学们，唐代大诗人杜甫曾经说过："读书破万卷，下笔如有神。"瞧，读书的作用真大啊！德国大诗人歌德说过，读一本好书，就是和许多高尚的人谈话。你曾和哪些高尚的人交谈过？培根认为，读书能给人以乐趣，给人以光彩，给人以才干。莎士比亚提醒我们，书籍是全人类的营养品。我相信，热爱知识的人，一定喜欢书；追求进步的人，一定喜欢书；热爱生命的人，也一定喜欢书。正如高尔基所说：我扑在书上，就像饥饿的人扑在面包上。亲爱的同学们，你也一定喜欢读书吧！请把你最喜欢读的一本书推荐给大家，和大家一起分享这道精神大餐吧！教师声情并茂的描述，拉近了学生和书籍的距离，激起了学生说话的热情，为后面的口语交际做了很好的准备。

2. 再现生活情境

我们知道，口语交际的话题大多来自于学生的日常生活，和生活息息相关。再现生活情境，可以很好地帮助学生回忆，把学生带回到曾经有过的经历中。

苏教版五年级（下册）练习3口语交际的话题是"班上有同学过生日，同学们要不要送礼物"。在进行这个训练之前，我首先对近期过生日的同学进行统计。然后以其中的一个同学为例，再现生活情境。"告诉大家一个好消息，我们班上的××同学要过生日啦！我想利用班会时间给她开一个生日庆祝会。"几个要好的同学一听，立即提议给她送些礼物。不少同学表示反对。我把意见相左的同学分为正反两方，拟定发言的提纲，并准备其他同学的提问。因为内容来自身边的人和事，又把当时的生活情境再现了出来，同学们兴趣盎然，后面的精彩可想而知。

3. 创设想象情境

有些话题是引导学生畅想未来，此时，可以帮助学生创设想象情境，让学生借助情境展开想象的翅膀，到理想的王国里遨游。

苏教版五年级（下册）练习2口语交际的话题是"畅想未来"。在课前预设时，我觉得话题太大，又远离学生生活，学生不大好把握。于是，我从学习的教室入手，帮助大家创设想象情境。上课开始，我首先让大家给我们的教室提意见。大家先是一愣，东张张西望望。我进一步启发大家："学校准备建设一个现代化的教室，不知同学们对未来的教室有什么要求？"大家都被我这个"伟大"的计划吸引了。有的说未来的教室要从各个角度采光，有的说未来的教室上下位要方便，还有的说未来的教室要能与老师随时交流。见大家兴趣正浓，我让大家以其中的一个方面具体介绍，并接受大家的质疑。同学们进入了情境，打开了话匣子，各种奇思妙想层出不穷，创造的潜能得到充分挖掘。

（三）加强互动，丰富表达形式

说话，就是用语言表述意思。一般情况下，对说话的双方来说，常常是一方在用语言表述自己想到的东西，另一方在则在认真地倾听。说话在多数情况下常常表现为信息的单向传输。而口语交际是在特定环境里产生的言语活动。口语交际的核心是"交际"。交际，顾名思义，应该是一种双向互动的交往过程。《语文课程标准》指出，口语交际是听与说的互动过程。它不是听和说的简单相加，着重强调信息的往来交流。参与口语交际的人，不仅要认真倾听，还要适时接话，谈谈自己的意见和想法。这样，在双向互动中实现信息的沟通和交流。

口语交际能力是语文素养中不可缺少的重要内容。从语言交际能力发展的规律来看，口语交际是儿童形成和发展语言交际能力的第一步，也是开发儿童智力的重要方式。教育心理学工作者的有关调查表明，在人们的日常交际过程中，听说占75%，充分显示出口语交际的重要地位和重要意义。口语交际也是小学语文教学的一项重要内容。课程标准中"学段目标与内容"从识字与写字、阅读、写作和口语交际四个方面提出了具体要求，明确指出：口语交际能力是现代公民必备能力。应培养学生倾听、表达和应对的能力，使学生具有文明和谐地进行人际交流的素养。随着课改的深入推进，口语交际教学受到越来越多的重视。不仅教材每单元专门安排口语交际训练，而且在课堂教学过程中也随机进行口语交际练习。口语交际训练正逐步向多层次、宽领域、常态化推进。

口语交际课这种课型，决定了它不仅是少数学生展示口头表达能力的舞台，更是培养学生口语交际能力的平台。一位老师执教口语交际课《七嘴八舌话环保》。由于学生准备充分，大部分都写了发言稿，学生上台发言踊跃。从居住的小区，说到附近的河流，以及校园的环境，内容全面，条理清楚。台下的听众听得也非常认真。老师俨然成了主持人。课上得十分顺利，不时响起热烈的掌声。笔者不禁纳闷：这样的教学过程台上发言的学生一直在唱"独角戏"，有的只是信息的单向传输，没有实现信息的双向互动，充其量算作一节"说话"课。由此看来，在口语交际课上提高学生的互动能力，实现台上台下双向互动，就显得非常重要。那么，在口语交际课上，如何提高学生的互动能力，让学生从"说话"走向"交际"呢？

1. 创设情境，引发互动

李吉林老师曾说："言语的发源地是具体的情境，在一定的情境中产生语言的动机，提供语言的材料，从而促进语言的发展。"口语交际就是一个信息发出者通过口头语言将某个信息传递给特定的人，以达到预期效果的过程。口语交际是在特定的环境里产生的言语活动，离开了"特定的环境"，这种言语交际活动就无法进行。因此，在进行口语交际教学时，我们要善于凭借教材，因时、因地、因人制宜，创设生动有趣、符合学生心理、年龄特征的情境，引发学生交际的欲望。只有这样，学生的情绪才会变得高涨起来，学生学习口语交际的主动性才会被激发出来，学习的动力就会增加或持续。他们就会带着情感，怀着浓厚的兴趣，走进交际情景进一步体验，在情境中练习，在情境中发展。

一位老师执教苏教版五年级（上册）《设计一条公益用语》口语交际课时，教师利用多媒体课件，播放阅览室、教室、餐厅的画面，多数学生在认真阅读、写作业、就餐，个别学生在大声喧哗，排队插队，教者适时抛出问题：如果你就在现场，该怎样提醒这些学生？学生被多媒体课件创设的情境深深吸引，分小组进行了热烈讨论，给这些不讲公德的学生友情提醒。台上台下互动频繁，气氛活跃。

当然，创设情境的方法很多。语文课上最常见、最直接的方法是教师运用形象的语言描述情境。教师借助课文语言，通过自己声情并茂的描述，把学生带到特定的情境之中，激起学生口语交际的热情。创设情境，引发学生互动的兴趣，使学生身在其中，主动、自觉地进行口语交际。

2. 联系生活，触发互动

生活是多姿多彩的，也是学生最熟悉的环境。语文学习的外延和生活的外延是相等的。只有打通口语交际和生活的界限，让学生联系生活实际进行口语交际，学生才能有话可说，有参与的冲动。教师通过联系实际生活，拓展时空，再现多姿多彩的生活，引导学生以独具个性的心灵去体味感悟生活，可以激发学生的交际兴趣，触发他们的灵感，使他们产生互动的冲动，不吐不快。

一位老师执教苏教版五年级（上册）《健康小顾问》口语交际课时，从学生的日常生活出发，采用"实话实说"的形式，出示了这样两个话题："在平时的日常生活中，你发现在你周围的人有哪些不良的生活习惯？""在平时的日常生活中，你养成了哪些良好的生活习惯？"由于这样的话题贴近学生生活，生活中熟悉的场面就会浮现在眼前。许多学生在交流时，还当场进行现场调查，根据调查的情况提醒注意的事项，台上交流有理有据，台下参与积极主动。联系生活，让学生找到了互动的切入点。

当然，我们联系生活一定要从大多数学生的实际出发，不能一味拘泥于教学内容。一位老师执教苏教版三年级（上册）《学会求救》口语交际课时，让学生进行情境表演，模拟发生火灾、落水、中毒等意外事件，然后自己如何进行求救的。应该说，教者根据教材内容安排口语交际内容，本身并没有错。因为教材是学生语文学习的主要凭借，我们的语文学习应该围绕教材来展开。叶圣陶先生曾经说过："语文教材无非是个例子，凭这个例子要使学生能够举一反三……"可见，我们遵循教材，但也不能生搬硬套。火灾、落水、中毒等意外事件在学生日常生活中并不常见，学生很不熟悉。虽然教者注意运用学生喜欢的表演方式，把学生带入交际情境，但由于交际内容本身远离学生生活，很难激起学生参与的热情。情境与生活严重脱节，再巧妙的方式，也难以达到预期的效果。

3. 评价激励，激发互动

要想使口语交际不唱"独角戏"，除了创设情境、联系生活，评价激励也要跟上，才能确保互动的持续、深入。我们在反复调研的基础上，从学生口语交际的过程、要求入手，探究进行小学生互动能力评价的基本要素。我们从实际情况出发，从三个方面提出了明确要求，即参与兴趣、互动态度、表达能力。参与兴趣要求对交际有兴趣，乐于与他人交际；在交流中积极主动地发表见解。互动态度要求感情充沛，能吸引交际对象；有礼貌，能文明地与他人进行交流；态度自然大方，体态语运用恰当。表达能力要求有积极主动参与的意识；敢于发表自己的见解，不人云亦云；互动围绕主题，有针对性；能虚心地向别人请教，尊重他人。只有这三方面都兼顾了，才能说学生互动能力提高了。为此，我们从这三方面入手对学生的互动能力进行评价，并制定了小学生口头表达能力评价量表。具体评价内容如下：

评价要素	评价标准	评价等级		
		★★★	★★	★
参与兴趣	1. 对交际有兴趣，乐于与他人交际。			
	2. 在交流中积极主动地发表见解。			
互动态度	1. 感情充沛，能吸引交际对象。			
	2. 有礼貌，能文明地与他人进行交流。			
	3. 态度自然大方，体态语运用恰当。			
表达能力	1. 有积极主动参与的意识。			
	2. 敢于发表自己的见解，不人云亦云。			
	3. 互动围绕主题，有针对性。			
	4. 能虚心地向别人请教，尊重他人。			

当然，对于学生互动能力的评价，可谓仁者见仁，智者见智。评价的维度不同，侧重点不一样，得出的结果就可能截然不同。我们以上评价量表，只是通过学生互动能力的微观解剖，努力从微观层面找到提高互动能力的一些基本要素，以期在定性与定量相结合的评价中，发挥评价的导向功能，切实提高学生的互动能力，为提高学生的口语交际能力打下更加坚实的基础。在进行评价时，我们还结合评价量表，进行一些单项评比，如评选最佳交际能手、最有价值的问题等，以充分激发学生互动的兴趣。

（四）转化语言，提升表达能力

口头表达能力是现代公民的必备能力。培养和提高学生的口头表达能力，是语文教学的一项重要任务。以前教师往往只重视对学生"写"能力的培养，而常常忽视对学生"说"能力的训练。其实，口头语言比书面语言，起着更直接、更广泛的交际作用。现代社会的发展，对人们口头表达能力，也提出了越来越高的要求。当前现代科学正向着电脑化、信息化的方面发展，而信息的输入、传递，最直接、最迅速、最方便的方式，莫过于有声语言。现代通讯、人机对话等方面，要求人们把话说得准确、简明、达意，那种含糊其词，佶屈聱牙的口语表达，又如何能适应形势的发展呢？

目前世界上许多先进国家都非常重视对学生说话能力的培养。在美国，从小学到中学，听说训练始终是语文教学中的一项重要内容。在日本，听说能力的培养写进教学大纲，作为语文教学必须完成的任务。在德国，语文教学除了通过教科书的讲授和练习，让学生掌握德语书面语和口语外，还专门编写了一些说话训练的辅助教材。可见重视培养学生的口语能力，在国际上是大势所趋，势在必行。那么，如何有效地实现书面表达向口头表达的转化呢？笔者近年来进行的《小学语文发展性评价研究》课题，对书面表达向口头表达的转化策略做了一些有益的探索，具体阐述如下：

1. 从转化的显性环节入手，引导学生复述课文

实现书面表达向口头表达的转化，首先要从学生学习的载体——显性的课文入手。引导学生学习课文上面规范的表达方式，并逐步内化为自己的口头语言。我们知道，入选教材的课文大都是文质兼美的名家名篇，经过编者的精心挑选，经过时间的检验，是学生进行语言积累、内化的有效载体。如何实现基于教材的书面表达向口头表达的转化呢？对课文内容进行复述是一条有效的途径。

小学生复述能力是小学生听说能力的重要组成部分。学生通过复述课文，既深化了对课文内容的理解，又训练了口头表达能力，是一种行之有效的书面表达向口头表达的转化策略。笔者最近却发现，部分学生在复述课文时，降低要求，原文照宣，复述成了背诵课文的翻版。失去了书面表达向口头表达转化的价值，走向了形式主义。在平时的教学实践中，我们可以采取规定时间的方式引导学生复述。把学生复述课文的时间限定在规定的时间之内，一般控制在 2 到 3 分钟。这样做，能逼迫学生重新审视文本，对文本内容进行加工改造，把文本内容内化为自己的东西，实现书面表达向口头表达的转化。我们也可以采取限定内容的方式引导学生复述。要求学生一定抓住课文主要内容进行复述。学生可以采取"删""补"的方法来选择内容。"删"是指删去不必要的交待性语言、和课文中心联系不紧密的内容，使学生的复述内容精要、语言简洁，复述的重点更突出。"补"即补白，是指学生根据课文内容，对课文内容的留白处展开合理的想象，进行恰当的补白，使主要内容更具体，中心更突出。这样可以促使学生对课文内容进行必要的取舍，用自己的口头语言进行概括，实现书面表达向口头表达的转化。

2. 从转化的隐形环节入手，引导学生情境会话

实现书面表达向口头表达的转化，还要注意创设一些转化的情境——隐形的会话情境，引导学生借鉴课文上面规范的表达方式，在具体的情境中模仿进行口头表达。

教育家乌申斯基说过，儿童是用形象、声音、色彩和感觉思维的。要想实现书面表达向口头表达的有效转化，一定要创设语文化会话情境，帮助学生创设进行口头表达的"场"。变"要我说"为"我要说"，从而切实提高转化的实效。在平时的教学中，我们可以采用语言描绘情境。教师借助课文语言，通过自己声情并茂的描述，把学生带到特定的情境之中，缩短学生和文本的距离，激起学生会话的热情。还可以采用联系生活再现情境。语文学习的外延和生活的外延是相等的。只有打通课文和生活的界限，让学生借助生活进行会话，在运用语言中品味生活，才能真正感悟到语文的真谛，真正实现立体化、全方位的语言转化。

3.从转化的操作环节入手，引导学生生活作文

实现书面表达向口头表达的转化，除了上述显性、隐形的环节之外，让学生在具体的操作——作文写作，尤其是在生活作文的创作中实现书面的规范化、口头表达的形象化。

我们知道，长期以来，小学作文教学一直被限制在"师授作文"的狭小天地中：题目由老师指定，"写什么"不能逾越老师划定的范围；"怎么写"必须遵循教师指定的几种模式。其结果，学生作文大都内容相近，写法相似，失去了应有的儿童生活气息，抑制了学生个性的发展。

叶圣陶先生曾经提出，要使学生觉得作文是生活的一部分，是一种发展，是一种享受。要写出诚实的，自己的话，空口念着没用的，应该去寻到它的源头，有了源头才会不息地倾注出真实的水平。在平时的作文教学中，笔者从学生的生活入手，通过开展形式多样的活动，帮助学生积累、交流作文素材，从口头作文入手，力图破解小学生作文内容空洞、言之无物的困局，巧妙实现书面表达与口头表达的有机融合，从让转化的操作环节入手，实现书面表达向口头表达的转化。

（1）新闻发布会。为了帮助学生及时收集写作的素材，使作文内容新鲜有趣，具有时代性，近几年来，笔者引导学生借助每天晨会课这个平台，举行每天一次的新闻发布会，以口头作文的形式，着重介绍前一天发生在身边的故事。为使更多的学生可以发布，时间一般不超过一分钟。可以是亲身经历的，也可以是听别人介绍的，可以是发生在校园的，也可以是发生在校外的，总之，只要是你认为有意义、有价值、值得介绍的事情都可以在新闻发布会上发布。新闻发布会极大地调动了学生收集写作素材的积极性，许多学生还养成了记日记的好习惯。

（2）情感交流台。新闻发布会给学生打开了通向生活的直通车，但许多学生觉得还不过瘾，他们觉得有些事情印象太深刻，情节太有趣，可新闻发布会时间有限。为给学生充分倾吐的空间，让他们一吐为快，笔者特地在每周的周记交流课上设立情感交流台。让学生把一周来发生的事情进行梳理，选择一件印象深刻、受到启发或者令人感动的事情，在情感交流台向大家介绍，要求讲清楚事情发生的经过和自己的感受。为了能在情感交流台交流，许多学生事先还把要交流的事情写下来，向老师推荐。看到大家这么积极，为给每位同学平等的机会，笔者在让学生上讲台交流之前先分小组交流，然后由每小组推荐代表上台交流，既照顾到大家的积极性，又提高了交流的质量，使每位同学都得到锻炼。

（3）生活演艺场。每次作文之前，笔者都让学生回忆新闻发布会和情感交流台的内容，引导学生学会选材，有学生提议："老师，我们能不能把这些事情再演一演？"笔者眼前一亮，多好的主意呀！通过再现生活场景，不仅可以强化学生的印象，还可以培养学生表演能力，实现书面表达与口头表达的同步提升，提高综合素养，可谓一举多得。于是，每次作文之初，在简要的交流之后，笔者专门设立生活演艺场，让学生自由组合，把身边发生的有趣或有意义的事情表演出来。学生的积极性、创造性一下子被调动起来，课堂上不时传来阵阵笑声。可想而知，在轻松活跃的生活演艺之后，学生的综合表达能力得到不断提升。

（4）奇思妙想屋。21世纪的学生知识面宽，善于想象，我们何不给学生搭建一个平台，让他们释放想象的能量，展示想象的智慧？从上学期开始，笔者在"学习园地"上特地开设"奇思妙想屋"专栏，引导学生把自己的想象写下来，粘贴在"奇思妙想屋"专栏里，和大家分享。可以是一句话，一幅图，一篇文章。只要是自己的奇思妙想，都可以尽情展示。一个月后，组织学生参观奇思妙想屋，小作者当讲解员，简要介绍自己的想象内容，实现书面表达与口头表达的有机转化。奇思妙想屋的创意，学生想象的潜能被充分激发出来，创新才能得到了充分施展，现场解说把书面表达转化为口头表达，实现了学生综合能力的全面提升。

4. 从转化的评价环节入手，引导学生学会评价

实现书面表达向口头表达的转化，还要注意从转化的评价环节入手，帮助学生了解口头表达的标价标准，明确努力方向，切实提高学生的口头表达能力。

近年来，我们在反复调研的基础上，从学生口语交际的过程、要求入手，探究进行评价小学生口头表达能力的基本要素，力求构建小学生口头表达能力发展性评价的理论体系。我们从实际情况出发，从四个方面提出了明确要求，即语音、词汇、语言规范，语气、语调、语速适宜，层次、指向重点清楚，表情、体态语言恰当。只有这四方面都兼顾了，才能说学生口头表达能力提高了。为此，我们从这四方面入手对学生的口头表达能力进行评价，并制定了小学生口头表达能力评价量表。具体评价内容将在第四章中专题介绍。

为了激发学生表达的兴趣，在反复调研的基础上，我们提出了对学生口头表达能力进行星级评定的方法。把学生口头表达能力按语音、词汇、语言规范，语气、语调、语速适宜，层次、指向重点清楚，表情、体态语言恰当等指标要求分为三个星级，进行星级等级评定，极大地调动了学生口语交际的积极性。

（五）口语交际教学中指向表达的常见误区

口语交际能力是现代公民的必备能力。随着课改的深入推进，口语交际教学受到越来越多的重视。当同时也发现，在平时的口语交际教学过程中，由于交际的主体没有真正转换到位，教者对口语交际的看法存在一些误区，应该引起我们的高度重视。下面以口语交际课《学会赞美》为例具体说明。

误区一：重情境轻表达

我们知道，提高口语交际实效，需要一定的交际教学情境，以引起学生兴趣，吸引学生的注意力，激发学生的热情，只有这样才能使学生很自然地参与到口语交际过程中去。当然，创设交际教学情境的方法很多，可以语言描述，可以出示图片、播放视频，也可以现场模拟。但笔者在《学会赞美》一课中却发现，教者非常注重交际教学情境的创设，而对学生的口语表达反而显得不够重视。

在《学会赞美》的教学过程中，教者预设了三个教学情境：同学玩魔尺、妈妈做菜、邻居奶奶跳广场舞。固然，这三个情境可谓精心挑选，很有代表性，

体现了从身边的同学、妈妈向周围邻居的扩散，范围由小到大，由身边走向社会。在情境创设的方法上也有变化，同学玩魔尺是现场展示，妈妈做菜用图片，邻居奶奶跳广场舞播放视频片段。因为这三个情境都很贴近学生生活，学生都比较感兴趣。但笔者发现，教者十分注重情境的出示，而学生在情境中口语表达的情况却没有及时关注。学生说的没有针对性、层次性，形式单一，内容空洞。笔者在不少口语交际课上发现类似情况。我们一定要清楚，情境创设实际上是为口语交际服务的，情境创设是形式、手段，口语交际才是内容、实质，切不可本末倒置。作为教者，要围绕情境内容，以情境内容为切入点，激发学生交际的欲望，鼓励学生多层次地深入进行交际，引导学生在口语交际中学会交际，切实提高口语表达能力。

误区二：重指导轻实践

我们知道，学生口语交际能力的培养，离不开教师的有效指导。正是教师有计划、循序渐进的有效指导，不断激发学生交际的欲望，夯实学生口语交际的基础，提升口语表达能力。我们可以从口语交际的内容和形式两个方面，帮助学生掌握"说什么"和"怎么说"的基本内涵，明确口语交际能力的评价要素，提高口语交际的可操作性。但是，笔者在《学会赞美》一课中却发现，教者非常重视口语交际的方法指导，而对学生具体的口语训练反而显得不够重视。

在《学会赞美》的教学过程中，教者结合预设的同学玩魔尺、妈妈做菜、邻居奶奶跳广场舞这三个教学情境，引导学生归纳、提炼口语交际的方法，丰富交际内涵，力求科学进行口语交际训练。在同学玩魔尺情境中，引导学生从花样多、注意力集中、毫不气馁等方面，发现这位同学的优点，这是从内容层面指导方法。在妈妈做菜情境中，引导学生用语言、竖大拇指、抱抱妈妈等不同方法夸夸妈妈，这是从方式层面指导方法。在邻居奶奶跳广场舞情境中，引导学生注意选择跳广场舞的动作、精神状态等内容具体夸夸奶奶，不要夸大其词，语言要得体，这是从语言层面指导方法。纵观这节课，教者在指导方面可以说精心设计，层次清楚，逐步推进，可谓匠心独运。但我们也发现，教者在这三个教学情境中，不断引导学生归纳交际方法，却不让学生现学现用，及时进行巩固运用，整个交际的过程成了剃头挑子———头热。结果，把"口语交际"课上成了"口语分析"课，学生在课堂上可能得益很多，但一走出课堂，这些系统的口语交际方法，还留下多少呢？诚然，重视方法指导本身无可厚非，但口语交际能力的培养主要靠具体的交际实践，也就是我们常说的"要在交际中学交际"。不能把口语交际课上成纯粹的技术指导课。在口语交际过程中，教者要引导学生放开来说，在实践中发现问题，有针对性地进行指导，提高指导的实效。

误区三：重引说轻互动

我们知道，口语交际是以听说能力为核心，包括交往能力在内的一种综合能力。可以说，口语交际的核心是"交际"二字，注重的是人与人的交流和沟通。课程标准明确指出：口语交际是听与说双方的互动过程。只有交际的双方处于互动的状态，才是真正意义上的口语交际。可以说，双向互动性是口语交际的一个重要特征。口语交际的过程，是面对面你来我往的信息交流，是双向互动式的动态语言实践。要培养学生的口语交际能力，必须创造条件使学生由单向个体转化为不同的双向组合，并在双向互动中进行动态的口语交际训练。但是目前的口语交际教学经常出现低效、无效甚至虚假的互动，应该得到及时纠正。

在《学会赞美》的教学过程中，教者结合预设的同学玩魔尺、妈妈做菜、邻居奶奶跳广场舞这三个教学情境，着力引导学生进行表达，提高学生"说"的能力。在同学玩魔尺这个情境中，在学生仔细观察的基础上，教者及时启发学生："你准备怎样夸夸这位同学？"很快，大家从玩魔尺的过程中，发现这位同学注意力集中，失败了也毫不气馁，魔尺玩的花样多。但是，我们也发现，教者在让学生夸的过程中，大多停留在"怎么夸"的层面，没有形成互相之间的对答互动。也就是说，口语交际成了教者的引说过程，是单向的信息输出，没有形成你来我往的信息交流。在后面的两个情境中，妈妈做菜环节引导学生夸妈妈，邻居奶奶跳广场舞引导学生夸邻居奶奶，侧重点仍然放在引说上面。可以说，这样单向的口语交际是低层次的，当然也是低效的。严格意义上，这样的训练只能算是说话训练，还不能算是真正的口语交际。我们在口语交际过程中，既要注意教者的引说，充分发挥教者的主导作用，更要把交际的时间还给学生，让学生在具体的交际情境中进行听与说双向互动，切实提高学生的口语交际能力。

当然，口语交际能力作为现代公民必备的一种能力，已经受到越来越多的重视。只要我们准确把握口语交际的特点，正确处理情境与表达、指导与实践、引说与互动的关系，贴近学生的生活，注意激发兴趣，有效进行互动，就一定能走出口语交际的误区，找到更多的口语交际实施策略，切实提高学生的口语交际能力。

第四章　指向表达的评价与实施

第一节　指向表达的评价内容

一、指向表达教学评价的基本意义

江苏省教科院原院长杨九俊先生曾经指出，在课程改革推进的进程中，"热点问题很多，焦点只有一个，就是考试评价制度怎么改革。如果说有什么以不变应万变的方法，那就是切切实实抓好课堂教学。但这同样有个怎样突破课堂教学评价这个'瓶颈'的问题"。杨九俊先生的论述深刻地道出了当前语文课程改革的热点、焦点与难点问题，揭示了当前语文课改的难点和关键仍然是课堂教学评价。

所谓教学评价，是依据教学目标对教学过程及结果进行价值判断并为教学决策服务的活动。一般包括对教学过程中教师、学生、教学内容、教学方法手段、教学环境、教学管理诸因素的评价，但主要是对学生学习效果的评价和教师教学工作过程的评价。课程标准指出，语文课程评价的根本目的是为了促进学生学习，改进教师教学。应充分发挥语文课程评价的多种功能，恰当运用多种评价方式，注意评价主体的多元与互动，突出语文课程评价的整体性和综合性。

应该说，近年来教学评价已经得到越来越多的重视，大家已经意识到评价重要的导向作用，但大多数浅尝辄止，望而却步，基本上还停留在浅表探索层面。主要表现在：评价目的片面，评价标准笼统；评价方式单一，重结果轻过程；评价策略模糊，缺乏科学有效的操作策略。因此，发挥教学评价的导向作用，提高课堂教学实效，成了当前乃至今后一段时间语文教学研究的重点之一，需要引起我们的高度重视。

教学评价难于深入开展，其中一个重要原因，就是没有一个科学、统一、标准的评价标准。从已有的相关评价标准来看，要么评价维度不严谨，互相有交叉；要么评价内容不科学，没有针对关键内容进行评价；要么评价细则没有细化，操作性不强；要么评价方法不专一，影响后续深度分析、研究。总之，建立一套科学有效的评价标准，是实施有效评价的前提和基础。就指向表达的教学评价而言，只有评价的标准明确了，才有可能深入评价指向表达的实施过程，发挥评价的导向、调控作用，从而提高指向表达语文课的教学效率。

二、指向表达教学评价的基本内容

在第二章中我们提到，指向表达的教学过程主要有四个方面的特征，即强化感悟、强化积累、强化方法、强化运用。评价指向表达的教学过程也应该从这四个强化入手，围绕这四个强化特征的基本内涵，帮助教师明确评价标准，细化评价要求，从而发挥教学评价对教学过程的导向作用。

（一）强化感悟评价

指向表达的教学评价，首先要关注学生的感悟能力。感悟对全面提高学生的整体语文素养，提高学生的语文实践能力有着非常重要的作用。学生通过感悟文本，与文本、人物深入对话，了解课文内容，把握人物形象，体会深层情感，获得思想启迪。

为了增强学生感悟能力评价的针对性、有效性，具有较强的可操作性，我们在反复调研的基础上，探究进行学生感悟能力评价的基本要素，构建感悟能力评价的理论体系。我们从实际情况出发，从三个方面提出了明确要求，即感悟准备、感悟过程、感悟表达。我们认为，感悟准备是基础，感悟过程是重点，感悟表达是关键。只有这三方面都兼顾了，才能说学生感悟能力培养是高效的。

为了更好地评价学生的感悟能力形成情况，我们编制了学生感悟能力评价量表。此评价量表严格按照课程标准课标要求，关注学生预习、收集资料、对阅读的兴趣，引导学生学会默读，领悟作品的表达方式，敢于提出自己的看法，能有条理抓住要点表达自己的看法，乐于与别人交流。同时，引导教师在教学过程中激发学生感悟的兴趣，启发学生思维，不断把握生成资源。此表无论对教师还是学生都有较高的要求，这对学生感悟能力的培养起到直接的导向作用。以下为高年级评价量表：

小学高年级感悟能力评价表

评价项目	评价标准	分值	得分
感悟准备	1. 能主动预习课文。	10	
	2. 能按照教师的要求主动搜集与课文相关的资料。	10	
	3. 对阅读课文表现出浓厚的兴趣。	10	
感悟过程	1. 用普通话正确、流利、有感情地朗读课文。默读有一定的速度，一般每分钟不少于300字。	10	
	2. 能结合上下文和生活实际理解课文中词句的意思。	10	
	3. 读懂课文内容，揣摩文章的表达顺序，体会作者的思想感情，初步领悟文章基本的表达方法。	10	
	4. 在理解课文的过程中，体会顿号与逗号、分号与句号的不同用法。	10	
感悟表达	1. 对课文敢于提出自己的看法，作出自己的判断。	10	
	2. 能有条理，抓住要点表达自己的看法。	10	
	3. 能大方、得体地乐于与人交流。	10	
综合评价		总分	

（二）强化积累评价

有人说："积累是构建语文之塔的金砖。"的确，没有日积月累，就不会有学生深厚的语文功底。没有语言量的积累，难有语文能力质的飞跃。同样，学生表达能力的提高也离不开丰富扎实的语言积累。积累是表达的基础。只有积累丰富的语言素材，学生才能厚积薄发。

为了增强学生积累情况评价的针对性、有效性，具有较强的可操作性，增强实践的可行性，我们经过反复研讨、验证，探究进行学生积累情况评价的基本要素，初步构建积累情况评价的理论体系。我们从实际情况出发，从六个方面提出了明确要求，即趣味性、针对性、情境性、丰富性、科学性、艺术性。我们认为，趣味性是前提，针对性是基础，情境性是手段，丰富性是要求，科学性是关键，艺术性是保证。只有这六方面都兼顾了，才能说学生语言积累过程是高效的，效果是显著的。

为了更好地评价学生语言的积累情况，我们编制了《学生积累情况评价表》。此评价量表严格按照课程标准课标要求，从激发兴趣，到选择时机、创设情境、丰富形式、内容科学、方法巧妙，关注学生积累的全过程。同时，该量表还对每个方面提出了具体要求，趣味性要做到能充分调动学生语言积累的兴趣；针对性要做到能根据文本内容和学生实际进行语言积累；情境性要做到能在具体的语言情境中引导学生语言积累；丰富性要做到能进行词语、成语、诗句、名言等多种形式的语言积累；科学性要做到积累内容形成一定序列，不是随意而谈，没有科学性错误；艺术性要做到积累方法巧妙，内容、形式或呈现方式新颖，富有艺术性。此表无论对教师还是学生都有较高的要求，这对丰富学生语言积累能起到直接的导向作用。具体量表如下：

学生积累情况评价表

评价项目	评价标准	分值	得分
趣味性	能充分调动学生语言积累的兴趣。	10	
针对性	能根据文本内容和学生实际进行语言积累。	20	
情境性	能在具体的语言情境中引导学生语言积累。	20	
丰富性	能进行词语、成语、诗句、名言等多种形式的语言积累。	20	
科学性	积累内容形成一定序列，没有科学性错误。	20	
艺术性	积累方法巧妙，内容、形式或呈现方式新颖，富有艺术性。	10	
综合评价		总分	

（三）强化方法评价

我们常说，授人以鱼，不如授人以渔，充分说明了学习方法的重要性。一个好的学习方法，可以明显提高学习活动的效率，内化、提升学生的学习能力。叶圣陶先生告诫我们："教是为了不教。""语文教材无非是个例子，凭借这个例子要使学生能够举一而反三，练成阅读和作文的熟练技能。"因此，教师就要朝着促使学生"反三"这个目标精要地"教"，教给学生学习的方法，引导他们尽可能去自主感悟。有经验的老师在教学过程中，非常重视学习方法的指导，通过自主学习进行方法的内化，达到教师为了不教的目的。

为了增强教师方法指导评价的针对性、有效性，增强可行性和操作性，利教便学，我们经过多次调研、论证，提炼出进行教师方法指导评价的基本要素，初步构建方法指导评价的理论体系。我们从实际情况出发，从六个方面提出了明确要求，即针对性、科学性、趣味性、启发性、简约性、创新性。我们认为，针对性是前提，科学性是基础，趣味性是手段，启发性是关键，简约性是要求，创新性是提高。只有这六方面都兼顾了，才能说教师方法指导过程是科学的，效果是显著的。

为了更好地评价教师学法指导情况，我们编制了《教师学法指导评价表》。此评价量表严格按照课程标准课标要求，从选择内容，到方法科学、激发兴趣、启发思维、简洁明快、形式新颖，关注教师学法指导的全过程。同时，该量表还对每个方面提出了具体要求，针对性要做到能根据文本内容和学生实际进行学习方法指导；科学性要做到学习方法指导内容具有科学性，形成内在序列，没有科学性错误；趣味性要做到指导内容要利于激发学生的学习兴趣；启发性要做到指导过程能启发思维，注重发展学生智力；简约性要做到方法指导内容简洁、精要、明快，便于记忆、操作；创新性要做到方法指导巧妙，内容或呈现方式新颖，有一定的创造性。此表无论对教师的学法指导提出了较高的要求，这对增强教师方法指导评价的针对性、提高学习方法的有效性能起到直接的导向作用。具体量表如下：

教师学法指导评价表

评价项目	评价标准	分值	得分
针对性	能根据文本内容和学生实际进行学习方法指导。	20	
科学性	学习方法指导内容具有科学性，形成内在序列，没有科学性错误。	20	
趣味性	指导内容要利于激发学生的学习兴趣。	10	
启发性	指导过程能启发思维，注重发展学生智力。	20	
简约性	方法指导内容简洁、精要、明快，便于记忆、操作。	10	
创新性	方法指导巧妙，内容或呈现方式新颖，有一定的创造性。	20	
综合评价		总分	

（四）强化运用评价

任何好的学习方法只有经过及时迁移运用才能内化为学生的表达能力。也就是说，学生表达能力的提升是建立在课堂巧妙的方法迁移运用的基础上的。学生在运用的过程中，实现由得言到得法、由教过到学过的转变，达到方法的内化、能力的提升。迁移根据效果的不同，一般分为正迁移和负迁移。我们在进行迁移运用时，要最大程度发挥、促进正迁移的作用，尽量减少、避免负迁移的干扰，提高迁移运用的实效性。

为了增强迁移运用评价的针对性、有效性，放大正迁移的效应，我们在反复调研的基础上，探究进行迁移运用评价的基本要素，初步构建迁移运用评价的理论体系。我们从实际情况出发，从六个方面提出了明确要求，即趣味性、针对性、情境性、主导性、主体性、实效性。我们认为，趣味性是前提，针对性是要求，情境性是手段，主导性是基础，主体性是关键，实效性是保证。只有这六方面都兼顾了，才能说迁移运用过程是实在的，成效是显著的。

为了更好地评价教学过程迁移运用实施的过程，我们编制了《迁移运用评价表》。此评价量表严格按照课程标准课标要求，从激发兴趣，到选择切点、创设情境、发挥主导、突出主体、取得实效，关注迁移运用指导的全过程。同时，该量表还对每个方面提出了具体要求，趣味性要做到能注重激发兴趣，充分调动学生迁移运用的积极性；针对性要做到能根据文本内容和学生实际进行迁移运用，找准运用的切入点；情境性要做到能在具体的语言情境中引导学生迁移运用；主导性要做到能发挥教师的主导作用，根据学生实际进行必要的方法指导；主体性要做到能突出学生主体地位，充分发挥学生的主动性；实效性要做到学生能恰当地进行迁移运用，表达有内容、有条理，语句通顺连贯。此表无论对教师的学法指导提出了较高的要求，这对增强迁移运用评价的针对性、提高迁移运用过程的有效性能起到直接的导向作用。具体量表如下：

迁移运用情况评价表

评价项目	评价标准	分值	得分
趣味性	能注重激发兴趣，充分调动学生迁移运用的积极性。	10	
针对性	能根据文本内容和学生实际进行迁移运用，找准运用的切入点。	10	
情境性	能在具体的语言情境中引导学生迁移运用。	20	
主导性	能发挥教师的主导作用，根据学生实际进行必要的方法指导。	20	
主体性	能突出学生主体地位，充分发挥学生的主动性。	20	
实效性	学生能恰当地进行迁移运用，表达有内容、有条理，语句通顺连贯。	20	
综合评价		总分	

第二节 指向表达的评价实施

一、指向表达的阅读教学评价

阅读教学是语文教学中课时最长、内容最多的教学内容，是语文教学中的重中之重。课程标准中，分量最重、内容最细、要求最多的，也是有关阅读教学的条文，其中渗透着许多阅读教学的新理念、新方法、新策略。优化阅读教学、改进教学评价成了广大语文教师、语文教研人员的思考、研究的重点。

在这样的背景下，阅读教学呈现出了百花争放、异彩纷呈的局面：阅读教学流派层出不穷，阅读教学模式形形色色，阅读教学理论铺天盖地评价。这样的局面多少让我们感到"乱花渐欲迷人眼"。在各种特色、各种风格、各种模式、各种流派的阅读课堂面前，在浩如烟海的阅读教学理论中，我们反而失去了对阅读教学科学、全面的判断和评价。指向表达的背景下如何评价阅读教学？这是呈现在我们面前的现实性问题。指向表达的阅读教学最终目的是什么？这是需要我们始终谨记并思考的问题。

笔者试图从阅读教学的过程入手，从微观操作的角度，选取关注学习需求、准确解读文本、合理确定内容、科学指导朗读、巧妙进行读写、开发课程资源等有代表性的几个方面，努力探究指向表达的阅读教学评价实施的基本策略。

（一）学习需求评价

在心理学中，需求是指人体内部一种不平衡的状态，对维持发展生命所必须的客观条件的反应。学习需求是指学习者目前的状况与所期望达到的状况之间的差距。提高指向表达语文课的学习效率，首先要从关注学习需求开始，找准学生学习的起点，增强学习的针对性。

《水》是苏教版国标本五年级（下册）的一篇课文。作者回忆儿时下雨时用雨水洗澡，炎热时母亲用一勺水为四兄弟消暑纳凉的事，说明当时水的珍贵。一位老师曾经两次教《水》，由于对学生学习需求的把握不一样，学习的效果大相径庭。

第一次教《水》时，考虑到是精读课文，结合重点语句，引导学生品读感悟是最基本的学习要求。上课伊始，在初读课文的时候，教者要求学生边读边思考：你认为课文围绕哪句话来写的？从而把课文读成一句话。学生在初读的过程中，逐步把眼光聚焦到"水，成了村子里最珍贵的东西"这一中心句上来。接着，让同学们自读课文，看看文中的哪些句子让你感受到"水的珍贵"？然后，抓住这些学生感受深刻的句子，引导学生反复品读，试图从中感受"水的珍贵"。结果，无论我怎么生拉硬拽，学生就是不进入状态。

下课后，教者进行了深刻的反思。逐步感觉到，不是课文没有吃透，不是重点没有抓住，也不是设计不够精巧，而是高估了学生的学习需求。课前认为，学生听了教者的一段有关缺水的资料介绍，对"水的珍贵"应该有了比较深刻的认识。可事实上，对于生活在水乡的学生来说，要让他们体会缺水之苦，是相当困难的事情。这样的情形，远离了他们的生活，是他们无法想象的事情。原来问题不在学生，是我高估了学情。

认识到这一点以后，教者把学习过程前移到学生的生活。上课之前，让学生以小组为单位，以"水"为主题，走进生活，去了解家乡的水资源污染状况，去查找有关水资源情况的资料，去搜集体现缺水的图片。第二天晨会课，让学生分组汇报活动的情况。学生有的带来了家乡水资源污染的样品，有的查找到了有关水资源情况的资料，有的搜集了体现缺水的图片。每个学生都参与了有关水的综合实践活动。谈到水，大家不再沉默了，都有许多话要说。于是我登上讲台，开始了第二次教《水》。

在上课伊始，教者让学生交流查找到的有关我国水资源情况的资料，对我国的水资源有一个总体的了解。在此基础上，让学生观察自己搜集来的家乡水资源污染的样品，激起学生对水资源的忧患意识，初步体会到水的珍贵。由于有了对水资源的感性认识，客观上拉近了学生与文本内容的距离，学生不再觉得"水的珍贵"是可笑、遥远的事情，而是就在自己的身边。在下面体会缺水之苦、有水之乐的过程中，学生都能紧紧抓住重点句子，畅谈自己的感受，实现了文本情感与学生的共鸣。

从两次教《水》，我们深深体会到，学习需求在语文学习过程中的重要性。从内容方面来看，从课文内容入手，激起学生的学习需求，可以让学生不再觉得课文内容遥不可及，而是似曾相识，在自己的生活中总能找到这样、那样的影子。这样一来，打通了文本内容与学生生活的藩篱，缩小了两者之间的距离，有利于学生理解文本，走进文本。像《水》一文的学习，由于学生对缺水没有直观的感受，所以第一次教下来，学生就是进不了状态。第二次教之前，让学生观察自己搜集来的家乡水资源污染的样品，使学生意识到，尽管我们家乡水资源十分丰富,但水资源污染情况相当严重,如果再这样下去,我们也会陷入缺水的状态中。从而使学生产生强烈的学习需求。

其次,从情感方面来看,从学生的学习需求出发,可以激起学生的阅读兴趣,使学生对文本产生一种亲切感,为学习课文打下了情感基础。还是以《水》为例。在第一次学习时,学生对缺水的情形比较陌生,甚至是可笑。这样的情感基调,本身就和作者的情感相去甚远,怎么可能引起共鸣呢? 在第二次学习时,注意从学生的学习需求入手,运用多种形式,调查了解,查资料,拍照片,对水资源的状况有一个直观的了解,对水资源的珍贵有了初步的感受,唤起了学生对家乡水资源状况的担忧,拉近了和作者的情感距离,不再觉得雨中洗澡是那样可笑,也不再觉得四个人洗一勺水是那样不可思议,而是更深刻地体会到水是那样的珍贵。

有关调查显示,随着生活水平的提高,我们的学生在某种程度上正"变得越来越封闭"。他们生活的范围从学校到家庭,和大自然,和社会接触的机会越来越少。从这个角度来说,如何缩短和文本的距离,拉近学生和作者的情感距离,显得非常迫切。让我们从学生的学习需求出发,贴着学生教语文,使课文内容不再变得陌生,让学生的心和作者一起跳动。

为了增强学习需求评价的针对性、有效性,具有较强的可操作性,我们把学生的学习需求粗略地分为十个方面,并制订了《阅读教学学习需求评价表》用来评价学生的预习状况,旨在发挥阅读教学学习需求评价的导向激励功能,找准阅读教学的起点。具体量表如下:

阅读教学学习需求评价表

自评内容	选择评价	问题
1. 课前,你是否阅读了全文?	□是　□不是	
2. 课文中的生词你都能理解了吗?	□是　□不是	
3. 你搜集了和课文有关的资料了吗?	□是　□不是	
4. 你搜集了和课文有关的好词好句?	□是　□不是	
5. 你自己能读懂课文内容吗?	□是　□不是	把你在预习过程中遇到的一个最有价值的问题写下来:
6. 你会概括课文内容吗?	□是　□不是	
7. 预习过程中遇到的问题你记在书旁了吗?	□是　□不是	
8. 预习过程中你是否借助教辅书籍?	□是　□不是	
9. "五个一"的预习要求你都做到了吗?	□是　□不是	
10. 你已经养成自觉预习的习惯了吗?	□是　□不是	
综合评价		

（二）文本解读评价

教材是教师教和学生学的基本凭借，是教师进行教学工作的主要依据，也是学生习得知识、发展能力、陶冶情操的重要工具。教师只有准确地解读教材，才能更好的去教学，实现表达能力的提升。就教学预设而言，文本解读应该是教师对文本的感知、理解、对话和创造的过程，是优化教学设计与进行有效教学的前提与基础。实际上，由于个人知识背景、理解能力的不同，对文本的解读可谓"横看成岭侧成峰，远近高低各不同"。在平时的教研活动中发现，许多老师在解读教材时普遍存在着重定论、重内容、重情境、重拓展的倾向，反映出他们对文本解读的看法存在一些误区，应该引起我们的深入思考。学会准确解读教材，首先要走出这些解读教材的误区，明确解读教材的基本标准。

误区一：重定论轻思考

我们许多教师在解读文本的过程中，不是自己独立去解读文本，和文本进行深入对话，而是习惯性地依赖教参。他们高度重视教参的作用，认为教参的观点是得到大家认可的，换句话说，教参的观点就是权威，是定论。不少教师视教参为法宝，他们备教案，实为抄教参。更有甚者，有的老师直接拿着教参上讲台，照本宣科，俨然成了教参的传声筒。

教参是教学的参考书，是为了帮助教师了解教材编写意图，更好地使用好教材，给教师在教学时提供一定的参考。著名教育家、特级教师于漪说："编教学参考书是不得已而为之，因为我们要保证教学质量的底线。可是对于有思想、有抱负的教师来讲，这往往是一种束缚。"可见，教学参考书是一把双刃剑。用得好，可事半功倍；用得不好，可事倍功半。我们要辩证地看待教参，做到为我所用，让教参成为解读文本的拐杖。对文本要有自己独立的思考，对教参不迷信，不盲从。当发现教参的观点不够全面甚至错误时，要及时予以纠正。

还有部分教师在解读教材时，喜欢照搬名师对教材的解读。在他们看来，名师的解读无疑是准确、深刻的。名师们的课堂教学常常因其深刻的解读、精巧的设计、流畅的过程受到一线教师的追捧与膜拜。他们在感叹名师课堂"匠心独运，浑然天成"的同时，也在一心一意地模仿，甚至照搬完整的教学设计，套用精彩的教学语言，然而教学效果却大相径庭。

实际上，我们每个人的教学能力、教学水平与名师不同，学生的实际情况与名师的学生也不一样。我们不能照搬名师对教材的解读、设计，要全面、深入地研究名师的执教理念、教学艺术。不仅知其然，更知其所以然。而且，金无足赤，人无完人。教学艺术本身也是一门遗憾的艺术，每一堂课都难免留有遗憾，名师也不例外，他们的解读肯定会有值得商榷之处。如果一味盲目套用特定名师的解读，而不结合具体学情加以补充、调整，很可能会出现我们常说的邯郸学步、东施效颦的笑话。

可见，我们在解读教材时，一定要立足教材，立足学生和自身实际，既重视教参、名师的观点，更要有自己独立的思考。参考教参但不依赖教参，学习名师但不迷信名师，让解读教材成为精彩教学的开始。

误区二：重内容轻表达

长期以来，我们在解读教材时，往往只重视课文内容，写了什么人、什么事，表达了什么主题，对课文怎么写的，也就是揣摩表达常常轻描淡写，一笔带过，做淡化处理。结果学生知其然，不知其所以然，导致学生学习能力的弱化。

课程标准明确指出：语文教学的核心任务是组织和指导学生学习语言，发展学生理解和运用祖国语言文字的能力。学生学习一篇课文不仅仅要借助语言文字理解课文的思想内容，还要在理解内容的基础上，揣摩课文的表达方式。从第三学段开始，课程标准对不同文体文章的阅读目标进行了分别表述，这些表述成为我们揣摩表达的基本要求。反思自身教学及听过的各级各类公开课，发现语文课上普遍偏重于朗读指导以及思想内容的理解，对表达方法的揣摩却很少。如果说理解内容、体验情感是理解作者"写什么"的问题，那么揣摩表达顺序、领悟文章表达方法则是学习和借鉴作者"怎么写"的问题。从阅读的层次上说，这一要求更高一些，也是当前小学语文教学急需强化的一个方面。

一位老师执教苏教版四年级（下册）《天鹅的故事》。在教学过程中，教者注意引导学生紧扣词句，揣摩表达，深入与文本对话，与作者对话，力求"知其所以然"。在学习"突然，一只个儿特别大的老天鹅……像石头似的让自己的胸脯和翅膀重重地扑打在冰面上"一句时，教者和学生一起聚焦"像石头似的"，共同探究表达的好处：作者把什么比作石头？"像石头似的"说明了什么？从中你认识了什么样的老天鹅？学生从"像石头似的"读出了速度之快、力量之猛、决心之大。通过对"像石头似的"的深入辨析，学生体会到了作者运用比喻的写法赞扬了老天鹅勇敢无畏、不怕困难、全力以赴的精神，对老天鹅的敬佩油然而生。通过刨根问底，学生逐步领会到"像石头似的"表达的形象、传神、准确、精当。通过揣摩表达，学生读懂了词语的深刻内涵，揣摩了作者的匠心独运，学会了表达的基本方法。

可见，我们在解读教材时，不仅要了解课文写了什么人、什么事，知意思、悟情感，更要沉下心来揣摩表达：作者为什么要这样写？在刨根问底式的探究中，体会结构的完整、顺序的巧妙、用词的准确，从而逐步引导学生学会表达运用，使学生对语言的理解运用跃上一个新台阶。

误区三：重拓展轻文本

课程标准积极倡导语文教学生活化，打破学科本位，实现多学科间的整合，密切与社会生活的联系。在此背景下，语文课堂教学呈现百花齐放的局面，拓展延伸训练自然成为课堂教学的一个重要的环节，甚至有老师认为一堂课没有拓展延伸就不符合新课标精神，就不是一堂好课。

正是基于这样的认识，许多语文课在进行拓展延伸时，一方面追求数量多。凡是和本课有关联的内容，从文章的写作背景、作者生平，到相关事件、同主题文章，乃至相关词句、说法的来龙去脉，都一览无余地呈现给学生，冠之以"帮助学生理解"的美名。另一方面追求内容新。为了体现标新立异、高屋建瓴，有的老师在拓展延伸时，尤其重视别人课上没有涉及的、一些所谓的"一家之言"，力求让听课的老师眼前一亮。

苏教版三年级（上册）《卧薪尝胆》一文是根据历史故事改写的。为此，在解读教材时，一位老师从文中的字词、内容出发，着力拓展故事背后的文化内涵。在导入课文时出示有关背景资料；在学习生字词的过程中，运用动画的形式演示"奴役"这两个字甲骨文的字形；在了解课文以后，出示一副对联："破釜沉舟，百二秦关终属楚；卧薪尝胆，三千越甲可吞吴。"在诵读对联的过程中，补充勾践、项羽的相关图片，感受人物的英雄气概。整个过程资料丰富，形式多样，可就是把课文给忽视了。

细细想来，在我们日常教学过程中，像这样为了拓展而拓展的例子数不胜数。学习《大自然的文字》让学生研究汉字的起源，学习《孔子游春》出示《论语》让学生学习，学习《嫦娥奔月》让学生研究其他版本的"嫦娥奔月"传说。

猛一看,我们的语文课内涵丰富、贯穿古今,细一想,这样的语文课表面热闹,实质浮躁。学生漂浮在语言文字的表面,缺少对词句的深入品析,这样的拓展对学生语文素养的提升又有多大帮助呢?

教材是提高学生语文素养的主要凭借。它是编者根据课程标准编写的学习基本用书,具有权威性。教材的基础地位不容动摇。我们在进行语文学习时必须尊重教材,以教材为本,扎扎实实地进行语言文字的训练,用好教材资源,提升学生的语文素养。切不可为了求新,赶时髦,把教材放在一边,去搞所谓的"花样翻新"。试想,如果上课不用教材,那还需要把教材发给学生吗?因此,我们在解读教材时,必须真正做到立足教材,用教材教。要引导学生面向教材,潜心会文,静下心来,和课文多来几次深入对话,积累语言,陶冶情操,逐步走进文本内核。

针对以上文本解读的误区,为了增强教师文本解读评价的针对性、操作性,我们把文本解读粗略地分为目标定位、作品背景、课文解读、儿童视角等四个方面,并制订了相应的《阅读教学教师文本解读评价表》用来评价教师文本解读的状况,旨在发挥语文课堂教学评价的导向激励功能,提升教师解读文本的能力和水平。具体量表如下:

阅读教学教师文本解读评价表

评价要素	评价内容	得分
解读目标 20分	1. 体现课程标准的理念。（5分）	
	2. 准确把握课文在教材中、学段中、单元中的作用。（5分）	
	3. 准确定位课时目标。（10分）	
解读背景 20分	1. 了解作者生平、写作背景,以及作者的其他作品。（5分）	
	2. 关注文本的背景,把自己置身于广阔的文化背景及具体的语境下,寻找到自己与文本作者的契合点,对文本做出自己的分析判断,有深度,有个性化。（10分）	
	3. 准确把握文体特征。（5分）	
解读课文 45分	1. 处理好教材,准确抓住教材的重点段落,主次分明。（10分）	
	2. 努力在文本中找出合适的问题、情节,或以某个句子、某个语词作为切入口辐射全篇,将文本进行适度整合,使内容清晰地呈现出块状结构,进而使之成为教学的结构。（5分）	
	3. 有品味文中重点词句的过程。（10分）	
	4. 准确把握课文的思想内容,体现人文性。（10分）	
	5. 适当学习课文的表达方法。（5分）	
	6. 适当关注文中的插图等其它学习资源。（5分）	

续表

评价要素	评价内容	得分
解读学生 15分	1. 根据不同年龄段的学生认知特点解读文本。（5分）	
	2. 充分考虑本班学生的学习状态、理解程度。（5分）	
	3. 针对儿童特点设计问题、组织教学活动。（5分）	
综合评价	总分	

（三）教学内容评价

学习不是简单的信息积累，而是新旧知识、生活经验的相互作用而引发的认识结构的重组，是学生的经验体系在一定环境中自内而外的"生长"。美国教育心理学家奥苏伯尔说过："影响学生学习最重要的原因是学生已经知道了什么，我们应根据学生原有的知识状况进行教学。"这就要求我们在进行教学预设时，要树立以人为本的教学理念，从学生的实际出发，关注学生的生活，贴近学生的学习需求。那么，在课堂上究竟该教哪些内容呢？一句话，就是应该教最有价值的东西，教在该教处。

在江苏省第十四届小学语文青年教师赛课活动中，太仓教师发展中心薛丽芬老师执教了苏教版六年级（下册）《石灰吟》一课。薛老师文本解读深刻，整个过程设计精巧。尤其是薛老师从学生实际出发，贴近学生的学习需求，精心预设学习内容，努力做到教在该教处，给听课的老师留下了深刻的印象。

1. 教在预习困惑处

教在该教处，就是要从学生的实际出发，了解学生的学习需求，贴近学生的最近发展区。这就要求教者要"吃透两头"，充分把握学情，确定学习的起点。学生通过预习，已经掌握了哪些内容，还有哪些困惑需要解决。只有做到对这些问题了然于心，上起课来才能心中有数，游刃有余。薛老师在上课伊始，通过简短的师生谈话，了解学生的预习情况，确定了学习的起点，进行有针对性的教学。具体过程如下：

师：今天这节课薛老师要和大家一起学习（齐读课题《石灰吟》）。这首诗意思明白吗？

生：明白。

师：要不要教啊？

生：不要。

师：还有什么不清楚的吗？

生：石灰怎么来的，我想知道。

师：这个问题你不知道，其他同学知不知道？

（大部分学生摇头。）

师：这个问题许多同学不知道，不知道的倒要教一教。（课件播放石灰开凿的过程。）

作为赛课，课前与学生接触不多，对学情不够了解，这对参赛教师提出了非常高的要求。如何确定学习的起点？薛老师把选择的权利交给了学生。"这首诗意思明白吗？"实际上是在了解学生的预习情况，探探学生学习的底子。在交流的过程中，薛老师从学生不知道的内容入手，很自然地转入对诗歌的学习。"不知道的倒要教一教。"这是把学生在预习过程中遇到的困惑做为学习的内容，想学生之所想，抓住了学习的关键，真正做到教在该教处。

细细想来，我们的语文课堂，表面上看，都能从学生生活实际出发，坚持以学生为本，以学情为归依，贴近儿童进行语文学习。实际上，不少课堂还是披着"学生中心"的外衣，行着"教师中心"的实际。尤其是在确定语文学习的起点时，仍然是以教师为中心，学生"被中心化"。用教者的童年来想象现在学生的童年，用成人的眼光去设想学生的生活，实质上仍然是以教定学。一些教师出于教学的方便，往往一心想着"我要教什么"和"我要怎么教"，忽略了"学生需要学什么"和"学生最好怎么学"，从而导致教学的核心价值被异化，学习生态被破坏。可以这么说，找不准语文学习的起点，仍然是当前语文教学无言的痛。

2. 教在内容提升处

在我们的语文课堂，经常见到教者讲得神采飞扬，学生听得无精打采。究其原因，教者讲的许多内容，学生已经学会了，教者还在重复、强调。这就是我们常说的"高耗低效"现象。语文教学如何走出高耗低效的怪圈？这就要求我们要在紧扣学习重难点的基础上，对学习内容进行适度、必要的提升，避免原地打转、繁琐分析。薛老师在帮助学生了解石灰开凿的过程以后，及时引导学生进行内容的提升，加深对诗句的理解，做到教在内容提升处。

师：刚才我们把诗读成一句话，现在要把他读成一个字，你读出哪一个字？

生：清白。

师：一个字就见水平。清白之间摇摆，说选择的理由。

生：如果读出一个字就是清字。

师：把诗读薄了是一种水平，把诗读厚了更是一种水平。（出示于谦介绍）这是什么清？

生：廉洁之清。

师：（出示于谦办事不徇私情的故事。）这又是什么清？

生：凛然正气之清。

师：（于谦含冤入狱临刑前的片断。）这又是什么清？

生1：不畏生死之清。

生2：顽强不屈之清。

生3：浩然正气之清。

师：同学们，一个清字我们读出了廉洁之气、凛然正气、浩然正气。我们就是要做这样的人，把浩然正气留心间。

在学习课文的过程中，如何选择教学内容？薛老师用自己的教学实践给出了明确答案：教在内容提升处。在教学过程中，薛老师引导学生把诗读薄、读厚，在薄厚之间在诗中走了两个来回。为了加深对诗歌的理解，薛老师用"这是什么清？"这一主问题，在回顾作者生平、不徇私情的故事、临刑前的片断中，不断走进诗歌，走进作者，把对诗歌的理解、对作者的认识，往前推进了一大步。学生从诗歌中读出了作者的廉洁之清、凛然正气之清、不畏生死之清、顽强不屈之清、浩然正气之清，读出了自己眼中的那个于谦，这正是教在内容提升处的必然结果。

反观我们的课堂教学，初读课文时串讲课文，细读课文时繁琐分析，总结课文时原地打转。长此以往，学生的兴趣从何而来，学生的能力如何提升？实际上，根子还是在教师身上。学生已经学会了，教者还在磨破嘴皮重复、强调。薛老师教在内容提升处的理念，让我们找到了症结所在。我们在解读文本的时候，要从学生的角度解读，用儿童的眼光重新审视，找到牵一发而动全身的提升点，教在内容提升处。只有这样，我们的语文课才能走出繁琐分析的老路，才能让学生产生浓厚的探究热情，也才能品味到文字背后的深刻意蕴。

3. 教在拓展延伸处

我们知道，学生受到各方面条件的限制，对与课文相关的情况了解不多，诸如背景资料、作者生平趣事、对课文的评价等，而这些对加深理解课文往往有很大帮助。因此，抓住对理解文本有用的内容进行适度拓展，能把学生对文本的解读提高到一个新的台阶。薛老师在课上引导学生发现诗句的趣味揣摩写法，就是教在拓展延伸处。

师：这首古诗还有一份趣味呢！你发现第三句哪一个字特别有趣味？

生："不"字。

师：能写成"粉身碎骨算什么"吗？

生：不能。"不"字与前面形成鲜明对比。

师：一二句一个意思，三四句一个意思。一个"不"字，转出了一个趣味。你还发现哪些诗句藏着这样的趣味？

生1：春色满园关不住，一枝红杏出墙来。

生2：不知细叶谁裁出，二月春风似剪刀。

生3：不识庐山真面目，只缘身在此山中。

师：看来，转出趣味来的诗句还真不少呢！

课程标准积极倡导语文教学生活化，打破学科本位，实现多学科间的综合，密切与社会生活的联系，全面提高学生的语文素养。在此背景下，语文课堂教学呈现百花齐放的局面，拓展延伸训练自然成为课堂教学的一个重要的环节。许多语文教学公开课上，拓展延伸环节是作为创造性、发散性的亮点来呈现的。如何选择拓展延伸点呢？薛老师用"你发现第三句哪一个字特别有趣味？"启发学生揣摩写法，去发现第三句"转"的写法，并由此帮助学生积累"藏着这样的趣味"的诗句。这样的拓展延伸，立足语文，品味语言，揣摩写法，没有花里胡哨的声光电，没有热闹的探究活动，有的是实实在在的感悟、积累。

再来看看我们的课堂教学，在进行拓展延伸时，一方面追求数量多。凡是和本课有关联的内容，从文章的写作背景、作者生平，到相关事件、同主题文章，乃至相关词句、说法的来龙去脉，都一览无余地呈现给学生，冠之以"帮助学生理解"的美名。另一方面追求内容新。为了体现标新立异、高屋建瓴，有的老师在拓展延伸时，尤其重视别人课上没有涉及的、一些所谓的"一家之言"，力求让听课的老师眼前一亮。

薛老师教在拓展延伸处给我们很深的启发。我们在进行拓展延伸时要注意把握拓展延伸的"度"。一是延伸的深度。我们知道，课堂上进行拓展延伸主要是为了激发兴趣，开阔视野，加深理解，提升认识。因此，要重在培养学生兴趣，锻炼能力，尤其要有助于培养学生搜集资料、整理分析资料的能力。不要一味地钻牛角尖，搞艰深晦涩。二是延伸的广度。因为我们面对的是学生，所以在进行拓展延伸时，要充分考虑学生的实际情况。要贴近学生的阅读实际，紧扣课文作适当延伸。在设计题目时，只能略高于学生的知识面，不能漫无边际，远离文本内容。既要考虑到题目的开放性，又要注意切口要小。

薛老师教在预习困惑处、教在内容提升处、教在拓展延伸处的教学内容选择的标准，给我们评价教学内容以很深的启发。为了增强教学内容评价的针对性、有效性，我们把教学内容的选择分为科学性、针对性、主体性、生成性、适度性、丰富性等六个方面，并制订了相应的《阅读教学教学内容评价表》用来评价教学内容选择的情况，旨在发挥语文课堂教学评价的导向激励功能，引导教师合理确定教学内容，把属于学生的课堂真正还给学生。具体量表如下：

阅读教学内容评价表

评价项目	评价标准	分值	得分
科学性	教学内容正确，没有科学性错误。	20	
针对性	能根据单元、课文实际准确把握教学的重点和难点。	20	
主体性	能根据学生实际选择教学内容，合理确定教学起点。	20	
生成性	能根据课堂动态生成情况及时调整教学内容。	20	
适度性	整堂课教学内容容量合理，难易适度，训练适中。	10	
丰富性	能以教材为基本内容，合理开发、整合其它课程资源。	10	
综合评价		总分	

（四）朗读指导评价

课程标准指出："阅读是小学语文教学的基本环节。"在这个环节中，"朗读是最重要最经常的训练。""各年级都要重视朗读，充分发挥朗读对理解课文内容、发展语言、陶冶情感的作用。""要让学生充分地读，在读中有所感悟，在读中培养语感，在读中受到情感熏陶。"由此可见，在语文教学中，朗读的重要性不言而喻。实际上，朗读是语文教学的重要内容，也是重要的教学手段。借助朗读，可以帮助学生理解课文内容，体会文章的主旨，提高审美能力，陶冶情操；可以帮助学生养成良好的朗读习惯，使思维更有条理；可以帮助学生培养语感，锻炼语言能力，规范语言技巧。

如何评价朗读指导的有效性，一直困扰着许多语文教师。一方面是对朗读指导有效性内涵的解读，朗读指导的有效性包含哪些评价要素；另一方面是对朗读指导操作有效策略的探寻，哪些朗读指导的策略才是有效的。笔者听两位老师执教苏教版五年级（上册）《在大海中永生》一课。教者在引导学生研读课文时，都不约而同地对"飞机在高空盘旋，鲜花伴着骨灰，撒向无垠的大海。"这句话进行了朗读指导。由于指导方式的不同，收到的效果也明显不同，这引起了我们对朗读指导评价的深思。

【案例一】

（出示句子：飞机在高空盘旋，鲜花伴着骨灰，撒向无垠的大海。）

师：这句话主要写了什么？

生：这句话主要描述了撒骨灰的情景。

师：谁来有感情地读读这句话？

（第一位学生读得很响亮。）

师：你觉得作者当时心情怎样？

生：非常悲痛。

师：所以我们在朗读的时候语速要怎样？谁再来读一读？

（第二位学生减慢了朗读的节奏。）

师：能读得再悲痛些吗？谁再来读一读？

（第三位学生在朗读时几乎是一字一顿。）

师：我们一起来读出心中悲痛的心情。

（学生齐读这句话。）

【案例二】

（出示句子：飞机在高空盘旋，鲜花伴着骨灰，撒向无垠的大海。）

师：读了这句话，你觉得哪些词语给你留下深刻印象？

生：盘旋、伴着、撒向。

师：从"盘旋"你体会到了什么？

生：飞机久久不忍离去。

师：有人说，这里的"伴"应为"搅拌"的"拌"，你怎么看？

生1：我认为用"伴"。鲜花伴着骨灰，我认为这里用了拟人的手法，使语句更生动。

生2：我觉得用"伴"更能突出人们对邓爷爷的深厚感情。

生3：我觉得用"伴"可以看出邓爷爷走得一点也不孤单。

师：一个"伴"字突出人们对邓爷爷的深厚感情。一个"撒"字，又让你想到了什么？

生1：我认为，一个"撒"字，撒出了亲人的依依不舍。

生2：我觉得，一个"撒"字，还撒碎了所有中国人的心。

师：多么独特的发现，多么深刻的理解。谁能通过自己的朗读读出亲人的依依不舍，读出人民群众对邓爷爷的爱戴？

生：（学生抓住"盘旋、伴着、撒向、无垠"读出了对邓爷爷的深厚感情。）

（其他同学们情不自禁地鼓掌。）

从上面两个案例可以看出，两位老师都十分注重朗读指导，引导学生有感情地朗读，力图体现"以读为本""读中感悟"的新理念。细一推敲，两种方法取得的效果却截然不同。

案例一中，教者采用粗放式的指导方式。在指导学生朗读时，教者用"谁来有感情地读读这句话？"引导学生朗读，究竟怎样做到"有感情"，教者却缄口不提。朗读指导过于笼统，尽管教者在语速上作了提示，学生对句子的感悟仍然是蜻蜓点水，浮光掠影。在时下的公开教学中，这种浮光掠影式的指导比比皆是。"能读出山的高吗？""能把心情读得再沉重些吗？""能读出母亲的关心吗？"这些善意的"引导"，诱导学生矫揉造作，言不由衷。之所以出现这种情况，主要是因为教者忽视了学生自身的感受、体验、理解，漠视了学生的现实生活。长此以往，朗读指导势必走向形式主义。遇到"快"字就快读，遇到"慢"字就慢读；遇到高兴就声嘶力竭，遇到伤心就低声细语……

而案例二中，教者在进行朗读指导时，突出以人为本，立足字词指导朗读，从情感方面求突破，使朗读的过程真正成为学生心灵对话的过程。教者首先引导学生潜心会文，和文本亲密接触，"读了这句话，你觉得哪些词语给你留下深刻印象？"把学生的注意力引到品词析句上去。让学生通过朗读去体悟词语背后的深刻内涵，把握感情基调。有了对文本的深度挖掘，打通了学生和文本、作者的藩篱，学生找到了有感情朗读的着力点。教者及时有针对性的评价，既是对学生朗读兴趣的激发，更是朗读方法的点拨。学生在教者朗读有效策略的指导下，朗读能力明显提升，很容易找到了情感的切入口，等待我们的必将是不可预约的精彩。

在对大量具体案例进行反复研究的基础上，我们初步提炼出朗读指导的有效性评价要素，力求通过评价来明晰朗读指导操作的，提高朗读指导的有效性。在评价要素中，我们要求教师在课堂教学中始终要激发学生朗读的兴趣。俗话说："兴趣是最好的老师。"只有激发学生的朗读兴趣，学生才愿意参与课堂朗读，才愿意在课后多练习，以提高自己的朗读水平。要求教师在课堂上给学生充足的朗读时间，以保证朗读的"质"，让所有学生的朗读能力得到切实提高，这样就促使教师在课前必须充分准备，精心备课，以达到课堂的高效。教师可以借助自身的朗读优势，或范读、或引读，对学生的朗读加以有效的科学指导，以达到提高学生整体朗读水平的目的。具体评价量表如下：

朗读指导评价表

评价要素	分值	得分
根据文本特点采用恰当的朗读方式（齐读、默读、指名读、分组读、分角色读、轻声读等）。	15分	
在指导过程中注重激发学生朗读兴趣。	15分	
能保证学生的朗读时间。	15分	
能面向全体，提高学生朗读的参与率。	15分	
能重视朗读技巧的指导、情感的感悟。	15分	
能对学生的朗读给予恰当的评价与引导。	15分	
教师自身的朗读具有示范性。	10分	
综合评价	总分	

（五）读写结合评价

课程标准指出：语文课程是一门学习语言文字运用的综合性、实践性课程。这句话准确界定了语文课程的性质，明确告诉我们，学习语文的重点在语言文字运用。同时，课程标准明确指出：要在每天的语文课中安排10分钟写字。正是基于以上认识，读写结合作为落实课标精神、强化语用训练、提高书写技能的基本策略，受到语文老师的普遍重视。

安排读写结合训练本无可厚非。叶圣陶先生说过："阅读是写作的基础。"作文离不开阅读，作文得益于阅读。阅读为作文提供了怎样写的范例，为学生提供了一个文章的整体框架。可以说，读是写的基础，写是读的继续和发展。因此，重视读写结合训练，可以有效提高学生的写作能力，提升语文综合素养。问题是如何科学合理地把握读写转换的时机，提高训练的针对性、实效性？笔者在近期参加的语文教学观摩活动中发现，表面上看，读写结合训练得到明显加强，学生在课上都能动起来、写起来。实际上，不少老师在设计读写结合训练时，在时间、内容、形式等方面安排过于随意，甚至为了读写结合而练笔，训练机械、呆板，应该引起我们的深刻反思。

现象一：时间安排滞后

读写结合作为体现语用的重要举措，受到语文教师的普遍重视。许多地区在优秀课评比时还把是否进行动笔练习作为一票否决的条件。正因为如此，在当下的语文课，尤其是中高年级的语文课上，读写结合成了一项必须完成的任务。

一位老师执教苏教版六年级（下册）《渔歌子》。在读出节奏、读懂意思、读出画面、读透情感后，要求学生选择最打动自己的那幅画面写下来。为什么教者把读写结合训练放在课末进行呢？其实，在《渔歌子》一课中，学生在读出画面的时候，已经把最打动自己的那幅画面想具体了，而且被迷人的美景深深陶醉了。教者为何不趁热打铁、及时动笔，而等到课末再动笔呢？细细想来，这种滞后的动笔训练，在平常的教学过程中普遍存在着。在随后进行的评议中，许多教师都提出了自己的这种看法。

动笔的时机之所以滞后，一是教者担心中途练笔破坏了教学的情境。教育家乌申斯基说过：儿童是用形象、声音、色彩和感觉思维的。这就要求我们在课堂教学中，要从儿童的特点出发，注重创设情境，激起学生学习的热情。

一个好的情境能像磁铁一样将学生的注意力牢牢的吸引住，给整节课的教学营造一种非常和谐的氛围。许多老师在设计读写结合训练时，担心练笔人为破坏课堂情境，只好将练笔放在课末进行。二是担心中途练笔冷场。在以人为本、学生中心的课堂，大家最期待的学习状态，正如特级教师孙双金所说，好的课堂学生要小脸通红、小眼发光、小手直举、小嘴常开。许多老师担心中途练笔放慢节奏，课堂冷清。三是课末练笔易于调控。许多老师担心出现拖堂，课末练笔便于控制时间，可以及时叫停，让课堂结尾干净利索，画上一个圆满的句号。

我们设计读写结合的目的，是为了在读写之间架起一个迁移的桥梁，实现方法的运用、能力的提升。《渔歌子》一课的练笔就是明显的为了动笔而动笔的典型。说白了，还是便于教师操作，以教师为中心。我们在设计读写结合时，一定要目中有学生，一切从学生和文本实际出发，摒弃功利性、程式化的外在形式，适时进行读写训练，趁热打铁，顺学而导，及时动笔，提高读写结合的针对性、实效性。

现象二：话题设计随意

为了使学生在读写结合时有话可说，课堂精彩不断，许多老师在设计读写结合内容时，话题设计极具开放性。在这开放性的内容中，学生可以畅所欲言，各抒己见，读写结合的及时效果也容易显现。

笔者最近陆续参加了一些教研活动，发现但凡写人的文章，像《船长》《轮椅上的霍金》《钱学森》《詹天佑》等，教者总爱设计这么一个读写结合话题："你想对他说写什么？"诚然，"你想对他说写什么"这个话题，确实能打开学生思路，便于进行读写训练，不同层次的学生都能找到表达的切入点。正因为这样，于是，"你想对他说写什么"这样开放性的话题，迅速风靡课堂。笔者以为，"你想对他说写什么"这样过于开放性的话题，由于它的不确定性，不宜多用。

首先，这类话题指向不明确。换句话说，这个问题太大，包罗万象。对待这样的问题，学生在回答的时候，无论怎么回答都可以，可以说，几乎不必动什么脑筋，信马由缰，脚踩西瓜皮，滑到哪里算哪里。真让人怀疑这类话题存在的价值了。课堂气氛算是活跃了，可真正有质量的回答却是少之又少。其次，对这类话题的评价标准不清晰。学生说到什么程度，不好把握。以致出现只要语句通顺连贯，就受到表扬。像《船长》《轮椅上的霍金》《钱学森》《詹天佑》这些课文，不少学生都说："你真值得我们学习。"至于学什么，教者没有追问，对话流于肤浅，成了一种形式。这实质是这类话题过于含糊笼统的结果。再次，这类练笔所体现的实际上是一种消极的语用观。学生说的内容和课文内容联系不够紧密，学生无须使用课文表达的方法，也就谈不上对表达方法的迁移、内化。

正如叶圣陶先生所说："读与写甚有关系，读之得法，所知广博，眼光提高，大有助于写作练习。"在阅读教学中，只有读中悟写，读中学写，将读写有机结合，互相促进，才能收到事半功倍的效果。我们在设计读写结合训练话题时，切不可被课堂学生肤浅的生成表象所迷惑，一定要基于文本，科学设计话题，巧妙实现方法的迁移、能力的提升，切实提高语用的品质。

现象三：方法指导淡化

叶圣陶先生曾说过："阅读得其方，写作之能力亦即随而增长。"只有从阅读中习得写作方法，学会迁移运用，才能实现写作能力的同步提高。我们在阅读教学过程中，要教会学生安排表达顺序，选择构段方式，合理语言组织，进行细节描写。只有这样，学生才能做到言之有法，读写结合才能收到明显成效。

以前面提到的苏教版五年级（下册）《望月》为例。教者在学习"心中月"部分时，在体会小外甥想象形象、奇特的基础上，让学生动笔写写"在我眼中，月亮又像什么"。教者除了象征性地行间巡视外，就是站在一旁，袖手旁观，不停地提醒学生抓紧时间，没有进行深入的写法指导，连"月亮还可能像什么"这样关于练笔内容方面的交流也省去了。难怪学生除了圆盘、月饼这些事物之外，再也找不到其他可以替代的内容了。

听课的老师不禁纳闷：我们的学生真的都能准确领会教者意图，独立进行读写迁移？我们现在的读写结合训练，普遍存在着教师缺位、指导后置的现象。许多时候真的成了课堂上调节上课时间的机动环节。究其原因，一是教者完全相信学生，放手让学生去写，以尊重学生的名义略去了必要的练前指导。二是不少教者认为，学生在交流时出现问题才是指导的最佳时期。试想，学生如果连表达的基本内容都不甚了了，又怎么进行交流呢？读写结合不是简单的读写复制，而是新旧知识、生活经验的相互作用而引发的认识结构的重组，是学生的生活经验在一定环境中自内而外的"生长"。作为教者，要授之以鱼，更要授之以渔。既要注意巧妙选择读写结合的训练点，更要教给学生练笔的方法，实现课内到课外、学习到运用的方法迁移。我们在学生练笔之前，可以先进行必要的口头交流，先说后写。口头交流，帮助学生发散思维，避免素材的雷同，也给教者提供了方法指导的契机，让学生有"法"可依。

为了增强读写结合训练评价的针对性、有效性，我们把读写结合训练分为针对性、趣味性、过程性、主体性、主导性、激励性等六个方面，并制订了相应的《读写结合训练评价表》用来评价读写结合训练的情况，旨在发挥语文课堂教学评价的导向激励功能，引导教师巧妙进行读写结合训练，提高训练的实效。具体量表如下：

读写结合训练评价表

评价项目	评价标准	分值	得分
针对性	能根据文本内容和学生实际选择读写结合训练点。	20	
趣味性	训练内容、形式有利于激发学生的学习兴趣。	20	
过程性	能充分安排学生动笔训练的时间。	10	
主体性	能随时关注学生动笔过程，及时予以帮助。	20	
主导性	能结合教学过程有机进行训练方法的指导。	20	
激励性	能当堂进行训练交流，教者评价语言具有激励性。	10	
综合评价		总分	

（六）资源开发评价

重视课程资源的开发和利用是课程改革提出的新目标。语文教师是语文课程资源的开发者和使用者，也是语文课程实施的基本条件资源。因此，语文教师必须增强课程资源意识，充分发挥自身的潜力，积极进行语文课程资源的开发与利用。教师必须转换角色，不能仅仅充当课程的实施者，也要主动地去开发和利用课程资源；要创造性地去开发和利用一切有助于实现课程目标的资源，充分发挥其在课程实施过程中的作用。

作为一名教师，首先要立足课堂教学，着力开发课堂教学资源，努力寻找知识的生长点，放大课堂教学效应，使课堂效率尽可能最大化。但是，笔者在平时的教研活动中也发现，不少老师出现了对语文课堂教学资源的无度开发，须引起我们的警觉。

　　2008 年 5 月 12 日发生的汶川大地震，成为当年中国乃至世界的重大事件。这一重要事件也迅速走进了我们的语文课堂，成了许多语文老师拓展的重要话题之一。一位老师执教苏教版六年级（下册）《理想的风筝》，在学完课文以后，教者话锋一转，"在汶川灾区，一位女教师在地震来临时，用双手紧紧抓住讲台边。自己被上方落下的东西活活砸死，但她护住了四个孩子的生命！此时此刻，你又认识了一位什么样的老师？"我们暂且撇开学生的发言，但就内容来看，《理想的风筝》是以一个学生的语气，刻画了一位残疾教师的形象。而教者拓展的则是一位舍生忘死护学生的教师形象。一喜一悲，形成了强烈的反差，与课文内容脱节，影响了拓展的深度、效度。

　　我们在安排拓展时，一定要紧扣文本，从学生生活出发，使拓展成为课文内容的延伸、学生生活的再现，真正做到水到渠成。首先，我们进行拓展的目的，就是为了加深学生对文本的理解，而不是为了赶时髦，烘托气氛、调动兴趣的。因此，拓展的内容一定要紧扣文本，使拓展内容和文本无缝衔接，让拓展的根长在课文里，从而拉近学生和拓展内容的距离。一位老师执教苏教版五年级（下册）《望月》时，以"江中月、诗中月、心中月、思中月"巧妙地安排学习过程，最后适时向学生推荐一组有关月亮的诗歌，在朗诵月亮组诗中结束。这样的拓展，由于紧扣课文内容，学生找到了支点，取得了较好的效果。其次，要注意把握拓展的"度"。一是深度。在设计拓展题目时要难易适度，太难了，学生完成不了，反而打消了他们的积极性；太简单了，没有探究的必要。最好能贴近学生的"最近发展区"，贴近学生的认知水平。让学生经过努力，跳一跳就能摘到果子。二是广度。在进行拓展延伸时，要充分考虑学生的实际情况，贴近学生的阅读实际，紧扣课文作适当延伸。在设计题目时，只能略高于学生的知识面，不能漫无边际。既要考虑到题目的开放性，又要注意切口要小。

　　为了增强课程资源开发与运用评价的针对性、有效性，我们把课程资源开发与运用分为针对性、科学性、学科性、趣味性、多样性、有效性等六个方面，并制订了相应的《课程资源开发与运用评价表》用来评价课程资源开发的情况，旨在发挥语文课堂教学评价的导向激励功能，引导教师合理进行课程资源的整合，把握好拓展延伸的"度"。具体量表如下：

课程资源开发与运用评价表

评价项目	评价标准	分值	得分
针对性	能根据文本内容和学生实际进行课程资源的开发利用。	20	
科学性	开发利用的课程资源内容准确，没有科学性错误。	20	
学科性	开发利用的课程资源体现学科特点，具有语文味。	20	
趣味性	开发利用的课程资源有利于激发学生的学习兴趣，为理解课文内容服务。	10	
多样性	能根据课程资源特点，呈现形式多样化。	10	
有效性	开发的课程资源能有效帮助学生理解课文内容，提高学习效率。	20	
综合评价		总分	

二、指向表达的习作教学评价

习作教学历来是小学语文教学的重点，如何量化小学生习作指导课的评价又是习作教学中的难点。长期以来，由于受传统教育观念及沿袭多年的固有评价思维模式的影响，不少学校对教师习作指导的评价往往存在简单化和主观臆断的现象，缺乏科学有效、富有操作性又能令教师心悦诚服的评价手段。这既不利于教师的教学，也不利于学校及有关职能部门的评教，在很大程度上也伤害了学生习作的积极性。因此，制定相对稳定的小学生习作指导评价量表，将对教师习作指导课的评价要素基本量化，就能客观地综合评价教师课堂习作的教学行为，形成习作指导评价——学生习作评价——习作评讲评价的科学完整的习作评价链，从而激活教师教学水平的提升，激发学生的习作兴趣，增强小学习作指导过程的效度。

（一）素材搜集评价

素材对作文的重要性不言而喻。教会学生写好作文的关键在于激发学生热爱生活、学会观察，引导他们到生活的海洋里去寻觅作文的材料，使其有米下锅。一位老师执教苏教版五年级（上册）《习作二》。这次习作要求学生介绍一种小动物。课前由于没有布置学生认真准备，学生在打草稿时，基本都是模仿书上的范文《帅鸽》来写，千篇一律。本来，教者认为，书上有现成的范文引路，再加上孩子们都喜欢小动物，肯定也乐意写小动物，所以布置预习的时候就没有提具体要求，也没有做有针对性的指导，结果可想而知。事实再一次提醒我们，要提高习作效率，一定要把指导前移在素材的搜集环节，让学生有米下锅。

课程标准指出：不同学段学生的写作都需要占有真实、丰富的材料，习作中要重视写作材料的准备过程。不仅要具体考察学生占有什么材料，更要考察他们占有各种材料的方法。要用积极的评价，引导和促使学生通过观察、调查、访谈、阅读、思考等多种途径，运用各种方法搜集生活中的材料。要让学生懂得写作是为了自我表达和与人交流。培养学生养成留心观察周围事物的习惯，有意识地丰富自己的见闻，珍视个人的独特感受，积累习作素材。

为了更好地帮助学生搜集素材，我们在反复调研的基础上，设计了《学生习作素材搜集评价表》，对学生搜集素材提出了具体要求，即要有明确的观察对象，搜集材料目的明确，注意运用多种感官（看、听、摸、闻等）搜集素材，详细记录人物的语言、动作、神态、心理，观察时注意点面结合，通过调查、阅读、上网以及他人交流等多种途径积累习作素材。在评价方式上，可以采用小组互评，也可以学生自评，帮助学生明确素材搜集的基本要求，提高素材搜集的质量。以下是《高年级学生习作素材搜集评价表》。

高年级学生习作素材搜集评价量表

评价内容	得分
要有明确的观察对象，搜集材料目的明确。（20分）	
注意运用多种感官（看、听、摸、闻等）搜集素材。（20分）	
详细记录人物的语言、动作、神态、心理。（20分）	
观察时注意点面结合。（20分）	
通过调查、阅读、上网以及他人交流等多种途径积累习作素材。（20分）	
综合评价	总分

（二）习作指导评价

写作教学是语文学习的重要组成部分，写作能力是学生语文素养的综合体现。课程标准指出："写作是运用语言文字进行表达和交流的重要方式，是认识世界、认识自我、进行创造性表述的过程。"可见，习作是学生认识水平和语言文字表达能力的具体体现，小学语文写作教学是语文教学中不可缺少的重要环节，旨在培养学生初步的书面表达能力。这方面基础打得如何，将对学生的长远发展产生重要影响。

在最近观摩的写作专题教学比赛中，我们发现，为了指导学生写作，执教者可谓想尽了办法，有的制作了精美的课件，有的出示了优美的范文，有的进行了精彩的表演。但不少老师仍然对写作教学要求把握不清，训练机械重复，形式简单呆板。在随后进行的研讨活动中，大家对当前的写作教学提出了自己的看法，展开了激烈的争论。主要分歧集中在三个方面：小学写作教学重立意还是重选材，重内容还是重语言，重规范还是重个性？这三个方面的分歧，从一定程度上反映了当前写作教学的现状，说明许多教师对写作教学的认识存在一定的误区，也引起了笔者对习作指导评价的深入思考。

1. 重立意还是重选材

庄子说："语之所贵者，意也。"杜牧也认为："凡为文以意为主。"可见作文如何立意至关重要。所谓立意，就是确立中心思想，也就是确定想要通过所写的内容，表达什么观点，表明什么态度，达到什么目的。这是写好作文的关键。同时，选材也是我们写作文很重要的一个组成部分，一般审题结束就进入选材阶段了。我们常说，巧妇难为无米之炊。没有适合的素材，再高明的作家也写不出优美的文章来。可见选材对于作文也非常重要。

在本次活动中，几位老师执教苏教版六年级（下册）《习作7》"给老师的一封信"，要求学生以书信的形式写下对老师的心里话。第一位老师通过出示图片引导学生回忆六年来教过自己的老师，接着让学生分组讨论：你最难忘的是哪位老师，想对老师表达什么情感？在进行交流的时候，教者引导学生聚焦作文主题，体会立意的重要性。学生有的表达对老师的感激，有的表达对老师的敬佩，也有的表达和老师之间的情谊。然后要求学生根据自己的立意去选择作文的素材。但大多数学生都是通过写老师关心自己的学习表达对老师的感激之情。第二位老师在通过图片引导学生回忆六年来感人情景的基础上，着重聚焦"你最想写给谁"这个核心话题，接着出示选材学习单（见下表），要求学生先想好你想给哪一位老师写信，再好好回忆一下与这位老师有关的事例，在学习单上至少写三件难忘的瞬间。在交流具体事例的过程中，让学生在最想写的事例前打"√"，并说说为什么选择这个事例。学生在交流的过程中逐步明白：最能表达自己的情感、最有话可写、能进行细节描写的事例就是典型事例。在接下来的动笔过程中，多数学生洋洋洒洒，一挥而就，作文写得具体、生动，情真意切。

选材学习单

具体事例	你最想写给谁? _____
①	

具体事例	你最想写给谁？_____
②	
③	

那么，在小学阶段的写作教学中，究竟是重立意还是重选材呢？答案是明确的，二者应该做到和谐的统一。也就是说，在立意的时候就要兼顾到选材，在选材的时候就要考虑到立意。如果把二者割裂开来，就立意谈立意，往往很难打开学生写作的思路。同理，如果就选材谈选材，学生作文的高度很难提上去。像上例，第二位老师采用通过简洁直观的表格，让学生在与老师有关的三件事例中选择一件最能表达自己的情感、最有话可写、能进行细节描写的事例来写。教者通过这样的训练形式，把选材和立意很好地结合在一起。学生在对素材的反复比较中，学会挑选最能表达自己情感的一件事来写。学生选材和立意的能力得到明显提高，训练取得了明显成效。

2. 重内容还是重语言

我们知道，小学生作文处于起步阶段。许多学生在写作文时经常眉头紧锁、抓耳挠腮，苦不堪言。一方面是小学生没有丰富的语言积累，以至于出现表达空洞、甚至词不达意的情况；另一方面是小学生没有丰富的生活积累，常常出现内容匮乏、甚至无话可说的情况。那么，小学写作指导是着力进行内容指导，还是着力进行语言积累呢？

在本次专题研讨活动中，几位老师执教苏教版二年级（下册）《可爱的小动物》。一位老师先播放一段有关金鱼的视频，然后引导学生说话。在学生说话的过程中，教者出示"红通通、红艳艳……"等词语来说说金鱼的头，出示"圆滚滚、圆溜溜……"等词语来说说金鱼的身子，出示"……像……"的句式来说说金鱼的尾巴，最后用"小金鱼真可爱！……"的构段方式来写一段话。整个指导细致、有序、实在，学生进步很快。只是学生交流的写话大同小异，有点千篇一律的感觉。第二位老师则利用动画人物喜羊羊来贯穿全课。喜羊羊领我们参观动物园，看谁记住的动物多；喜羊羊想编一本《动物百科全书》，想请同学们帮忙；喜羊羊选了一篇介绍大公鸡的习作，看能不能入选；最后学生自己介绍动物，说给同学们猜猜。在整个指导过程中，学生受到喜羊羊的启发，纷纷选择自己喜爱的动物来介绍，内容丰富多彩。在课后评议时，大家就"作前指导的重点是内容还是语言"产生了分歧。一种观点认为，就小学生而言，作前指导的重点应该放在语言上面。因为小学生年龄小，语言积累少，还不能做到有序、生动地表达。作为教者，应该借助范文，引导学生逐步学会表达，实现由扶到放。另一种观点则认为，小学生阅历浅，生活枯燥单调，写作素材极度匮乏，作前指导的重点应该放在内容上面。作为教者，应该从学生生活入手，激起表达欲望，寻找表达的切口，帮助学生选择合适的表达内容。

作前指导是指导学生写作的极为重要阶段。小学生习作内容匮乏，方法缺失，处于无话可说、无法可说的状态，急需得到教师的指导。而且，小学生普遍具有向师性，教师的一言一行，都是他们学习的榜样，可以说，教师的作前指导立竿见影。但就表达的实质来说，我们首先需要解决的是"说什么"的问题，然后再解决"怎么说"。如果学生找不到表达的内容，即使有高超的表达方法，也无济于事。从这个角度来说，写作的内容大于形式。我们在写作的起始阶段，先要帮助学生学会选择适合的表达内容。第一位老师指导学生说金鱼很有效果，按头—身—尾的顺序，用叠词、比喻句，把金鱼的外形很生动地介绍了出来。但是，学生介绍得再生动，还是教师心中的"金鱼"，不是学生心中的那条"金鱼"。第二位老师利用动画人物喜羊羊来激起学生写话的兴趣，引导学生选择自己喜爱的动物来介绍。可能没有第一节课上学生写话那么有序、生动，那么中规中矩，但这是学生心中可爱的"动物"，学生自己有成就感。因为他们说出了自己想说的动物。当然，学生习作的语言积累也是必不可少的。我们可以与内容指导进行有机整合，让学生不仅有话说，而且把话说好。

3. 重规范还是重个性

作为表达和交流的重要方式，书面的写作总是和一定的语言形式联系在一起。不仅是常见的应用文体对形式的要求很高，规定了相应的固定格式，就是学生经常写的记叙文，也有一些宏观的、约定俗成的格式要求。正是这些具有别具一格的形式要求，才使这些文体有了鲜明的个性特点和强大的生命力。

正因如此，许多老师都特别重视作文的外在形式，这本身无可厚非。问题是他们把作文训练进行机械地分割，变成固定的所谓"套路"，形成了变相的"八股文"。如一位老师特别重视引导学生编列提纲。每次作文之前都要求学生把提纲列出来进行交流。但这位老师把作文提纲进行格式化、绝对化，开头、中间、结尾都规定了必须写的内容。学生实际上是进行一种填空的训练。

说到底，是全班学生按照老师的思路在编列同一个提纲。还有一位老师在作文训练之前，要求学生背诵相关的开头、结尾，在进行作文写作时，直接把背诵的开头、结尾用到作文当中去。这样就容易出现作文千篇一律的现象。

诚然，作文需要规范化的语言训练，从一定程度上可以帮助学生增加积累，规范语言，提高语言表达能力。但同时，我们应该清醒地看到，上述种种做法实际上是一种急功近利的形式化训练，长此以往，必将扼杀学生写作的兴趣，将写作教学引向死胡同。叶圣陶先生曾经说过："我们不能只思索作文的法度、技术等问题，而不去管文字的原料。"巴金先生也认为，文学的最高技巧是无技巧。这些大家的表述清楚地告诉我们，在日常写作教学过程中，要引导学生从内容入手，帮助学生积累写作素材，精选事例，学习方法，进行个性化的表达。要重在激发学生表达的欲望，选择自己感受最深、最熟悉、最感兴趣的事来写，从而把文章写得具体、生动，而不是一味地用规范化去扼杀学生表达的个性化。

为了提高习作教学的效率，有必要对习作指导过程进行科学合理的评价。我们准备从习作内容的导入、教学方式的选择、教学手段的运用及指导过程的状况四个方面对教师习作指导的过程作客观的量化评价。教师习作指导评价的关键是教师在习作教学中指导是否得法；是否注意突出重点，突破难点；是否运用积极有效的教学方式与教学手段启迪学生的思维，打开学生的思路，调动起学生作的积极性，提高习作的效率。具体评价量表如下：

习作指导评价量表

评价项目	评价内容	得分
习作导入（10分）	1. 精心设计课堂导入有效激发学生的习作兴趣；（4分） 2. 导语自然、新颖、紧扣题目。（6分）	
教学方式（20分）	1. 能做到教师主导和学生主体的和谐统一；（4分） 2. 教学方式得当；（8分） 3. 能调动学生习作的积极性。（8分）	
教学手段（20分）	1. 应用现代化教学手段并做到运用娴熟、自然、合理；（10分） 2. 能有利于突破教学难点，提高指导的针对性。（10分）	
指导过程（50分）	1. 指导过程能紧扣教学重点、难点；（20分） 2. 注意增强师生双边活动。（10分） 3. 学生习作进步明显。（20分）	
综合评价		总分

（三）习作批改评价

写作能力是学生语文素养的综合体现，在语文学习中占有重要地位。有经验的语文老师高度重视学生写作技能的训练和写作能力的提高。改进作文教学方法，是提高语文教学效果的一个重要方面。习作批改在作文教学中发挥着重要作用。我们常说，作文是写出来的，也是改出来的。俄国文学家陀思妥耶夫斯基说过："作家最大的本领是善于删改。谁善于和有能力删除自己的东西，他就前程远大。"可见，习作批改对于提高作文水平的重要性。

但是，笔者在平时的习作批改中却发现，一般作文批改都是教师批、学生看，批语都是教师一统天下、学生袖手旁观，结果教师精批细改，改得辛苦，收效却微乎其微。再看看教师批语的内容，许多批语非常空泛，有的过于专业，学生不知所云；有的过于笼统，学生看得一头雾水。可见，习作批改已经成为作文教学的软肋，需要引起我们足够的重视。

要提高习作批改的实效，拉长这块短板，就要切实转变观念，让学生充分参与到习作批改中来，改变习作批语教师一统天下、学生袖手旁观的单一式批改模式，实行师生交互式批改。

所谓交互式批改，就是指在习作批改过程中，改变传统的教师批、学生看的单向流程，让教师和学生共同参与习作的批改，在教师与学生以及学生与学生之间形成多边互动的批改过程。在交互式批改过程中，师生共同参与习作的批改，在师生、生生之间形成一种不间断的文字互动交流。交互式批改作为一种互动式的习作批改方式，师生都是批改的主体，极大地调动了学生参与的积极性。学生在批改的过程中，随时了解自己作文存在的问题，及时进行修改，而不是像以前那样置身事外。实际上，交互式批改让学生真正参与了习作的全过程，扭转了以前习作批改的被动局面，极大地提高了作文的效率。笔者在平时的作文教学过程中，尝试着运用师生交互式批改，取得了初步的教学实效。现将具体操作策略介绍如下：

1. 学生复评

一般情况下，我们的习作批改以老师为主，教者通过有针对性的点评和概括性的总评，肯定习作的优点，提出努力的方向。尽管教者尽心尽力，学生一般一看了之，甚至还有连看也不看一眼的。习作的批改失去了应有的作用。为了改变这种状况，我们要求学生对老师的评价进行复评，也就是学生续写批语，进行第二次评价。

学生每次习作完成以后，经过小组初评、教师总评，习作的优点、不足已经一清二楚了。此时，最需要学生把这些评价内容进行消化、吸收，进一步明确作文的标准，明晰努力的方向。学生的复评，正好弥补了这一环节。我们要求学生复评的时候，要在老师评语的后面写下自己的想法、感受。可以和老师进行深入探讨，可以对评价的等第进行质疑，可以畅谈今后习作努力的方向，可以表达对老师的感激之情。学生复评习作，实际上也多了一次和老师深入互动交流的机会。通过复评，学生对自己习作的优缺点了解更透彻了，今后努力的方向也就更清楚了。现在，我们班的学生拿到作文本，最喜欢看的就是老师的评语。复评习作，评出了师生之间的深入交流，评出了学生习作的飞速进步。

2. 生改师批

学生是作文的真正主人。因此，我们在作文教学过程中，要一切从学生的实际出发，立足于每一个学生的长远发展。在进行习作批改时，教师不能一锤定音，搞话语霸权，要充分调动学生参与的积极性，让学生参与自改，给学生更多的话语权。

在笔者最近参加的一次作文专题教研活动中，我们看到，更多的是还是教师主导。教者根据实物展示台上呈现的学生习作，时而圈圈画画，时而写上评语。过程不能不说实在，但总觉得和学生隔着一层纱。教者评价过于专业，表述术语较多。"选材很典型""细节描写很细腻"这样的评价随处可见。应该说，教者是从本次训练的教学目标出发，从选材、语言、结构等多方面进行了有针对性的评价。但由于缺少了大多数学生的参与，实效可想而知。可能教者认为，学生点评过于肤浅，不能发现问题，说不到点子上。但这正是需要教者点拨、引导的地方。为了改变这种状况，笔者在平时习作点评的过程中，以学习小组为单位，先实行组内自评、互评，然后学生综合大家的意见，给习作做出全面的评价。

为了方便学生自改，我要求学生把习作的要求用表格的形式写在习作的后面，然后逐项对照。如五年级下册习作 7《月夜遐思》的自改内容如下：

作文要求	评 价 等 第			总评
	优秀	良好	一般	
想象丰富				
中心突出				
内容具体				
结构完整				

　　学生对照上述要求，小组讨论，确定评价等第。实际上，小组讨论的过程，既是发现优点、提出不足的过程，也是进一步明确评价的标准的过程。可能学生评价不够全面、深刻，但这是学生互动参与的足迹。虽然还很稚嫩，但却是属于他们自己的评价。教师在接下来的评价中，会更有针对性。此时，教者充分了解了学生真实的想法，引导会更明确，措施会更到位，效果会更好。

　　3. 网络互评

　　信息技术的产生，改变了人们的生活，改进了学生学习的方式，也给习作批改提供了极大的便利。网络资源的开放性、互动性方便了习作的交互式批改，师生互动、生生互动，适时交流，方便高效。

　　在平时的习作批改过程中，我们注意利用网络资源把修改贯穿在习作的全过程，使作文的过程同时也是修改的过程。利用网络联机的优势，可以随时关注学生作文的进展情况。把作文过程中出现的审题、选材、遣词造句等共性问题通过联机的方式组织大家讨论，避免重蹈覆辙，体现了指导的开放性。学生草稿完成以后，我们充分发挥网络开放性、互动性的优势，由学生自主选择合作伙伴，自主选择要修改的草稿，采用自己喜欢的方式互动点评。可以增删调改，可以添加批注，可以打"？"共同斟酌，可以用丰富多彩的图片表达自己的情感……当然，点评要以鼓励性为主，肯定闪光点。在交互点评的过程中，遇到不清楚的还可以和作者进行网上沟通，达到共同提高的目的。经过几轮交互点评，小作者再次看到习作时，上面不仅是对习作的评价，更是对小作者的一种关爱、一种期待。然后小作者充分发挥自己的主观能动性，对草稿进行二次创作。经过小作者的内化、推敲、思考，作文一定会上一个新的高度。

　　4. 动态评价

　　在平时习作批改过程中，我们还发现，教者对于一篇习作的评价，无论是采用优良评价，还是星级评价，都是一次性评定。可能这样便于操作。拿到作文本，评定好的同学眉开眼笑，不太理想的同学愁眉苦脸。这样做，从某种程度上也挫伤了部分学生习作的积极性。实际上，我们可以根据训练重点和时间安排，实行交互动态评价，让每一个学生都能收获成功的喜悦。笔者在平时习作点评的过程中，借助星级评价的方式，实行动态评价。在每次习作前，公布星级评价的标准，上不封顶，鼓励冒尖。组内初评时，小组成员共同评定星级，并提出修改意见。然后学生进行修改完善。全班复评时，结合学生修改情况，重新进行星级评定。学生看到在自己的努力下，星级有了提高，得到了同学们的肯定，找回了写作的自信心。

这种改一次性评定为动态评价的方法，更加注重过程的指导，是一种贴近学生实际的评价方式。学生在一次次的交互动态评价中，写作兴趣得到充分激发，写作技能得到有效训练，看到了成功的希望。可以想见，学生将在一次次的动态评价中，收获写作的喜悦，不断驶向成功的彼岸。

实践证明，实行交互式批改，学生充分参与习作评价的过程，对自己习作的优劣有了透彻的了解，作文有了明确的方向。学生在这种贴近实际的交互式批改中，不断收获成功的喜悦，等待我们的，必将是不可预约的精彩。具体评价量表如下：

学生交互式批改评价表

评价项目	评价内容	得分
学生复评 （20分）	1. 对自己作文的优缺点了解清楚；(10分） 2. 在老师评语的后面写下自己的想法、感受。(10分）	
小组共评 （30分）	1. 积极参与小组批改；(10分） 2. 能明确批改标准；(10分） 3. 主动提出自己的意见。(10分）	
网络互评 （20分）	1. 能参与网络互评；(10分） 2. 能提出有价值的意见。(10分）	
动态评价 （30分价）	1 能参与动态评价过程；(10分） 2. 能按照修改意见及时修改习作；(10分） 3. 复评等第是否有明显进步。(10分）	
综合评价		总分

三、指向表达的口语交际教学评价

新一轮课程改革中，口语交际作为一种重要的语文素养被提了出来，与识字、写字、阅读、写作、综合性语文学习一起成为语文教学的重要内容。

口语交际是听话、说话的发展，是一种双向甚至多向互动的语言活动，它具有情境性、突发性、互动性、综合性等特点，在口语交际实践中，不仅反映学生的口语交际的知识和技能，更蕴涵着良好的心理素质、浓厚的交际兴趣、积极的情感体验、健康的价值观、较强的审美能力等方面的发展。因此，口语交际教学评价比一般的课堂教学评价更难以用传统的考试方法来衡量，它更应立足过程，促进发展。笔者试图从口语交际的过程入手，选取学会倾听、规范表达等有代表性的两个方面，探究指向表达的口语交际评价实施的基本策略。

（一）倾听能力评价

我们知道，口语交际是听话、说话的发展，是一种双向甚至多向互动的语言活动。可是，我们在平时的口语交际课上却经常看到，学生上台发言踊跃，气氛活跃。而其他的学生有的小声议论，有的东张西望，和发言的学生形成鲜明的对比，更不要说台上台下形成互动了。有时即使老师点名提问时学生也是言不达意。可能台下的学生认为口语交际是台上学生的事，与自己无关。口语交际课成了台上发言的学生唱"独角戏"。实际上，问题的实质是台下的学生没有认真倾听。那么，如何提高学生口语交际过程中倾听的效率呢？笔者在平时的教学实践中尝试着用评价量表来训练学生倾听的策略，取得了较好的效果。

我们在反复调研的基础上，从学生倾听的过程、要求入手，探究进行评价小学生口语交际过程中倾听能力的基本要素，力求构建小学生口语交际倾听能力发展性评价的理论体系。我们从实际情况出发，从三个方面提出了明确要求，即听中理解、听中品析、听中交流。我们认为，听中理解是前提，听中品析是基础，听中交流是保证。只有这三方面都兼顾了，才能说学生倾听能力提高了。为此，我们从这三方面入手对学生的倾听能力进行评价，并制定了小学生倾听能力评价量表。

首先，要做到听中理解。也就是要让学生明白"听什么"。听中理解要求学生能主动地做好倾听的准备，注意力集中；能边听边观察，对发言者的表情、手势、语气等给予关注，并从中获取信息；能认真、耐心倾听，边听边思考，做到耳到、心到；能把握发言者的主要内容，抓住要点。通过听中理解，对听的内容有一个准确、全面的把握。

其次，要做到听中品析。也就是要让学生学会"怎么听"。听中品析要求学生能品评内容和语言的正误，是非和优劣；能主动、有针对性地就发言者的议题，提出自己的见解或疑问；能及时给予对方肯定，在倾听的同时形成自己的认识并及时修正自己的观点看法。也就是通过"听中品析"，对听的内容进行中肯的品析，形成自己的观点。

最后，要做到听中交流。也就是要让学生学会交流，变单向的信息发布为双向、多向的互动交流。听中交流要求学生倾听别人讲话时，表情自然，神态专注，注意和对方进行眼神交流；不随意打断对方说话，别人说完后要做出有礼貌的反应，再发表自己的见解；能根据交流对象的不同，采取不同的倾听方式。也就是通过"听中交流"，对听的内容进行适时的交流，深化对话题的理解。具体评价量表如下：

中高年级学生倾听能力评价量表

评价要素	评价标准	评价得分
听中理解 （40分）	1. 主动地做好倾听的准备，注意力集中。	
	2. 能边听边观察，对发言者的表情、手势、语气等给予关注，并从中获取信息。	
	3. 认真、耐心倾听，边听边思考，做到耳到、心到。	
	4. 能把握发言者的主要内容，抓住要点。	
听中品析 （30分）	1. 能在听中辨析，品评内容和语言的正误，是非和优劣。	
	2. 能主动、有针对性地就发言者的议题，提出自己的见解或疑问。	
	3. 及时给予对方肯定，在倾听的同时形成自己的认识并及时修正自己的观点看法。	
听中交流 （30分）	1. 倾听别人讲话时，表情自然，神态专注，注意和对方进行眼神交流。	
	2. 不随意打断对方说话，别人说完后要做出有礼貌的反应，再发表自己的见解。	
	3. 能根据交流对象的不同，采取不同的倾听方式。	
综合评价		总分

（二）表达能力评价

提高学生的口语交际能力，首先要增强表达的规范性。口语交际是人与人之间口头语言交流的过程，要做到信息准确的传递，符合基本的语法要求。规范性是表达能力的基本要求。一位老师执教五年级（下册）《七嘴八舌话环保》口语交际。教者把主要精力放在指导交际的内容上面，对学生表达的语言没有提出具体要求。学生在互动交流时，表述啰唆，有些还不得要领，口头禅也较多。这给我们的口语交际敲响了警钟。帮助学生规范学生表达能力，提高口语交际的效率，关键在于明确规范表达的标准。

我们在反复调研的基础上，从学生口语交际的过程、要求入手，探究进行评价小学生口头表达能力的基本要素，力求构建小学生口头表达能力评价的理论体系。我们从实际情况出发，从四个方面提出了明确要求，即语音、词汇、语言规范，语气、语调、语速适宜，层次、指向重点清楚，表情、体态语言恰当。只有这四方面都兼顾了，才能说学生口头表达能力提高了。为此，我们从这四方面入手对学生的口头表达能力进行评价，并制定了小学生口头表达能力评价量表。

首先，语音、词汇、语言要规范。我们知道，语言是信息的载体，是口语交际的外在表现，是学生口语交际能力最直接的体现。如果没有较好的口头语言表达能力，口语交际活动就失去了凭借。为此，我们在评价学生口头表达能力时，首先要求学生的语音、词汇、语言要规范，要让别人听得懂。具体说，就是能用普通话交谈；口齿清楚，发音准确，语调自然；用词准确，语言规范，无语病。

其次，语气、语调、语速要适宜。我们在进行口语交际时，要充分考虑到听众，语气、语调、语速要适宜，要让别人听清楚。具体说，就是语流顺畅，语气适当；停顿合理，快慢相宜，张弛有度；能自然、大方、准确、连贯地表达自己的想法。

第三，层次、指向、重点要清楚。我们在进行口语表达的时候，要注意抓住要领，不能面面俱到。要按一定顺序，娓娓道来，不能杂乱无章。具体说，就是表达内容完整，层次清晰，重点突出；讲述见闻，内容具体，语言生动；能有中心、有条理、有依据、有针对性地发表意见。

最后，表情、体态语言要恰当。有时候，我们的口头语言也有局限性，表现力还不够强。这就要发挥体态语言得优势，对口语进行适时、适度的补充。一个眼神、一个手势，往往能弥补语言表述的某种不足，起到形象直观、通俗易懂的效果。具体说，就是做到情理兼容，能吸引和打动对方；能恰当地使用表情语言和体态语言；语言文明，注意语言美。

兴趣是最好的老师。当学生对某种事物产生兴趣时，就会主动去做，就会获得更多更丰富的知识、技能。为了激发学生写字的兴趣，我们在反复调研的基础上，提出了对学生口头表达能力进行星级评定的方法。把学生口头表达能力按语音、词汇、语言规范，语气、语调、语速适宜，层次、指向重点清楚，表情、体态语言恰当等指标要求分为三个星级，进行星级等级评定，极大地调动了学生口语交际的积极性。另外，教者还可以结合本班实际，自行添加评价内容，以提高评价的针对性、实效性。具体量表如下：

中高年级学生口头表达能力评价表

评价要素	评价标准	评价得分
语音、词汇语言规范（30分）	1. 能用普通话交谈。	
	2. 口齿清楚，发音准确，语调自然。	
	3. 用词准确，语言规范，无语病。	
语气、语调语速适宜（20分）	1. 语流顺畅，语气适当。	
	2. 停顿合理，快慢相宜，张弛有度。	
	3. 能自然、大方、准确、连贯地表达自己的想法。	
层次、指向重点清楚（30分）	1. 表达内容完整，层次清晰，重点突出。	
	2. 表达内容具体，语言生动。	
	3. 能有中心、有条理、有依据、有针对性地发表意见。	
表情、体态语言恰当20分	1. 做到情理兼容，能吸引和打动对方。	
	2. 能恰当地使用表情语言和体态语言。	
	3. 语言文明，注意语言美。	
综合评价	总分	

第三节　指向表达的评价策略

课堂教学评价是一种真实性评价，即在真实的课堂教学情境中，观察教师的课堂教学表现并收集与教学相关的多种信息，进行分析，为教师改进课堂教学提供依据。不同的评价策略会产生不同的评价效果。为了提高指向表达语文课的评价效果，提高评价的针对性、实效性，下面着重探讨指向表达教学评价的改进策略。

一、淡化分数评价

一位老师执教苏教版六年级（下册）《最大的麦穗》一课。在学习过程中，教者十分注意引导学生结合课文内容评价人物。这本身无可厚非。可笔者发现，教者在引导学生评价时，常常要求学生给人物打分。比如，学了课文2—5自然段时，要求学生给弟子打分，"弟子们摘麦穗的表现，你准备打多少分？"学了课文第二部分后，要求学生给苏格拉底打分，"你觉得苏格拉底是一位什么样的老师，你向给他打多少分？"在学生回答问题的过程中，要求其他学生给回答问题的学生打分，"你觉得他的发言可以打多少分？"下课之前，要求学生给教者自己打分，"你觉得老师这节课上得怎么样，你也来给老师打多少分？"可以说，量化评分是教者评价人物的一个特点。笔者以为，在全面推进课程改革的今天，给人物量化评分的方法并不可取。

首先，分数评价违背了课改精神，与素质教育理念格格不入。"以人为本"是这次课改的基本价值取向。这就要求我们要充分关注每一位学生，尊重他们，信任他们，促进他们的可持续发展。而在课堂教学中采用分数评价，往往更多地关注表面现象，就问题论问题，实质是"目中无人"。"你觉得他的发言可以打多少分？"这本身就是不科学、不严肃的问题。实际上，对一位学生的发言，可以从不同的角度来评价。作为教师，应该学会用欣赏的眼光看对学生的发言，善于找亮点，以此鼓励学生发言的积极性。"你觉得他的发言可以打多少分？"恰恰打消了学生发言的积极性。与其让别人品头论足，还不如做忠实的听众。长此以往，还有谁愿意举手发言呢？因此，无论是给文中人物，还是学生，我们在评价时，都不宜用分数。

其次，就实质来说，对人物的评价往往很难量化。我们知道，量化评价的优点是十分精确。但正因为它精确，所以，必须有明确的评价标准，否则，容易走向随意。而对人物的评价恰恰是很难有绝对的标准。再看上例，"弟子们摘麦穗的表现，你准备打多少分？""你觉得老师这节课上得怎么样，你也来给老师打多少分？"试想，学生打分的标准如何掌握？打高了，明显偏离事实，成了浮夸；打低了，违背事实根据，留下笑柄。实际上，不要说学生，就是成人，一时还难以掌握评价标准，教者这样做，确实为难学生了。

有经验的老师，在评价人物时，常常采用概括评价的方法。既保护了学生的自尊心，又指出了改进的方向。如上例的问题，如果换一个角度来提问，"你觉得弟子们摘麦穗的表现怎么样？""你觉得苏格拉底是一位什么样的老师？""他的发言给你什么启发？"这样的问题，方向清楚，便于学生解答，实际上，也把学生的注意力引向文本，把语文学习真正落到了实处。

课堂是师生交往互动、情感共鸣、思维共振、认知共建的学习活动"舞台"，是师生生命活动的组成部分。我们应该借助评价，激起学生学习的积极性，更好地引导学生主动学习，催生出富有生命活力的课堂！

二、鼓励"绿色"评价

这里的"绿色"评价，是指立足于促进学生的长远发展，通过教者的评价，激起学生学习的兴趣，树立学习的信心，鼓起学习的勇气，明确努力的方向，学习不断迈上新台阶。在以人为本的今天，我们的课堂应该充满着这样的"绿色"评价。

一位老师执教苏教版四年级（上册）《九色鹿》。教者请一位同学发言。这位同学回答问题声音很低，教者很不满意地瞪了她一眼，说："你对这个问题还没有准备好，是吧？没有信心就不要举手！"这位学生红着脸坐了下来。笔者注意到，这位同学一直到下课也没有再举手。类似这位老师的课堂评价，在平时的教学活动中并不少见。这样的粗暴评价严重挫伤了学生学习的积极性，显示了教师在评价上的话语霸权，是教师中心论的体现，与课改理念背道而驰。在深入推进课改的今天，教者更应蹲下身子评价学生，和学生平等对话，对学生要细心呵护，努力使自己的评价多一些"绿色"。

1. 尊重学生，让课堂多一份生命的"绿色"

为了每一个学生的发展是贯穿这次课改的基本精神。这就要求我们要改变过去那种目中无人的教学，由学科本位转向以人为本。我们面对的是有生命活力的学生，作为教师，在对学生进行评价时，首先要尊重学生。尊重学生的人格，维护生命的尊严。要使课堂充满生命的活力，教师的评价就要多一份生命的"绿色"。带有歧视性、侮辱性的语言不应该出自教师之口。"你怎么就不开窍呢？"像这样的评价，本身就是对生命的漠视，和课改的精神格格不入，理应从教师的字典里删去。

其次，在和学生对话的时候，作为教师，不能高高在上。就实质而言，师生是平等的。师生对话的前提是平等对话。教师作为平等的首席，要蹲下身子，主动贴近学生，参与对话。要以伙伴的身份，和学生心相通，言相连。因此，在对学生进行评价时，教者不要充当训导师的角色。要以协商的口吻，和学生交换看法。"你的回答让老师眼前一亮，能具体谈谈吗？""好样的，你的想象多么奇特！要是能紧扣课文该多好。"这样的评价，学生听了心情舒畅，思维活跃，课堂也就真正多了一份生命的"绿色"。

2. 鼓励学生，让课堂多一份希望的"绿色"

作为教师，要有一双会发现的眼睛，善于发现学生身上的闪光点。从课堂的细微处，找寻学生的亮点，并及时放大，让学生看到自己的进步，感受到老师的关爱。"瞧，你说得多流畅！""你朗读得多有感情！"一句句富有人性化的鼓励性评价让学生看到了成功的希望，体会到了进步的喜悦，必然会煽起学生继续探究的欲望。在老师的一步步鼓励之下，学生逐步驶向成功的彼岸。

尽管鼓励会给学生以前进的力量，但是，一味地鼓励反而容易使学生迷失方向。这就要求我们在鼓励的同时，要帮助学生指出需要努力的地方，扶学生一程。当然，我们在提醒学生的时候，要注意保护学生的自尊心，语气委婉，让学生感受到老师的那份爱。"你读得很有情感，可是许多同学还没有欣赏到。能让大家都听清楚吗？""你发言很积极，可惜语言还没有组织好，相信再说一遍会更好。"一句句充满希望的"绿色"评价，巧妙地指出了学生努力的方向，给予了改正的勇气，使学生看到了希望，重塑了信心。有了强烈的自信心，成功还会远吗？

尊重学生，让课堂多一份生命的"绿色"；鼓励学生，让课堂多一份希望的"绿色"。绿色孕育着希望，充满着生机。让我们的课堂多一些"绿色"的评价，让"绿色"评价滋润着学生的心田，呵护着学生健康成长！

三、倡导延后评价

教学评价是依据教学目标对教学过程及结果进行价值判断并为教学决策服务的活动，是对教学活动现实的或潜在的价值做出判断的过程。虽立足于教学，但教学评价的基点是为了学生的学习。即为了学生能达到课程标准制订的各项目标，有助于他们的成长和今后的发展。评价对教师和学生具有监督和强化作用。通过评价反映出教师的教学效果和学生的学习成绩。经验和研究都表明，在一定的限度内，改变评价方式，变及时评价为延后评价，对学生的学习动机具有很大的激发作用，可以有效地推动课堂学习。

一位老师执教低年级的写字课。在学生练习的过程中，教者边走边评价，用的是加星的方法。只见教者走到一位同学身边，看到这位同学的字结构不够美观。教者并没有急着给他加星，而是提醒他说："这位同学如果注意结构美观，就可以加三星了。老师相信他一定能做到，等会儿老师再给他加星。"过了一会儿，当教者第二次走到这位同学身边时，这位同学把刚才的字重写了一遍，教者及时表扬了他，并给他加了醒目的三颗星。（后经了解，在该校书写星级评定中，三星为达标星级。）这位学生的脸上露上灿烂的笑容。坐在旁边听课的老师不禁为教者"等会儿老师再给他加星"的评价方法叫好。

"等会儿老师再给他加星"，实际上就是我们平常所说的延后评价。它是和同步的及时评价相对应而言的。有些时候，延后评价虽不如及时评价那么直接，但是往往能收到意想不到的效果。上面的教学案例就是例证。

首先，延后评价留给学生努力的时空。教者在课堂上进行巡视、检查时，肯定会发现不少学生的作业存在问题，需要及时改进。实际上，我们学习的过程，就是引领学生不断地改正错误，完善自我，走向成功。促进学生发展是课堂教学的出发点和归宿。学生作业存在问题，是直接进行一次性评价，还是采用发展的观点进行多次动态评价？以上例证给出了答案。"等会儿老师再给他加星"，其实就是给了学生改进、提高的时间，也就是给学生多次成功的机会。学生在老师的友情提醒下，明确了努力的方向，需要的只是时间。延后评价恰恰给了这部分学生充分的时间。笔者相信，如果第二次还达不到基本要求，老师还会给这位学生第三次、第四次乃至更多的机会。因为教者已经牢固树立了"为了每一个学生发展"的课改理念，引领着学生一步步走向成功。

其次，延后评价保护了学生的自尊心。以人为本是这次课改的核心理念。课堂是学生的课堂，我们应该把属于学生的时空真正还给学生。在上例中，教者发现一位学生写的字没有达标，他不是严厉批评，而是给了学生第二次机会——"等会儿老师再给他加星"。这样做，实际上保护了学生的自尊心。让学生感受到，老师是关心我的，更是相信我的。"等会儿老师再给他加星"，老师相信我一定能做到。此时，这位学生一定会非常珍惜这难得的努力机会。

学习的潜能得到充分激发，积极性得到充分调动，学习效率也得到提高。从后来的结果可以看出来，这位学生及时进行了改正，真正起到了评价为了学生的发展的理念。试想，如果教者第一次直接给学生打上不合格的星级，结果会怎样呢？学生肯定感到很失望，心里很失落，整堂课的效果也就可想而知了。

课程标准指出：语文课程应致力于学生语文素养的形成与发展。换句话说，我们的评价也应致力于学生语文素养的形成与发展。让我们真正转变观念，借助评价，给学生努力的机会、成长的空间，激活学生学习的潜能，给学生撑起一片晴朗的天空。

延后评价，留给学生努力的时空，保护了学生的自尊心。让我们一起为延后评价叫好！

第五章　指向表达的文体研究

　　文体是指文章的风格或体裁。小学阶段常见的文体主要有记叙文、说明文、简单的议论文和应用文等。可以按照写人、叙事、写景、状物及其他分类；也可以按照诗歌、散文、戏剧及其他分类。文体意识是指人们在文本写作和欣赏中，对不同文体模式的自觉理解、熟练把握和独特感受，是对读写实践的一种能动的再认识。对读者而言，他会按照文本所提供的具体内容或形象，运用头脑中先于阅读的某种体裁类型，去解读、接受文本所携带的某种语言的、思想的或审美的信息，同时又在它的未定空白处赋予新的含义。指向表达的教学研究，需要我们增强研究的文体意识，从不同文体的特点出发，有针对性地寻找实施的路径和方法，以期找到指向表达不同文体教学的一般路径。下面笔者以古诗、散文、童话、寓言、说明文、剧本为例，具体介绍指向表达的文体研究的具体策略，从而提高这些常见文体的教学效率。

一、指向表达的古诗教学

（一）"读、说、想、拓"四步教学

　　我国古代诗词灿若繁星，博大精深。千百年来，古代诗词滋养了一代又一代中国人。学习古代诗词有利于学生汲取中国传统文化的精华，感受汉语言的优美和伟大，激起学生更加热爱中华民族的传统文化，进而塑造高尚的灵魂、完美的人格。古代诗词是我国优秀传统文化的精华，也是小学语文教材的重要组成部分。课程标准在"课程目标与内容"中提出了"认识中华文化的丰富博大，吸收民族文化智慧"的要求。"阶段目标"中更明确要求诵读、背诵优秀诗文，小学阶段不少于160篇（段）。从上述表述可以充分看出课标对古代诗词教学的高度重视。

　　古代诗词由于年代久远，远离学生生活，跳跃性较大，学生理解有困难。

有专家直言，古诗词教学在小学阶段一直是一块短板。笔者曾观摩一次古诗词专题教学比赛。两位老师同时执教苏教版六年级（下册）《渔歌子》。为了学好古诗，执教者可谓想尽了办法，有的制作了精美的课件，有的搜集了大量资料，有的以读为主，有的想象画面。但总感觉没有上出诗歌教学应该有的那种意境、那种韵味，引起了笔者对古诗词教学的深入思考。

1. 读要得法

古代诗词是我国传统文化的精华，句式整齐，音韵和谐，朗朗上口，易于记忆。从历史发展过程来看，读曾经是古代授课的主要形式。在历史典籍和现代古装剧中随处可见私塾先生摇头晃脑唱读的身影。从《声律启蒙》《三百千》到四书五经，哪一部不是要求学生背得滚瓜烂熟？"熟读唐诗三百首，不会作诗也会吟"，更是被奉为成功的法宝。读书百遍，其义自见。可见，读是古诗词学习的基本方法。

执教《渔歌子》，由于两位教者都采用了以读为本的教学策略。但采用的方式不同，取得的效果也不一样。第一位教者先让学生自由诵读词句，接着出示词句指名试读，提醒学生注意"飞""肥""归"这三个韵脚，然后齐读词句。第二位教者在进行朗读时，侧重进行方法指导。先出示词句让学生自读、标节奏，然后出示带有节奏的句子让学生诵读，同时提醒学生停顿不能简单地停顿，要有藕断丝连的感觉。学生在教者的引导下，古诗词读得抑扬顿挫，有模有样。

学习方法对学习的重要性不言而喻。法国物理学家朗之万在总结读书的经验时深有体会地说："方法的得当与否往往会主宰整个读书过程。"对于小学生来说，既要掌握基础知识、形成基本技能，更要习得基本方法。要知其然更要知其所以然。古人读书囫囵吞枣、不求甚解，结果一知不解、不甚了了。就朗读诗词而言，我们要教给学生诵读的方法，内化为学生诵读的技能，这才是提高诗词朗读效率的最根本、最有效的方法。像上例，第一位教者从自读，到指名读，再到齐读，可谓逐层推进，形式多样，但收效甚微。学生经过三轮诵读以后，虽然读熟了，但没有读好。究其原因，主要还是因为读不得法。第二位教者采用标节奏的方法进行诵读指导，效果明显。学生习得了古诗词停顿的基本方法，运用起来也就轻车熟路了。我们在进行古诗词教学时，要有意识地进行学习方法的指导，帮助学生习得学习古代诗词的基本方法。唯有如此，才能找到一条学习古诗词的终南捷径，提升学生古诗词的学习能力。

2. 说要具体

现代社会的发展，对人们口头表达能力，也提出了越来越高的要求。在现实生活中，口头语言比书面语言起着更直接、更广泛的交际作用。课程标准指出，应培养学生倾听、表达和应对的能力，使学生具有文明和谐地进行人际交流的素养。从上述表述可以看出，培养和提高学生的口头表达能力，是语文教学的一项重要任务。就古诗教学而言，了解诗句意思是学习古诗的最基本要求，也是说话训练的重点。教者常常将了解诗句意思作为教学的重点，着力引导学生用自己的话说出诗句的意思。

执教《渔歌子》，两位教者都十分重视学生的说话训练，要求学生说出诗句的主要内容。一位老师要求学生画出诗句中描写的景物，然后说出这首词所写的景物。学生在交流的过程中，东一句西一句，语言干瘪，几乎体会不到春天秀丽的水乡风光。第二位老师在要求学生说话时，借助填空的形式，出示一组填空题：（　）的西塞山、（　）的白鹭、（　）的桃花、（　）流水、（　）鳜鱼、（　）的箬笠、（　）的蓑衣、（　）的斜风、（　）的细雨。学生说得非常具体，不仅准确把握了诗句的意思，也体现了春天景色的特点。听着学生的交流，眼前仿佛展现出一幅幅优美的水乡春天风光图。

由于古代诗词跳跃性较大，学生理解有困难，具体说出诗意往往成为学习的难点。许多老师采用学习前置的策略，从预习入手，引导学生借助资料自学古诗，尝试把意思说具体，课上交流时适度完善。在交流的过程中，注意发挥小组合作的优势，让学生之间互相补充。在方法上引导学生直译和意译相结合，既注意词义上的一一对应，又注意与整句诗句乃至整首诗词的意境相衔接。对一些理解上有难度的词语，在学生说的基础上，教者做必要的讲解。如"箬笠""蓑衣"等。这样就把学生主体和教者主导较好地结合起来。像上例，教者借助填空的形式，把诗句的意思说得非常具体。通过说话训练，学生对古诗词的意思有了全面的了解，对整首诗词的意境有了初步的把握，为深入理解古诗词做好了充分的准备。

3. 想要入境

想象是人对头脑中已有表象进行加工改造，创造出新形象的心理过程。

借助想象，人们可以驰骋于无限的现实世界和神奇的幻想世界之中，可以追溯上至几千年的过去，也可以展望几万年以后的未来。古诗词的学习内容年代久远，远离学生生活，有的甚至是学生闻所未闻的情形。为了帮助学生更好的走进古代诗词，理解内容，许多老师采用了想象画面的方法，引导学生边读边展开丰富的想象，还原当时的情景。

执教《渔歌子》，两位教者都十分重视引导学生想象画面。第一位老师要求学生展开丰富的想象，把诗句中画出的九种景物想具体、说清楚。学生基本上是一个景物一个画面。第二位老师在完成诗句意思填空的基础上，引导学生说说春天的美景美在哪里。学生也基本上是一个诗句一个画面。这两位老师在想象画面时都采用了顺学而导的方式，尊重学生的解读，鼓励学生把景物想具体。但没有考虑到整首诗、整体意境，导致大部分学生基本游离于意境之外。

就诗歌而言，意境是诗人的主观情思与客观景物相交融而创造出来的、浑然一体的艺术境界。诗歌创作离不开单个意象，像《渔歌子》中的桃花、渔翁。但意象的选择只是第一步，是诗的基础，组合意象创造出意境才是目的。上述两位老师之所以没有把学生带入到意境中，很重要的原因就是没有考虑到意境的整体性。无论是单个景物，还是单个诗句，只有放在特定意境之中，才能显示出应有的意味。学习古诗的最高境界是进入诗歌意境。这里的意境，不是诗中九个意象的简单相加，而是有机融合，组成一个整体，让一幅优美的水乡春天风光图整体展现在我们的眼前。教育家乌申斯基说过：儿童是用形象、声音、色彩和感觉思维的。我们在学习古诗词时，一定要借助形象、声音、色彩和感觉把学生带入到诗句所描绘的特定意境中。要从诗歌的整体意境出发，通过语言描述、音乐渲染、画面呈现、视频播放等多种方式，激活学生的想象力，让学生完全融入其中，深入感悟作者的心境。

4. 拓要聚焦

重视课程资源的开发和利用是课程改革提出的目标。语文教师是语文课程资源的开发者和使用者，也是语文课程实施的基本条件资源。因此，语文教师必须增强课程资源意识，充分发挥自身的潜力，积极进行语文课程资源的开发与利用。教师必须转换角色，不能仅仅充当课程的实施者，也要主动地去开发和利用课程资源；要创造性地去开发和利用一切有助于实现课程目标的资源，充分发挥其在课程实施过程中的作用。

在执教《渔歌子》时，两位教者都有极强的课程资源开发意识。第一位教者在理解"不须归"时补充了作者与白鹭飞走的传说、好友颜真卿的评价，出示了作者哥哥张松龄写的另一种《和答弟志和渔父歌》。第二位教者在学完诗句以后，出示了作者的相关资料，补充了作者的小故事。应该说，这些课程资源都和作者有关，也具有一定的开发与利用价值。

从上例两位老师的做法中，我们也发现，两位老师一味追求内容新、数量多，造成资料的堆砌，反映出不少老师在开发课程资源方面出现的误区。一方面片面追求标新立异，重视别人课上没有涉及的、一些所谓的"一家之言"，力求让听课的老师眼前一亮。另一方面大搞名人聚首，凡是和课文相关的名人故事、名人名言、名人名篇，都一览无余地呈现给学生，冠之以"帮助学生理解"的美名，让人眼花缭乱，目不暇接。我们不反对进行必要的资源开发，因为这样可以开阔学生的视野，增加语言的积累，加深对课文的理解，帮助学生思接千载，视通万里。但开发和利用课程资源时一定要注意聚焦，聚焦到诗歌的中心、作者的情感上面来。有时候过多的资料反而干扰了学生对诗句的理解。像上例，第一位教者补充的资料重复，第二位教者补充的资料基本与诗歌的中心无关。可见，在信息爆炸的今天，课程资源开发的有效性需要引起每一位老师的重视。

当然，古诗词教学和其他课文的教学一样，教无定法，贵在得法。只要我们从学生和古代诗词的实际出发，注意贴近学生实际，紧扣古代诗词的特点，就一定能找到更多更好的提高古诗词教学的方法，使古诗词学习成为语文教学中一道亮丽的风景。

（二）古诗词"三读"教学法

古诗词是阅读教学的重要组成部分，是我国古典文学中的精华，古代教育学家孔子说："不学诗，无以言。"诗言志，诗传情，古诗凝炼，魅力无穷。常吟古诗，可以陶冶情操，丰富想象，还可以培养学生对语言文字的兴趣和敏锐的语感，有益于培养他们的诗学素养。课程标准总目标提到，语文学习应该让学生"认识中华文化的丰厚博大，吸收民族文化智慧"，"在发展语文能力的同时，发展思维能力，激发想象力和创造潜能"，"能初步理解、鉴赏文学作品，受到高尚情操与趣味的熏陶，发展个性，丰富自己的精神世界"。作为一名语文教师应当充分重视古诗词教学，并力求探索出教学古诗词的新思路，引领学生潜心会文，熟读精思，体悟古诗词语言文字的魅力，挖掘古诗词的人文内涵，走进诗境诗情之中，真正达到"美在心中流淌，情在心中充盈"的美妙境界。如何提高古诗词教学的效率，成了不少语文教师关注的热点。一位老师执教苏教版五年级（上册）《清平乐·村居》，设计简明，由浅入深，引导学生读节奏、读画面、读作者，在一咏三叹中学习古诗，取得了较好的教学效果。其中的古诗词"三读"教学法值得我们学习、借鉴。

1. 读节奏

上课伊始，教者在读准字音的基础上，要求学生不仅要读准字音，还要注意读出节奏，体现诗词的韵律美，并相机介绍的古诗词节奏的一些常识。许多学生充分发挥自己的创造性，在书上标出词的节奏。在读的过程中，有摇头晃脑吟诵的，有拍手打节奏的，更有甚者，通过跺脚来标明节奏。学生借助不同的形式，充分感受我国古代诗词的韵律美。

节奏，是指语言、歌咏和器乐演奏中交替出现的有规律的强弱、长短的现象。作为产生于人类社会生活过程的诗词，从一开始就与节奏有着密不可分的天然联系。富于音韵美、节奏感是诗歌的重要特征。正如郭沫若所说，节奏之于诗是它的外形，也是它的生命。故人们常有"无节奏则不成诗"之说。因此，我们在学习古诗词时，理当首先从诗词的节奏入手，引导学生感受音韵之美，领略节奏之感。

2. 读画面

由于古诗词文字的精朴、简练，给读者留下非常广阔的想象空间。通过启发学生想象，就填补了诗句的含蓄和跳跃，丰富了诗句的语言和画面。这就是我们经常讲的"诗中有画，画中有诗。" 诗中有画，读诗要想象重现诗中的画面；画中有诗，读诗要赏识诗中精妙语言对画面的描述。学生边读诗，边想象，如临其境，如闻其声，如见其人，如触其物，在意情画意中流淌、荡漾。如诗如画，品诗赏画，这是古诗教学追求的美好境界。

在学习《清平乐·村居》时，教者让学生闭上眼睛，听老师读这首词，边听边想象画面：你仿佛看到了什么？学生在笔者声情并茂的范读中，眼前浮现出了一幅幅美丽的画面：乡村风光、夫妇亲热、大儿锄豆、中儿织鸡笼、小儿剥莲蓬。在此基础上，教者又引导学生凭借画面品读诗句：你是从哪些诗句感受到的？让学生在诗与画之间走一个来回，更深刻地读懂诗句，从而把读诗和想画面有机地融合在一起。

3. 读作者

诗可言志，诗亦传情。友情、亲情、爱情，爱国之情、民族之情、山水之情，都融入了千古传诵的佳句名篇中。诗人或是把情感寄托于景物描写，借景抒情；或是把情感蕴含在娓娓叙事之中，叙事抒情。引领学生从读中明意到读中悟情，这是古诗词教学的一个难点，也是一大飞跃。

在学习《清平乐·村居》时，教者没有简单的告诉学生，而是出示了作者的有关背景资料，引导学生好好读一读。"如果你就是辛弃疾，看着这温馨、美好的画面，你心里会想些什么？"一个看似平淡的问题，巧妙地把学生引导到对诗歌主题的思考。"要是人人都有一个幸福的家庭多好啊！""要是没有战争，天下太平多好啊！""希望所有人都能安居乐业。"学生对诗歌主题的把握，水到渠成。"让我们再来读读这首词，读出辛弃疾内心的渴望。"此时的品读诗句，学生已经走进了作者心灵，深切感受到作者忧国忧民的情怀。

在学习《清平乐·村居》的过程中，教者引导学生读节奏、读画面、读作者，由浅入深，循序渐进。学生在一咏三叹中逐步接近诗歌内核，感受古诗的音韵美，想象古诗的画面美，品味古诗的人性美。应该说，这是学习古诗词简单有效的好方法，值得我们借鉴。

（三）走出文包诗教学的误区

文包诗是苏教版小语教材中一种特殊的教学内容。它既不同于教材中的一般课文，又不同于诗歌，而是根据流传千古名诗的创作背景和诗人的创作经历改编而成的一个生动活泼、语言优美的故事，也可以这样说，"文"是由"诗"演化而来的。正是由于文包诗这类课文的特殊性，我们在教学过程中要因文而异，采用不同于一般课文的教学策略，借文学诗，引导学生在品读故事的过程中，理解诗意，体会诗人的情感，从而感受祖国语言文字美。

一位老师三次执教苏教版二年级（上册）《英英学古诗》。这是一篇文包诗类课文。笔者发现，教者在教学文包诗这类课文时，要么转化为学习一首诗歌，要么异化为一段表演，要么简化为几条训练，反应出许多老师对文包诗课文的教学存在一些误区，应该引起我们的高度重视。

误区一：文包诗转化为学诗

长期以来，我们一直关注如何改进语文课堂教学，立足于教学艺术的提升。而对于"教什么"的根本问题却视而不见。王荣生教授曾说过："一堂好课的最低标准是要有适宜的语文教学内容。"如果连"适宜的语文教学内容"都不甚了了，还谈什么教学艺术的提升？可见，"教什么"远比"怎么教"要重要得多。明确了"教什么"，才能做到学有目标、教有方向，从根本上改变语文教学高耗低效的现状，为大面积提升语文教学质量打下坚实的基础。

《英英学古诗》是一篇文包诗课文，主要写了英英和奶奶的一段对话，对话中英英生动而自然地介绍了古诗《静夜思》诗句的意思及作者。教者在第一次执教时，在揭示课题以后，直接问学生："英英告诉奶奶今天学到了什么？"在学生回答"英英今天学了《静夜思》这首古诗。"以后，教者立即板书诗题、出示诗句，然后引领学生读诗句，说意思，悟情感。听课的老师都感到困惑：难道文包诗这类课文就是学习古诗？这样的设计，看似直奔重点，实则淡化了文体特点。

我们知道，文包诗课文不同于诗歌。它把一首古诗巧妙地包含在一段故事中，有的全诗引用，诗文共融；有的突出名句，描述场景，文章（故事）中包含诗句，故名"文包诗"。实际上，故事是诗歌的扩展和阐释，诗歌是故事的浓缩和提炼。这类课文诗文互照，情景同现，诗是文头，文是诗身，诗中有文，文中藏诗。我们在教学过程中，要从文包诗课文的特点出发，引导学生借助故事来读诗句、说意思、悟情感，了解诗歌的创作背景和诗人的创作经历。像《英英学古诗》这篇课文就是一篇对话体的文包诗，我们应该从课文的文体特点出发，紧扣英英和奶奶的三段对话，在具体的情境中读对话、学诗句。在学习第一段对话时引导学生把诗句读通、读顺，读出诗的韵味来。在学习第二段对话时引导学生了解诗句的意思，把握诗歌的主要内容。在学习第三段对话时引导学生了解作者，丰富对诗人的认识。这样，学生在具体的故事情境中，通过反复的品读对话，揣摩对话，最后情境再现对话，既学习了课文，又品读了诗歌，既体现了文包诗课文的文体特点，又再现了《静夜思》的意境，顺利实现了预定的学习目标。

误区二：文包诗异化为表演

表演是一项能调动表演者各方面能力的活动，表演者利用技艺或专长来传达具体的事件或非具体的意象，以达到艺术或娱乐的目的。而语文是一门实践性很强的课程，在语文教学中融入表演的因素，可以调动学生学习积极性，让学生在演中觅趣，在趣中显智，极大地提高课堂学习效率。我们知道，低年级学生在感知对象时以形象思维为主。他们通常把课文中的一段话读成一幅画。而表演形象直观，生动有趣，切合低年级学生的年龄特点。于是，在低年级的语文课上，许多老师在指导学生朗读课文时，都喜欢创设情境让学生表演。这样的设计，不仅激发了学生的学习兴趣，而且能调动学生的多种感官，加深对课文的理解。应该说，对于低年级学生来说，这是一种简便易行的好方法。

在第二次执教《英英学古诗》这篇课文时，教者对第一次设计进行了改进，从对话体文包诗的特点出发，在了解英英和奶奶三次对话的基础上，直接放手让学生同桌进行表演。由于教者对表演的要求交代不清，许多学生对谁演奶奶、谁演英英纠缠不清，以致教者叫停时还没有准备好。教者现场表演时，可能是觉得自己是一位年轻教师，不适合演奶奶，于是一会儿成了奶奶，一会儿成了姐姐，一会儿又成了妈妈。不仅学生没有进入情境，连教者也置身情境之外。

我们知道，作为一种教学辅助手段，课堂上的表演应该紧扣文本内容，围绕教学重点，化解教学难点，以帮助学生理解为主，着力引导感悟，不能把表演当作活跃课堂气氛的工具。一方面，这样的表演游离于文本内容之外，偏离教学主要内容，一味地追求气氛，去舍"本"逐末。像上例，奶奶、姐姐、妈妈轮番上场，令人目不暇接。再加上搞笑的动作，确实"笑果"不错。可这是一节语文课，扎实的语言文字训练在哪里？学生的语文素养如何提高？长此以往，会逐渐淘空学生语文学习的底子。另一方面，过多的表演，挤占了宝贵的语文学习时间。学生被眼前热闹的表演吸引，没有时间与文本深入对话，只好来去匆匆，粗略地感知一下文本。像《英英学古诗》这类文包诗的课文，在教学过程中，我们不能简单地异化为表演，追求表面热闹，把表演一味地当做调节学习节奏、活跃课堂气氛的工具。课堂上虽然热热闹闹，气氛活跃，但学习过程浮躁，理解肤浅。我们应该从课文的特点出发，采用读读、说说、品品等语文化的学习方式来读文、学诗、悟情。在平时的语文教学中，只要立足文本和学生实际，采用语文化的教学方式学语文，适时、适度、适量地善用、巧用表演，切不可远离文本，打擦边球，为了表演而表演，喧宾夺主。

误区三：文包诗简化为训练

知识是人们在改造世界的实践中所获得的认识和经验的总和。知识对于语文教学的重要性毋庸置疑。试想，如果缺少了知识，那我们教什么？没有了知识，能力、情感、态度等教育目标的达成从何谈起？更进一步讲，没有了"语文知识"，语文何以成为一门学科？张志公先生在谈到传统语文教学的弊端及其影响的时候指出：传统语文教学忽视知识教育，不教系统的语文知识……其结果是语文教学长期停留在"粗放经营"的状态，陈陈相因，代代相传，没有多大的突破。可见，语文教学离不开语文知识，语文知识应当成为语文教学的重要内容。

在第三次执教《英英学古诗》这篇课文时，教者对教学过程表演化的情况进行了纠正。在初读课文了解三次对话的基础上，通过两条训练题来引导学生学习。第一题是有关《静夜思》的诗句和作者，第二题是有关诗句和重点词语的意思，又退回到过于强调训练的老路上去了。虽然难度不大，学生经过认真读课文，在课文中都能找到答案，但是《英英学古诗》是一篇文包诗，一篇生动有趣的故事，经过这两条训练题"一折腾"，变得趣味全无。这是典型的语文教学知识化。

知识在语文教学中的地位和作用毋庸讳言，但同时我们也要警惕语文教学知识化倾向。语文教学知识化，淡化了学生对语言的感悟，忽略了学生的主观能动性。长期以来，我们的课堂教学深受应试教育的拖累。许多老师甚至还抱着"考试考什么我就教什么"的错误想法，课堂教学围绕着应试教育转。在应试教育的重压之下，许多老师在课前备课时，只得将一篇文质兼美的课文，提炼成一个个的知识点，让学生了解、背诵，好端端的语文教学被严重异化了。在这样的课上，学生毫无兴趣可言，完全成了知识的容器。

当然，文包诗课文教学的误区还有很多。只要我们一切从学生和文包诗课文的实际出发，紧扣文本内容，贴近学生实际，引导学生用语文化的学习方式来读文、学诗、悟情，就一定走出文包诗课文教学的误区，使文包诗课文的学习成为语文教学中一道亮丽的风景。

二、指向表达的散文教学

散文是与诗歌、小说、戏剧并称的一种文学体裁。散文结构形散神聚，语言富于文采，意境优美深邃。在现行小语教材中，散文占有相当大的比重。以苏教版五年级（下册）为例，本册教材共有 27 篇课文，其中诗歌类 4 篇，散文类 23 篇。可见，散文是教材课文的主要组成部分。然而，散文取材广泛，内容丰富，如何确定教学内容成了许多老师教学上的困惑。

散文究竟教什么，不同的人有不同的选择标准，可谓仁者见仁，智者见智。选入教材的散文，大多是名家名篇，都是经过编者精心挑选的，具有很强的代表性。有的语言优美，有的结构独特，有的内涵深刻。怎样才能确定教学内容，实现从"教教材"到"用教材教"的转变呢？仔细品读这些课文，我们会发现，每一篇散文都有一个贯穿全文的线索，或明或暗，有的一眼就能看出，有的要仔细研读才能发现。有的是叙事线索，有的是情感线索。如果我们在确定教学内容时，沿着这些贯穿全文的线索，抓住关键词句，感受优美意境，既能体现文体特点，突出学习的重点，聚焦核心问题，又遵循从整体到部分的认知规律，引导学生由浅入深地和文本对话，使课堂不再松散、拖沓，提高了散文类课文的学习效率。

《爱如茉莉》是苏教版五年级（下册）的一篇散文。课文用清新、朴实的语言记叙了妈妈生病住院，爸爸去医院照顾这件小事，告诉我们真爱就如茉莉般平淡无奇却芬芳怡人。一位老师参加教研活动，三次执教《爱如茉莉》。三次执教，三次改进，三次提升，对散文教学内容的选择有了一些深入思考，逐渐理清了散文类课文"教什么"的基本内涵、基本要求。

1. 找线——明晰文章线索

散文虽然取材十分广泛自由，不受时间和空间的限制，但所要表达的主题却必须明确而集中。也就是说，散文的内容无不为更好的表达主题服务。我们以前在初读课文的时候，一般将着力点放在读准字音、读通句子上面，当然这也是必须的。我们在学习散文时，要引导学生从看似散乱的材料中找到贯穿全文的主线，帮助学生明晰文章的主线，从总体上把握全文，达到"提领而顿，百毛皆顺"的效果。

在第一次解读文本的时候，考虑到是课文用清新、朴实的语言记叙了妈妈生病住院，爸爸去医院照顾的许多细节，为了帮助学生了解课文的这一特点，教者首先从解读课题入手，要求学生用自己的话说说题目的意思。然后引导学生谈谈对爱的理解："我们心目中的爱又是怎样的呢？谁来用一个词语来形容一下？"让学生谈一谈自己心目中的爱。在学生的心目中，可能有如玫瑰一般烂漫、浓郁的爱，可能有如大海一般宽广、无私的爱，与课文茉莉般的爱形成很大的反差，从而激起学生强烈的阅读兴趣。在此基础上，再让学生整体感知课文，边读边思考：课文通过哪些细节描写表现爸爸妈妈之间的真爱的？引导学生整体感知课文，到文中捕捉爱的细节，寻找真爱的足迹。在教后评议时，许多老师认为，课题中的"爱"字揭示了课文的线索、内容。作为一篇散文，要首先引导学生明晰文章的主线，将课文中散落的珍珠穿成串，才能体现文体特点，使散文的学习紧凑、有效。

找到问题的症结以后，教者对课文再次进行了深入研读。为了帮助学生明晰主线，从解读课题入手，要求用自己的话说说题目的意思。在引导学生了解课题意思的基础上，再让学生整体感知课文，边读边思考：妈妈说爱就像茉莉，映儿的心中留下了一个大大的问号，爱怎么会像茉莉呢？文中对于茉莉的描写有好几处，请同学们自由读读课文，找一找相关的句子。在学生初读交流的时候，及时引导学生品读体现茉莉特点的词句，用四字词语归纳茉莉的特点。在品读这些词语的过程中，深入体会茉莉"平淡无奇"的特点，为下面感受茉莉般的真爱做铺垫。这一设计，始终紧扣"爱如茉莉"这一主题，用这一情感主线串起全课，不断让学生体会"爱如茉莉"的"如"，感受茉莉般的真爱。明晰主线，学生便于操作，学得轻松，真正实现了利教便学。在后面的两次执教中，听课的老师都认为，整堂课教学流程清楚，删繁就简，重点突出，对"教什么"定位准确，直接指向语言文字的运用，突出了课文的文体特点。

2. 抓点——品味关键词句

散文素有"美文"之称。散文的语言简洁质朴，清新明丽，生动活泼，行文如涓涓流水，叮咚有声，如娓娓而谈，情真意切。学习散文，就是要引导学生紧扣主线，抓住最能体现文章主线的关键词句，进行反复品读，让学生借助主线，和文本进行深入对话。这就要求教者在课前预设时，要能及时发现这些散落在文中的体现文章主线的"珍珠"，用主线把它们串连起来。我们要求教者在备课时要紧扣课文的一条主线，布设一个个动态的生长点，形成与文本对话的立体网络，构建立体、多元的生命课堂。

在第一次执教《爱如茉莉》的过程中，为了帮助学生更深入地感受父母之间平淡却深厚的真爱，教者引导学生再次默读全文，并用"爱是＿＿＿"的句式概括文中真爱的细节。然后引导学生走进自己的生活，回忆身边的人关爱自己的点点滴滴，用自己的语言写下对爱的理解，进一步升华对真爱的认识。应该说用"爱是＿＿＿"的句式贯穿全课，设计巧妙；回忆身边的人关爱，读写结合。但散文语言的特点学生没有深入体会，没有感受到散文语言的简洁质朴、清新明丽，没有读懂语言背后的深刻内涵，后面的句式训练、读写迁移，也就成了走过场的形式了。

于是，教者对课文进行了再次细读。从课文的语言特点出发，对教材进行了整合，引导学生重点抓住文中的细节描写，咬文嚼字，以点带面。通过品读这些平平常常却又感人至深的细节描写，读懂文字背后蕴藏着的深情。在品读课文6—8自然段，引导学生抓住"虚弱""记住""直奔"等关键词语，咬文嚼字，反复品读，读出文字背后浓浓的爱意。学生从"虚弱"体会到妈妈关心爸爸胜过关心自己，从"记住"读出了真爱就是一种约定，从"直奔"读出了真爱就是一种牵挂。学生通过一个动作、一句话，甚至一个表情走进人物的内心世界，从这些平淡朴素的生活细节中，感受到真爱就像茉莉一样平淡无奇。在品读课文第9自然段，学生从"紧握"这个词能看出爸爸对妈妈非常关心，以至于晚上睡觉的时候随时注意妈妈是否醒了；从妈妈"嘴角挂着恬静的微笑"可以看出妈妈很幸福，从"悄悄地""探"感受到初升的阳光也被爸爸妈妈相互之间的爱打动了。品读关键词语，丰满了课文的主线，也丰富了人物形象。学生在品析关键词语中，进一步体会散文的语言美，也把语言文字的运用落到了实处。

3. 布面——感受优美意境

散文意境深邃，借助想象与联想，融情于景、寄情于事、寓情于物，表现作者的生活感受，抒情性强，情感真挚。学习散文，就要引领学生走进散文所创设的优美意境，充分感受散文的意境美。

在第二次执教过程中，教者从课文的语言特点出发，引导学生重点抓住文中的细节描写，咬文嚼字，品词析句。如在品读课文6—8自然段，抓住"虚弱""记住""直奔"等词语，体会爸爸妈妈之间平平淡淡却又真真切切的爱。

由于是逐词逐句体会感悟，学生学得支离破碎，完全没有进入情境。

在第三次执教过程中，教者吸取了前面的教训。本文主要通过许多细节描写表现爸爸妈妈的真爱，其中比较集中表现爱的细节就是"直奔图"和"熟睡图"。因此，教者从课文的这一特点出发，对教材进行了整合，主要创设"直奔图"和"熟睡图"两个情境，引导学生在情境中着力捕捉爱的细节，寻找爱的足迹。如在感受"直奔图"时，采用语言描述的方法，配乐范读课文6—8自然段，然后引导学生细细品味这些语言文字，画出让你感动的地方，去寻找爱的足迹。学生从妈妈病了，还牵挂着爸爸，想着煮饺子给爸爸吃，体会到妈妈对爸爸的爱；从"记住，要等到他吃完了再告诉他我进了医院，不然他会吃不下去的"可以看出妈妈不想让爸爸知道，不想让爸爸担心；从"然而，爸爸没有吃我买的饺子，也没听我花尽心思编的谎话，便直奔医院"，"此后，他每天都去医院"感受到爸爸对妈妈的爱。在此基础上，引导学生抓住"虚弱""记住""直奔"反复品读，读出文字背后浓浓的爱意。学生从这些平淡朴素的生活情境中，感受到真爱就像茉莉一样平淡无奇。在感受"熟睡图"时，采用了画面出示与感情朗读相结合的方式。先引导学生边看插图，边品读课文第9自然段，捕捉爱的细节，感受茉莉般的爱。在此基础上，抓住"紧握着的手""恬静的微笑"等爱的细节，引读"熟睡图"："因为有爱，睡梦中爸爸依然紧抓着妈妈的手……因为有爱，病痛中妈妈脸上挂着恬静的微笑……"为了更深刻地走进人物的内心，教者还设计了剧情扮演、情境独白这一环节，要求学生根据提示，练习说话，揣摩人物的心理活动。"夜深人静的时候，父母两人在内心默默地在和对方述说着，爸爸伏在床沿边，心里默默地说 _____ ；妈妈望着床沿上的爸爸，心里默默地说：_____ 。"学生通过揣摩人物的心理活动，更深刻地感受父母之间如茉莉般的真爱。此时，在温馨的音乐声中，在让学生配乐朗读，感受那温馨美好的一幕，可谓水到渠成。

三次执教《爱如茉莉》，教者对散文类课文教学内容的选择有了更加深刻的认识。我们应该立足学生和文本实际，引导学生从散文的特点出发，明晰文章线索，品味关键词句，感受优美意境，教出散文的结构美、语言美、意境美，努力实现从"教教材"到"用教材教"的转变。

三、指向表达的童话教学

童话是儿童文学中一种非常重要的样式，也是文学中的一种有独特价值的文学样式。它常常通过丰富的想象、幻想和夸张来塑造形象、反映生活，对儿童进行思想教育。童话一般故事情节神奇曲折，生动浅显，对自然物往往作拟人化的描写，能适应儿童的接受能力。正因为如此，在现行小语教材中，童话占有相当大的比重。以苏教版三年级（上册）为例，本册教材共有24篇课文，其中童话类8篇，占整个教材的1/3。童话对学生有很强的亲和力，是学生最喜欢的一类课文。他们被童话中丰富的想象、生动的语言、夸张的人物、神奇的情节所吸引，仿佛在童话中找到了自己的影子。学生读着童话类课文，能丰富想象能力，增长知识，受到启迪，获得快乐。

笔者参加一次童话教学专题研讨会，听三位老师执教苏教版三年级（上册）《三袋麦子》。这是一篇童话类课文。笔者发现，教者在教学童话这类课文时，要么内容上简化为学习几段对话，要么主题上还原为现实生活，要么形式上转化为一段表演，反映出许多老师对童话类课文的教学存在一些误区，应该引起我们的高度重视。

误区一：学童话就是学对话

长期以来，我们一直关注如何改进语文课堂教学，立足于教学艺术的提升。而对于"教什么"的根本问题却视而不见。王荣生教授曾说过："一堂好课的最低标准是要有适宜的语文教学内容。"如果连"适宜的语文教学内容"都不甚了了，还谈什么教学艺术的提升？只有明确了"教什么"，才能做到学有目标、教有方向，从根本上改变语文教学高耗低效的现状。

《三袋麦子》是苏教版三年级（上册）的一篇童话类课文，主要讲了土地爷爷送给小猪、小牛、小猴各一袋麦子，三个人采用了不同的处理方式，结果各不相同。第一位老师执教时，考虑到学生最喜欢童话中丰富的想象、生动的语言、夸张的人物，而这些都集中体现在文中人物的对话上面。于是，教者在初读课文时要求学生画出文中人物的几处对话，边读边体会人物的特点。然后，以送麦子和回访时的对话为内容，引导学生反复读、说，体会小猪的憨厚可爱、小牛的勤劳节俭、小猴的聪明能干。这样的设计，看似直奔重点，实则忽视了故事的完整性，反而影响了学生对故事的解读。

几段对话虽然是童话的重点，但这样的对话只有放在整篇课文中才能准确理解。我们在学习课文尤其是公开教学时，总喜欢选择一些有代表性的句段，循序渐进地品读感悟，给人感觉课上得很实在。其实，如果淡化了对课文的整体感知，学生就不可能从总体上把握全文。即使勉强说出来，大多也是根据教辅资料上的内容照本宣科。这样带来的后果，学生对课文的了解支离破碎。缺少了前因后果，势必造成对课文理解的肤浅、苍白，甚至是曲解、误读。就像上例《三袋麦子》学习，学生通过反复品读对话，初步体会到小猪的憨厚可爱、小牛的勤劳节俭、小猴的聪明能干，但人物形象单一，缺少动作等方面的感悟，没有把人物立起来，也就不知道三个人物对待麦子处理方式的不同背后的原因。

误区二：童话的内容都是想象的

童话作为儿童文学的一种特殊样式，实际上具有一些不同于其他文学作品的特质。就童话作品来说，通常是"在童话的幻想世界中，人获得了一种想象中的胜利感，一种从人的各种局限中超越出来的解放感、自由感，这种超越感、胜利感、解放感、自由感自然带给人一种审美的愉悦"。学生在阅读童话作品时常常被其中丰富的想象所吸引，自己的思绪也随之展开，自然而然地进入到童话所创设的情境之中，如醉如痴，流连忘返。

为了帮助学生了解深入了解童话所蕴含的道理，第二位老师执教《三袋麦子》时，设计了"小猪、小牛、小猴的做法各不相同，你最赞成谁？"这一合作探究题，让学生进行合作学习。在学生交流时，教者采用一一对应的方法，把童话里的人物与现实生活中的人物进行对照，告诉学生，小猪的憨厚可爱、小牛的勤劳节俭、小猴的聪明能干都有可取之处。尤其是教者多次提到，童话的内容都是想象的，在现实生活中都是不存在的。这样的设计，看似揭示主题，实则忽视了想象的重要性，把学生一下子拉回到现实生活中，冲淡了学生对童话的兴趣。

我们知道，想象是一种可贵的发散思维能力，是人在头脑里对已储存的表象进行加工改选形成新形象的心理过程。它能突破时间和空间的束缚，达到"思接千载""神通万里"的境域。爱因斯坦说过："想象力比知识更重要。因为知识是有限的，而想象力概括着世界上的一切，推动着进步，并且是知识进化的源泉，严格地说，想象力是科学研究中的实在因素。"可见，想象是创新的翅膀。如果没有想象，就没有牛顿万有引力的发现；如果没有想象，就没有莱特兄弟飞机的上天；如果没有想象，就没有李白"飞流直下三千尺，疑是银河落九天"的千古名句。可以这样说，想象是激发知识的一种源泉，是促进智力发展和身心健康成长的一种催化剂。

丰富的想象是童话作品的主要特点之一，借助童话进一步丰富学生的想象能力更是语文老师的职责所在。这就要求我们在教学过程中，深入挖掘教材因素，充分利用思维空间，引导学生展开合理的想像，还原场景，丰满人物，获得启迪，得到教育。实际上，想象是创新能力中最活跃的因素。借助童话培养学生的想象能力，不仅可以发展他们的创新思维，而且对深入理解课文内容，突破教学难点，加强语言文字的训练，都是十分有益的。美国人本主义罗杰斯曾经说过，在教学过程中，只有让学生处在一种无拘无束、自由畅达的空间，他们才会尽情地自由参与与自由表达。对于学生来说，培养想象能力有时比学习知识更重要。我们在学习童话作品时，一定要保护好他们想象的积极性，不能机械地与现实生活一一对应，挤压学生想象的空间。

误区三：谁来把故事演一演

表演是一项能调动表演者各方面能力参与的活动，表演者利用自己的技艺或专长来传达具体事件或非具体意象，以达到艺术或娱乐的目的。而语文正是一门实践性较强的课程，在语文教学中融入表演因素，可以极大地调动学生学习积极性，让学生在演中觅趣，在趣中显智，极大地提高学习的效率。低中年级学生在感知对象时以形象思维为主。他们通常把课文中的一段话读成一幅画。而表演形象直观，生动有趣，切合低中年级学生的年龄特点。于是，在低中年级的语文课上，许多老师在指导学生学习课文时，都喜欢创设情境让学生表演。这样的设计，不仅激发了学生的学习兴趣，而且能调动学生的多种感官，加深对课文的理解。应该说，对于低年中级学生来说，这是一种简便易行的好方法。

第三位老师执教《三袋麦子》时，教者采取了以演促学的策略，在了解土地爷爷和小猪、小牛、小猴对话的基础上，直接放手让学生同桌进行表演。由于教者对表演的要求交代不清，许多学生对演土地爷爷还是小猪、小牛、小猴纠缠不清，以致教者叫停时还没有准备好。现场表演时，许多学生一味关注小猪、小牛、小猴夸张的动作，忽视了对于人物的语言等其他方面的感悟。

我们知道，作为一种教学辅助手段，课堂上的表演应该紧扣文本内容，围绕教学重点，化解教学难点，以帮助学生理解为主，着力引导感悟，不能把表演当作活跃课堂气氛的工具。一方面，这样的表演游离于文本内容之外，偏离教学主要内容，一味地追求气氛，去舍"本"逐末。像上例，小猪、小牛、小猴轮番上场，令人目不暇接。再加上搞笑的动作，确实"笑果"不错。可这是一节语文课，扎实的语言文字训练在哪里？学生的语文素养如何提高？长此以往，会逐渐淘空学生语文学习的底子。另一方面，过多的表演，挤占了宝贵的语文学习时间。学生被眼前热闹的表演吸引，没有时间与文本深入对话，只好来去匆匆，粗略地感知一下文本。像《三袋麦子》这类童话类课文，在教学过程中，我们不能简单地转化为表演，追求表面热闹，把表演一味地当做调节学习节奏、活跃课堂气氛的工具。课堂上虽然热热闹闹，气氛活跃，但学习过程浮躁，理解肤浅。我们应该从课文的特点出发，采用读读、想想、说说、品品等语文化的学习方式，让学生在充满想象的童话情境中学习课文、品味语言，切不可远离文本，为了表演而表演。

四、指向表达的寓言教学

在浩如烟海的世界文学宝库中，寓言犹如一串串闪闪发光的明珠，引人注目，随着时代的发展而历久弥新。寓言是一种用假托的故事来说明某种道理，从而达到劝诫、教育或讽刺目的的文学体裁。故事的主角多是人格化了的动物。由于寓言故事篇幅短小精练，内容生动有趣，语言浅显明白，道理通俗易懂，深受儿童的喜爱。正因为如此，在现行小语教材中，都安排了一定数量的寓言类课文。以苏教版教材为例，分别在二、三、五年级安排寓言类课文9篇。其中有《鹬蚌相争》这样的中国寓言，也有《狐狸和葡萄》这样的外国寓言。寓言类课文数量虽然不多，但其中丰富的想象、生动的语言、夸张的角色、神奇的情节对学生有很强的吸引力。学生读着寓言类课文，能丰富想象能力，增长知识，受到启迪，获得快乐，不知不觉中受到了教育、启发。

笔者参加一次寓言教学专题研讨会，一位老师执教苏教版三年级（下册）《鹬蚌相争》。这是一篇寓言类课文。教者在教学过程中，能注意从语用的角度学习寓言，引导学生学习寓言类课文的表达方法，创设情境让学生讲述故事，给听课的老师很深的启发。语用背景下如何有效进行寓言类课文的教学？从这节课所采用的基本教学策略中，我们似乎找到了答案。

1. 在了解内容中学习语用方法

了解内容是学习寓言的基础。学生只有对寓言故事的内容有了全面、准确的把握，才有可能读懂寓言故事背后蕴藏的深刻寓意。学习寓言应该从读懂寓言故事内容开始。

我们以前在学习寓言故事时，总是把侧重点放在理解寓意上面，对故事内容只要能进行总体把握就行了。因为在不少人看来，寓言是借助简短的故事来说明一个深刻的道理的，简短的故事是表面，深刻的道理才是实质。因此，他们在了解内容时，主要是帮助学生理清故事的顺序，知道故事的起因、经过和结果，而对其中表达的揣摩关注不多。这实际上是对故事资源的极大浪费，也和课标高度重视语言文字运用的精神背道而驰。长此以往，将削弱学生语言表达的能力，掏空学生语文学习的底子。在《鹬蚌相争》这节课上，教者不仅关注故事内容，而且关注故事的表达，引导学生在揣摩表达中了解内容。不仅关注故事内容，也关注学习方法。不仅关注写了什么，也关注是怎么写的。学生通过品味语言，表达能力的提升找到了有力的支点。

在这节课上，在了解故事内容的时候，教者引导学生紧扣一个"争"，循着"理解关键词语—体会言外之意——揣摩人物心理——读出说话语气"的方法，一步步体会"争"的起因、经过、结果。在体会"争"的过程时，引导学生抓住"威胁""毫不示弱"这两个词语，了解词语意思，进行角色转换，联系生活实际，深入体会鹬蚌之"争"。为了感受"争"的情形，抓住"相持"进行想象说话，进一步把学生带入故事情境，充分体会"争"的过程。引导学生模仿课文对话的句式，想象"一个小时过去了""又一个小时过去了"，还原鹬蚌相争的情形。

在了解内容的过程中，教者始终注意渗透学习方法，从表达的角度学习故事，帮助学生揣摩表达，学习语用方法，形成语用能力。例如，在学习鹬的"争"时，先让学生找出直接写鹬"争"的词语——"威胁"，接着说说什么叫"威胁"，可以换成哪些词语，帮助学生理解"威胁"的意思，然后联系学生生活，回忆自己被别人威胁或威胁过别人的经历，揣摩人物心理，最后进行角色转换，以鹬的身份读出"威胁"的语气。学生抓住"威胁"这个关键词语，通过了解意思、联系生活、读出语气，一步步体会鹬蚌之"争"。学生在了解内容的过程中，体会用词的准确，习得表达的方法。整个感悟故事内容的过程，立足文本，围绕重点，紧扣词句，创设情境，着眼语用，把了解内容和学习方法紧密结合，把感悟词句和运用词句紧密结合，夯实语用的基础，为后面的迁移运用做好充分准备。

2. 在联系生活中提升语用认识

学习寓言一个很重要的目的，就是帮助学生读懂寓言背后深刻的寓意，受到教育和启发，提升学生的认识。只有理解了寓意，才可以算是真正读懂了寓言。只有准确理解了寓意，才能真正学会讲述、运用寓言故事。

我们以前在理解寓意时，总是局限在故事的框框之内，就故事谈寓意。这固然没有错。但学生一离开故事内容，就不能准确理解故事寓意，有时甚至还出现南辕北辙的笑话。究其原因，主要是故事和学生生活之间有一定的距离。作为教者，要努力打通这段距离，在故事和生活之间架起一座理解的桥梁，让学生结合生活实际来理解寓意，提高学生的认知水平。

在《鹬蚌相争》这节课上，教者在了解故事内容的基础上，让学生讨论鹬和蚌傻在哪儿。学生在讨论中知道鹬和蚌为了眼前利益，没有考虑后果；没有学会退让，不会随机应变。此时，学生对故事的寓意已经有了比较深刻的了解。但教者没有止步。为了深入理解寓意，教者及时引导学生回忆生活中这样类似的事例，说说在生活中遇到这样的事情应该怎么做，升华对故事的理解。学生在互相交流中逐渐明白在生活中与别人争执时应该宽容、谦让，否则，会两败俱伤，让第三者得利；朋友之间应当团结互助，不应当勾心斗角，否则就容易给别人造成可乘之机，彼此都遭受损失。

教者在理解寓意的过程中，没有照搬现成的道理，而是通过学生讨论，在思维碰撞中互相启发，逐渐生发出对寓意的理解。这仅仅是理解寓意的第一步。教者把学生的注意力引向自己的生活：生活中有过这样类似的事例吗？学了这个故事，我们在生活中遇到这样的事情应该怎么做？学生在回忆生活经历中学到了处理问题的方法，内化了对寓意的理解。在理解寓意的同时，引导学生联系生活实际谈自己的收获，学生不仅了解了寓意，还努力实现在生活中学语文、用语文，真正升华对故事的认识。

3. 在讲述故事中形成语用能力

我们学习寓言故事，不仅要读懂寓言故事，还要学会讲述故事。如果说读懂故事是吸收，那么讲述故事就是倾吐；读懂故事是习得方法，讲述故事就是迁移运用。而且讲述故事也是学生基于故事内容、语言的一个再创造的过程，是一种积极的语用过程。

长期以来，语文课教学时间长，但收效甚微。其中一个重要原因，就是学生没有掌握必要的学习方法，形成基本的语文能力。就拿寓言故事来说，学生只要了解了故事内容、理解了故事寓意就算达成预定目标了。教者很少关注学生是否会讲述、运用故事。在这样的课上，学生对语言的积累、方法的习得，仅仅停留在学会的层面上，尚未跃上运用的台阶。这是目前普遍存在的消极语用状态。

在《鹬蚌相争》这节课上，教者在了解内容、理解寓意的基础上，把重点放在讲述故事上面。为了帮助学生学会讲述故事，在讲述故事之前，先组织学生讨论：你认为怎样才能把故事讲生动？学生通过讨论，了解了讲述故事的方法要领：不仅要讲清楚故事的经过，注意突出主要内容，还要加上适当表情、动作。知道了方法，后面讲起故事来就轻车熟路了。为了把学生带入特定情境，教者借助图片呈现，用声情并茂的语言创设情境，激起学生的共鸣："两千多年前的战国时期，秦、齐、楚、燕、韩、魏、赵七国争霸……眼看一场激烈的战争就要爆发，燕国大夫苏代为了国家的利益，挺身而出，求见赵王，给他讲了一个故事……"在教者绘声绘色的描述中，学生仿佛真的成了苏代，为了国家的利益挺身而出，栩栩如生地向赵王讲述《鹬蚌相争》的故事。

在讲述故事过程中，教者先着力进行方法的指导，帮助学生掌握讲述故事的方法要领，为讲述故事做好准备。然后通过图片呈现、语言描述的方式创设情境，转换角色，把学生带入特定故事情境，在具体情境中，激起讲述兴趣。学生在讲述的过程中，活用表达的句式，内化对故事的理解，巧妙实现内容、方法的迁移运用。许多学生还展开合理想象，对故事进行了再创造，明显提升了语用品质，形成了较强的语用能力。

五、指向表达的说明文教学

说明文是实用文的一种，以说明为主要表达方式来解说事物、阐释事理，通过揭示概念来说明事物特征、本质及其规律性。它具有很强的知识性。这种知识，或者来自有关科学研究资料，或者是亲身实践、调查、考察的所得，都具有严格的科学性。知识对于说明文的重要性毋庸置疑。但在当前的说明文教学中却普遍存在着教学知识化的倾向。也就是过于强调说明文教学知识的重要性，以掌握相关知识为主要价值取向，引导学生进行学、记、用相关知识的训练，淡化了对语言的学习感悟，忽略了学生的主观能动性。这样的课堂，毫无生机可言，其教学效率也是低下的，急需我们转变观念，改进说明文教学，走出说明文教学知识化的误区。

1.内容选择：变梳理知识为关注语言

我们在日常集体备课时中发现，许多教师在确定说明文教学内容时，常常将一篇语言生动、描写具体、妙趣横生的说明文，提炼成一个个高度浓缩的知识点，然后用填空的形式来引导感悟、检查效果。他们认为，这样能帮助学生找到"语用"的支点，引导学生借助这些知识点去顺利地和课文、作者进行深入对话。这就是我们说的课文内容"知识化"。例如，一位教师解读苏教版四年级（上册）《春联》，把课文内容浓缩成了五副春联，引导学生重点探究春联讲究对仗、抑扬顿挫的特点，把优美的语言、深刻的意蕴、美好的祝福全丢在了一边。再如，学《变色龙》，重在体会变色龙外形、捕食、变色的特点，学《音乐之都维也纳》倾力了解音乐之都的四个方面，学《麋鹿》则集中探究麋鹿的外形特点、生活习性和传奇经历。内容选择知识化，学生学习、运用的对象不再是语言，而是僵化的知识。

要走出说明文内容选择知识化的误区，就不能满足于了解说明的内容，要变梳理知识为关注语言。说明文虽然主要用来解说事物、阐释事理，但说明的落脚点还是组成课文的一个个词句。就小学阶段的说明文教学而言，了解词句的意思、体会表达的准确仍是学习课文的重点。著名语言学家张志公先生说过："无论是阅读还是作文，首要的是字词。"有经验的教师在解读说明文时，都是通过抓住关键词句感知课文内容，了解事物特点，习得表达方法。

以苏教版三年级（下册）《海底世界》为例。这篇课文主要介绍了海底世界的景色奇异、物产丰富。在选择教学内容时，就不能满足于了解说明的内容，局限在介绍了海底世界的哪些景色、物产方面，还应该引导学生关注说明内容背后的语言，尤其是其中的关键词句。这些关键词句既突出了说明对象的主要特点，又体现了说明语言的准确、生动。如第二自然段的"有的像蜜蜂一样嗡嗡……"这句话，不仅了解海底声音的丰富多样，还感受到动物们的可爱、海底世界的奇妙。第三自然段的"有些贝类自己不能动……"

这句话中的"免费的长途旅行"，不仅了解贝类行动的特点，还体会到说明语言的形象、准确。品味这些关键词句，读懂背后的深刻内涵，体会运用的准确，为深入了解内容，和文本、作者对话打下扎实基础。关注这些语言，可以为学生找到一个个对话的立足点、发展的生长点，习得表达方法，提高语用能力，最大程度发挥教材应有的价值。

2. 教学过程：变了解知识为揣摩表达

课程标准指出，语文教学的核心任务是组织和指导学生学习语言，发展学生理解和运用祖国语言文字的能力。学生学习一篇课文，不仅仅要借助语言文字理解课文的思想内容，还要在理解内容的基础上，揣摩课文的表达方式。从第三学段开始，课程标准对不同文体文章的阅读目标进行了分别表述，这些表述成为我们揣摩表达的基本要求。反思我们的说明文教学，普遍偏重于说明对象内容层面的了解，对表达方法的揣摩却很少。如果说理解内容是理解作者"写什么"的问题，那么揣摩表达顺序、领悟表达方法则是学习和借鉴作者"怎么写"的问题。从阅读的层次上说，这一要求更高一些，也是当前小学语文教学急需强化的一个方面。

要走出说明文教学过程知识化的误区，就要从说明文的文体特点入手，通过品析词句，了解说明文基本的表达方式，变了解知识为揣摩表达。不仅要了解说明文写了什么，知意思、悟情感，更要从揣摩表达的角度深入解读教材：作者是怎样进行介绍的？引导学生在刨根问底式的探究中，体会结构的完整、顺序的巧妙、方法的贴切、语言的准确，从而逐步学会表达运用。

以苏教版六年级（上册）《麋鹿》为例。一位老师第一次执教时，把学习的重点放在了课文介绍了麋鹿哪些方面的知识上面，着重了解课文内容。设计了如下一张表格，让学生根据表格自主探究。

项目		内容
麋鹿	外形特点	
	生活习性	
	传奇经历	

在教后评议时，大家都认为，"说了什么"内容浅显，大多数学生一读就可以了解，应该把重点放在"怎么说"上面。引导学生不仅知其然，更要知其所以然。第二次执教时，教者调整了学习的重点，引导学生认真研读课文，

重点关注构段方式和说明方法。在揣摩构段方式方面，教者引导学生思考：从哪儿看出课文介绍了麋鹿的外形特点、生活习性、传奇经历？帮助学生体会总分句式在表达方面的作用。在揣摩说明方法方面，从"角似鹿，面似马，蹄似牛，尾似驴"体会打比方的好处，从"一般雄麋鹿体重可达250千克左右"体会列数字说明的客观，从"站着的时候，麋鹿角的各枝尖都指向后方，而其他鹿的角尖都指向前方"体会作比较说明的准确。

当然，不同的学段说明文教学的侧重点有所不同。和高年级揣摩说明顺序和说明方法相比，中年级重在揣摩说明语言的准确。《课程标准》关于第二学段目标中明确指出，能体会课文中关键词句表达情意的作用，初步感受生动的形象和优美的语言。我们在教学过程中要围绕课标要求，结合中年级学生的特点，变了解知识为揣摩语言。《奇妙的国际互联网》是苏教版四年级（上册）的一篇介绍现代科技的说明文。在教学过程中，我们要把落脚点放在品析词句上面，做到既关注知识，又揣摩表达。如第二自然段引导学生从相关词语具体体会互联网的"大"：从"巨型""团团包住"体会这张网的纵横交错、巨大无比，从"无数条""亿万台"体会这张网的数量很多、体量庞大，从"只要……就……""不仅……还……"体会这张网获取信息的快捷、方便。这样的教学过程以关键词句为切入点，体会说明文语言的形象生动、表达的准确精当，帮助学生习得表达方法，逐步学会准确表达。

3. 练习设计：变运用知识为内化方法

作为课堂教学重要环节之一的课堂练习，其效果直接关系到教学的质量和人才培养的实际价值。换句话说，只有提高练习设计的有效性，才能确保课堂教学的有效性。笔者在平时的教研活动中发现，许多老师在设计说明文练习时，关注的往往就是课文内容中的知识点，因为这些知识点教者好命题，学生易答题。这就是常见的课堂练习知识化。例如，一位教师执教苏教版五年级（下册）《秦兵马俑》时，设计了如下课堂练习："课文主要从 ＿＿＿、＿＿＿、＿＿＿这几个方面介绍秦兵马俑的特点。其中，兵马俑的类型主要介绍了＿＿＿、＿＿＿、＿＿＿、＿＿＿、＿＿＿。"这是典型的内容回顾型练习，主要检查学生对课文内容的掌握情况。完成这样的课堂练习，学生需要的是对课文内容知识点的死记硬背。至于语言文字背后蕴含的丰富内涵，语言表达的精当巧妙，统统丢在一边。长此以往，将会僵化学生的思维，弱化学生的语言感悟能力，形成对课文、教师乃至教辅资料的依赖，完全沦落为知识的容器，成为新一代的"书呆子"。

　　要走出说明文练习设计知识化的误区，一定要立足课文，内化表达方法。学生在学习说明文的过程中，已经初步掌握了一些诸如说明顺序、说明方法、说明语言等方面的基本方法。我们在设计练习时，要着眼学生的长远发展，既关注知识的运用，更关注表达方法的内化，引导学生把着力点放在对说明顺序、说明方法、说明语言等方面的揣摩、运用上面，实现表达方法的迁移、运用，课内得法、课外运用。像上例，学生在学习《秦兵马俑》的过程中，初步学会了抓住说明对象的特点，按照一定顺序进行表达的方法。在设计练习时，可以学习课文第二自然段的方法，运用总分构段方式，采用列数字、作比较等方法，介绍自己熟悉的一处建筑设施，如运动场、报告厅、展览馆等。由于学生在课上已经初步学会了基本的说明顺序、说明方法，运用起来也就轻车熟路了。同时，这样的设计贴近学生生活，使学生有一种似曾相识的感觉，帮助学生开启了思维的闸门。学生很快找到练笔的切入口，话匣子一下子打开。这样的设计，既立足课文，学生有例可循，又内化方法，实现迁移运用，从而能有效提升学生的语用能力。

六、指向表达的剧本教学

　　剧本是一种文学形式，是戏剧艺术创作的文本基础，编导与演员根据剧本进行演出。剧本因其特殊的呈现方式，被许多小学教材选编为课文。苏教版教材就选编了《公仪休拒收礼物》《负荆请罪》两篇课文。

　　一位老师执教苏教版六年级（上册）《负荆请罪》一课。上课开始，先让学生自由朗读课文，接着交流对相关词语的理解，概括故事内容，然后以4人小组为单位，再次朗读课文第一幕，合作排练课本剧，最后进行课本剧片断展示。在教后评议中，大家都认为，这节课的教学没有体现剧本的特点，表面热闹，学习浮躁。那么，该如何有效开展剧本的学习呢？

1. 了解文体特点是基础

　　我们知道，剧本和一般的课文在呈现方式上有明显差异。一般课文开篇直接进入正文，而剧本开篇则有舞台说明。主要包括故事发生的时间、地点、人物等。人物还具体交代了官职、相互间的关系等相关情况。正文部分，一般课文分自然段呈现，而剧本则是以人物对话的形式呈现。每一次对话以人物名称开头，依次排列。同时，在对话过程中还出现许多方括号、圆括号，方括号主要交代舞台背景和人物活动等。圆括号主要交代说话时间的表情、动作等。

我们在引导学生学习剧本时，要先从了解剧本这种文体特点入手，让学生比较剧本和我们以前学习的其他课文有什么不一样。学生通过简单的对比，就会发现剧本在呈现方式上的一些特别之处。我们知道，剧本是编导与演员进行演出的脚本，舞台说明既可以用来告诉我们该怎样演戏，更可以帮助我们理解剧本。学生借助这些提示语，可以很方便地了解与对话有关的内容，如背景、人物活动、说话的表情动作等，从而读懂课文内容。实际上，只有了解了剧本的文体特点，理解剧本内容才更简单方便。可见，了解剧本的文体特点是理解剧本内容的前提和基础。

2. 品读人物对话是重点

我们知道，剧本的主体是人物的对话。可以说，读懂了人物的对话，也就了解了剧本的内容。因此，我们应该把剧本学习的重点放在品读人物对话上面。实际上，我们可以借助文中的相关提示语，了解背景资料，把握对话的动作、表情、语气。只有把这些提示语和对话结合起来，才能全面、准确地理解对话内容。在品读人物对话时，我们可以采用形式多样的对话方式，引导学生在读中品，在读中思，在读中议，循序渐进，由浅入深，逐步走进文本。

我校一位老师执教《负荆请罪》第一幕时，注意引导学生抓住关键词语，由浅入深地和人物对话。在学生初读课文对话的基础上，让学生找一找：你们发现在第一幕的对话中，哪个动作出现得最多？很快，学生发现"怕"在第一幕中出现了六次之多。接着，引导学生再次回到文本，用横线和波浪线分别画出具体写"怕"和"不怕"句子。然后，引导学生抓住"一再""实在"体会蔺相如的"怕"，抓住"针锋相对""唇枪舌剑"体会蔺相如的"不怕"，并且适时补充完璧归赵、渑池之会的故事，帮助学生理解蔺相如的"不怕"。学生从"一再"中读出了廉颇是故意找茬，从"实在"中读出了韩勃的忍无可忍，从"针锋相对"中读出了蔺相如的毫不畏惧，从"唇枪舌剑"中读出了蔺相如的据理力争。最后，以小组为单位讨论对话：从怕和不怕，你读懂了什么？学生通过由浅入深地品读对话，读出了蔺相如顾全大局的精神，丰富了人物形象，感受了人物品质，读懂了剧本内容。

当然，品读人物对话的方式还有很多。可以个人默读，可以同桌对读、小组议读，也可以全班赏读；可以学生自由读，可以教师引读，也可以师生分角色读。无论采用何种形式，都要建立在学生咬文嚼字、品词析句的基础上，这样的品读对话，才更实在，也更有效。

3. 以演促学是关键

我们知道，剧本实际上是编导与演员进行演出的脚本，因此，无论是剧本的形式还是内容，都非常适合舞台表演。所以，根据剧本排演课本剧，就成了学习剧本的一个有效策略。一方面，学生通过表演，可以了解剧本特点，回顾剧本内容，感受人物形象；另一方面，可以发挥学生的创造性，在表演中不断拓展剧本内容，丰富人物形象。

笔者在执教《负荆请罪》时，考虑到是一篇历史小话剧，于是从课文的体裁特点出发，采用了以演促学的策略。在了解文体特点、品读人物对话的基础上，引导学生尝试着排演课本剧。首先解决演谁的问题。让学生以 4 人小组为单位，自选角色。在挑选角色的时候，要说清楚你为什么要选这个角色。这实际上是对人物形象的一个再认识，是一个角色匹配的过程。其次解决怎么演的问题。让学生自己担任小导演，互相探讨怎么演好这个角色。学生在探讨的过程中，需要再次回到剧本，全面了解文体特点，深入品读人物对话。在探讨的过程中，学生不仅能根据剧本的提示语和人物对话进行排演，还发挥自己的聪明才智，展开合理想象，把完璧归赵、渑池之会相关内容巧妙穿插进去，进一步丰富了蔺相如的形象。最后解决为什么这样演的问题。在小组表演的基础上，让学生采访小演员，说说你为什么这样演。在互动过程中，学生联系剧本内容，谈谈自己对人物的理解，不仅揣摩了人物心理，也是更深层次地和剧本对话，升华对剧本的认识。以演促学，符合学生年龄特点，体现剧本文体特点，是深入学习剧本、提升学生认识的一个有效策略。

当然，学习剧本的有效策略还有许多。只要我们立足学生和剧本实际，紧扣剧本特点，在品读对话中了解内容、感受形象、体会情感，就一定能走出剧本学习的误区，提高剧本学习的效率。

第六章 指向表达的课例研究

从语用的角度学寓言

——苏教版三年级（下册）《鹬蚌相争》教学设计

【学习目标】

1. 能正确、流利、有感情地朗读课文，讲述故事。

2. 学会本课生字词，理解"威胁、毫不示弱"等词语的意思。

3. 了解课文的主要内容，通过品读课文，懂得双方互不相让，只能两败俱伤，让别人得利的道理。

【学习过程】

一、引出故事，激发表达兴趣

1. 设置悬念产，激发兴趣。

同学们喜欢听故事吗？有时，一个故事可以让人明白一个道理；有时，一个故事还可以阻止一场战争呢。两千多年前的战国时期，赵王要出兵攻打燕国，燕国大夫苏代给赵王讲了一个故事，就打消了赵王这个念头。什么故事竟然有这么神奇的力量？你们想知道吗？

2. 揭示课题，了解意思。

同学们，你们了解鹬和蚌吗？谁能给大家介绍介绍？（出示鹬和蚌的图片）鹬和蚌外形分别有什么特点？

【设计意图】兴趣是最好的老师。上课开始，交流故事的作用，设置悬念，激起学生学习的兴趣，为学习故事做好心理上的准备。以讲故事开头，也为后面的创设情境讲故事做了铺垫。

二、初读故事，了解表达内容

1.刚才我们认识了鹬和蚌，那之间鹬和蚌会发生怎样的故事呢？自由读课文，边读边思考：课文讲了一个怎样的故事？

2.概括故事主要内容，交流概括的方法，相机进行方法指导。（出示方法小贴士：概括内容的方法）

【设计意图】从概括故事主要内容入手，帮助学生从整体上把握故事内容。在概括故事的过程中，注意教给概括的方法，帮助学生初步学会概括故事内容。

三、品读故事，学习表达方法

1.这个故事的题目叫"鹬蚌相争"。如果把故事概括为一个字，用哪个字最好？（"争"）

板书"争"在甲骨文中的字形。从字形可以看出，"争"最初的意思是？

2.默读课文，思考：哪几自然段具体写了鹬和蚌的"争"？

3.鹬是怎么和蚌争斗的呢？（出示第二自然段）

①哪个词直接写了鹬的"争"？什么叫"威胁"？可以换成什么词语？

②鹬怎么威胁蚌的？"就等着瞧吧"言外之意是？如果你就是这只鹬，你还会怎么威胁蚌？

③生活中，你被别人威胁或你威胁过别人吗？

④现在，老师就是那只蚌，你来威胁威胁我？

4.此时的蚌又是怎么反击的呢？（出示第三自然段）

①面对鹬的威胁，蚌它表现得怎样？你是从哪个词知道的？

②出示"弱"的篆文弱，猜一猜"毫不示弱"的意思。

③蚌是怎么"毫不示弱"的？如果你就是这只蚌，你还会怎么毫不示弱？

④读出蚌"毫不示弱"的样子。

5.刚才，我们通过读对话，了解了"争"的过程。故事中只发生这一次对话？从哪儿看出来？（出示：就这样，鹬和蚌相持着，谁也不让谁。）

①从"相持"你体会到什么？

②想象说话：他们在"相持"的过程中还会怎么争？（想象动作、神情，加适当的提示语。）

出示：

一个小时过去了。

鹬继续威胁蚌说："你赶快松开壳儿。你再不松开壳儿，离开了水，迟早会干死的！"

蚌继续毫不示弱地说："_____。"

又一个小时过去了。

鹬有气无力地说："_____。"

蚌（ ）说："_____。"

6. 面对鹬的威胁，蚌采取了反击的方式，这就叫互不相让，也就是成语中的"争"。能把当时的情景读到我们的眼前吗？（以诗行的形式出示对话，分角色朗读。）

7. 就这样，鹬和蚌相持着，谁也让谁。它们"争"的结果怎样呢？（出示第四自然段）

①"筋疲力尽"什么意思？到了"筋疲力尽"的时候，他们让步了吗？

②即使到了"筋疲力尽"的时候，它们还是继续相持着，谁也不让谁。结果渔夫没费一点力气，就把它们一齐捉住了。真是"鹬蚌相争，渔翁得利"啊！

【设计意图】在感悟故事内容的时候，引导学生紧扣一个"争"，循着"理解关键词语——体会言外之意——揣摩人物心理——读出说话语气"的方法，一步步体会"争"的起因、经过、结果。在体会"争"的过程时，引导学生抓住"威胁""毫不示弱"这两个词语，了解词语意思，进行角色转换，联系生活实际，深入体会鹬蚌之"争"。为了感受"争"的情形，抓住"相持"进行想象说话，进一步把学生带入故事情境，充分体会"争"的过程。以诗行的形式出示对话，让学生一遍一遍模拟"争"的情形，充分感受"争"的内涵。学生争得面红耳赤，已经完全进入了故事情境之中。整个感悟故事的过程，立足文本，围绕重点，紧扣词句，创设情境，着眼语用，把词句的感悟落到实处。

四、理解故事，升华表达思想

1. 读了这则寓言，大家都觉得鹬和蚌很傻。你觉得鹬和蚌傻在哪儿？同桌讨论讨论。

2. 通过这个故事你明白了什么道理？生活中有过这样类似的事例吗？学了这个故事，我们在生活中遇到这样的事情应该怎么做？

【设计意图】在理解寓意的同时，引导学生联系生活实际谈自己的收获，学生不仅了解了寓意，还努力实现在生活中学语文、用语文，真正升华对故事的认识。

五、讲述故事，形成表达能力

1.刚才我们读懂了《鹬蚌相争》这个故事。我们不仅要读懂这个故事，还要学会讲述故事。你认为怎样才能把故事讲生动？（出示方法小贴士：讲述故事的方法）

2.燕国大夫苏代给赵王讲的《鹬蚌相争》故事，竟打消了赵王攻打燕国的念头。苏代是怎样向赵王讲述这个故事的呢？（出示背景资料）现在老师就是赵王，你就是苏代。你准备怎样来讲这个故事？

3.现场评价，评选"故事大王"。

【设计意图】学习故事不仅要读懂这个故事，还要学会讲述故事，从而达到学以致用，内化对故事的理解，形成语用能力。在讲述故事之前，交流讲述故事的方法，进行方法指导，为讲述故事做好准备。出示背景资料，师生转换角色，把学生带入特定故事情境，在具体情境中学会运用。通过评选"故事大王"，让学生全员参与，调动每一个学生的积极性，从而巧妙内化方法，形成语用能力。

让"一路花香"伴随生命的旅程

——苏教版四年级（上册）《一路花香》（第二课时）教学设计

【学习目标】

1.能正确、流利、有感情地朗读课文，分角色朗读课文。

2.了解挑水工妙用破水罐浇灌路边花草的事，帮助学生正确看待自己，树立正确的人生价值观。

【学习过程】

一、整体感知，了解"花香"

1.上节课我们初步学习了《一路花香》这篇课文。课文主要讲了一个什么故事？

2.快速浏览课文，画出直接描写花香的句子。

3.课文三次直接描写"一路花香"。作者为什么要反复描写"一路花香"呢？

【设计意图】要想准确解读文本，首先要引导学生着眼全篇，在整体中把握内容，引出课文的叙事线索，为下文感受人物、把握主题、升华认识做好准备。为此，开课先引导学生快速浏览课文，聚焦文章主线，画出三次直接描写"一路花香"的句子，为后面进行系列表达训练做准备。

二、揣摩心理，感受"花香"

1.自由读课文，边读边思考：三次"花香"的背后，破水罐心理发生了怎样的变化？为什么会发生这些变化？画出相关句子，在书旁写下自己的体会、感受。

2.把自己的体会、感受在4人小组内进行交流。

3.品读对话，体会"十分惭愧"。

（1）出示：完好的水罐总能把水满满地运到主人的家，而那只破损的水罐到达目的地时，里面只剩下半罐水了。这样日复一日过去了两年。

你从哪些词语体会到破水罐的惭愧？（总是 满满地 半罐 日复一日 两年）

（2）出示：那只完好的水罐不禁为自己的成就感到骄傲，而那只有裂缝的水罐却感到十分惭愧。

①完好的水罐为什么骄傲？从哪个词可以看出来？

②词语辨析：成果、成就、成绩

A、我们既要看到工作的（   ），又要看到工作中存在的问题。

B、我们要积极推广科研（   ）。

C、我们在经济建设方面取得了巨大的（   ）。

小结：用这样的句式回答："破水罐因为比不上好水罐，而感到十分惭愧。"破水罐还因为什么而感到十分惭愧？

（4）出示：过去两年中，在你到主人家的路上，水从我的裂缝中渗出，我只能运半罐水。你尽了自己的全力，却没有得到应有的回报。

从哪些词语体会到破水罐的惭愧？

小结：破水罐因为对不起挑水工，而感到十分惭愧。

（5）破水罐是在什么情况下说这句话的？

①自由读读这段对话，体会人物说话的语气，给对话加上恰当的提示语。

②同桌讨论提示语。

③同座练习分角色朗读。

④男女生分角色朗读。

4.想象画面，体会"一丝快乐"

（1）破水罐开始感到——十分惭愧，后来又感到———一丝快乐，又是什么原因呢？

（2）"这美好的景象使它感到一丝快乐。"想一想：呈现在破水罐眼前的是一幅怎样美好的景象？

（3）（出示图片）瞧，这就是开满鲜花的小路。这美景让你想起了那些优美的词？老师这里也积累了一些描写鲜花的词语。（出示词语）

（4）这开满鲜花的小路多美啊！让我们一起来美美地读一读。

（5）既然景象这么美好，破水罐为什么只有"一丝快乐"，而不是十分快乐呢？

5. 练习说话，体会"仍然伤心"

（1）可是到了小路的尽头，破水罐仍然感到伤心。它为什么仍然伤心呢？

（2）引读：它还在为自己的裂缝而自卑，所以——（齐读）

它还在为自己不能尽到责任而自责难过，所以——（齐读）

（3）想到挑水工的付出没有得到应有的回报，破水罐第二次向挑水工道歉。这次，破水罐又会说些什么呢？（出示："尊敬的挑水工先生，_____"）

【设计意图】在感悟内容的过程中，以破水罐十分惭愧———一丝快乐——仍然伤心的心理变化为线索，抓住关键句子，引导学生品词语、想画面、悟感悟、读情感，在品词析句中学习表达方法，在揣摩情感中内化表达。

三、揭示寓意，品味"花香"

1. 猜想第四次心理变化——"欣慰"

（1）破水罐的心情仅仅只有这三次变化吗？默读课文，想一想，还会发生怎样的变化？

（2）从"早""利用"这些词语，你体会到什么？

2. 读了挑水工的这段话，你明白了什么道理？

3. 在日常生活中，你遇到过像破水罐一样的人吗？

4. 教师推荐名言：①尺有所短，寸有所长。②金无足赤，人无完人。

【设计意图】理解寓意是本课学习的难点。为了帮助学生理解寓意，先让学生猜一猜第四次心理变化，接着再品读挑水工的话，从而丰富对寓意的认识，然后联系日常生活，用生活中的事例形象诠释寓意，最后推荐名言规范表达，进一步提升对寓意的认识。

四、读写结合，升华"花香"

1. 再读课文题目，这一路上留下的仅仅是"花香"吗？还可能是什么？

2. 在我们周围，经常有这样的一些人。他们可能因为个子矮小而懊恼；可能因为力气太小而气馁；可能因为学习偏科而伤心……读了这个故事后，你想对他们说些什么呢？把你想说的话写下来。

3. 交流练笔。

4. 刚才，我们一起欣赏了这争奇斗艳的一路花香，懂得了世上每一件东西、每一个人都有自身存在的价值。让我们恰到好处地利用自身的特点，充分发挥它们作用，实现自身价值，让"花香"一路伴随你们生命的旅程。

【设计意图】叶圣陶先生说过："阅读得其方，写作之能力亦即随而增长。"只有从阅读中习得写作方法，学会迁移运用，才能实现写作能力的同步提高。在学习课文的基础上，要求学生写下对周围人想说的话。既是巩固对课文内容的理解，深化对寓意的认识，也是学习课文的表达方法，实现读写能力的同步提升。

从运用出发

——苏教版四年级（下册）《云雀的心愿》（第二课时）教学设计

【学习目标】

1. 正确、流利、有感情地朗读课文。

2. 凭借课文具体的语言文字，具体感受小云雀与妈妈的所见、所闻、所言，了解云雀心愿的由来，增强学生的环保意识。

3. 品读文中三段人物对话，揣摩不同的表达方式，学会有条理表达。

【学习重点】

入境想象，体会小云雀和云雀妈妈在不同情境中的内心感受，深刻认识森林的重要作用。

【学习过程】

一、复习导入，了解"心愿"。

1. 这节课我们继续学习——（云雀的心愿），齐读课题。

2. 通过上节课的学习，你们知道云雀的心愿是什么？齐读第 14 自然段。

3. 从课文第 14 自然段可以看出，云雀为什么会有这样的心愿？（出示：森林实在是太重要了！）齐读这句话。

4. 今天这节课，我们将继续走进课文，感受小云雀与妈妈的所见、所闻、所言，具体了解云雀心愿的由来。

【设计意图】上课伊始，直接引导学生回顾"心愿"，揭示本节课的学习内容，避免了导入的琐碎、繁杂，指向明确，简洁紧凑。由"心愿"引出概括介绍森林作用的句子，提纲挈领，为下面具体了解云雀心愿的由来、揣摩三段对话做好准备。

二、揣摩对话，感悟"心愿"。

1. 森林实在是太重要了！文章哪些地方可以看出森林的重要呢？请同学们自由读课文，在文中找一找，画出相关的语句。

2. 小组内交流自学情况。

3. 大组交流学习情况，重点引导学生揣摩三段对话。

（一）揣摩第一段对话。

（1）汛期来临了，小云雀们跟着妈妈到了沙漠、大河的上空，它们看到了什么，听到了什么？

（2）出示句子一：瞧，一阵狂风刮过，地上的黄沙漫天飞舞，迷得他们睁不开眼。

① （出示沙漠图片）置身于这样漫天飞舞的沙漠中，你仿佛看到了什么，听到了什么，又感受到了什么？

②看到这个场景，你还会想到那些词语？

③你能让我们感受到小云雀的讨厌、抱怨吗？

④看到这样的情景，云雀妈妈也很心疼，因为——引读"以前这里也是一片茂密的森林。……就慢慢地变成了贫瘠的沙漠。"

⑤听了妈妈的话，你明白了什么？（齐读：森林实在是太重要了！）

（3）出示句子二：只见大河的水位很高，浑黄的河水像脱缰的野马，咆哮着向下游冲去。有几处河堤被冲垮了，一些村庄淹没在洪水之中。

①读着这样的句子，你看到了怎样的洪水？从哪些词中能感受到洪水的凶猛？

②从"咆哮"你听到什么、看到什么？从"脱缰的野马"，你又能体会到什么？把你听到的、看到的、体会到的读出来。

③让我们亲眼目睹一下这咆哮的河水像脱缰的野马一样冲垮河堤，淹没村庄的情景吧。（播放相关视频。）

④多么可怕的情景啊，难怪小云雀见了，不由得——挨近了妈妈。这只小云雀，你能挨近妈妈读一读小云雀的话吗？（引读小云雀和妈妈的对话。）

⑤分角色读小云雀和妈妈的第一次对话。男生们，你们都是小云雀，女生们，你们是小云雀的妈妈，我们一起合作来读一读他们的第一次对话。

⑥从妈妈的叹息声中，小云雀，你们听懂了什么？

⑦小结：疯狂的洪水摧毁了房屋，淹没了村庄，卷走了船只，人们流离失所，无家可归，所以说（齐读：森林实在是太重要了！）。

【设计意图】第一段对话主要从反面体现森林的重要性。在教学过程中，着重选择了两个关键句子，帮助学生打开对话的窗口，通过读、想、说达到了解内容、升华认识、训练语言的目的。首先引导学生揣摩"咆哮""脱缰的野马"等词语的深刻内涵，展开想象，丰富内容，初步体会失去森林的后果。然后，借助图片、视频等形象化的手段，给学生以强烈的视觉冲击，升华认识，进一步体会失去森林的严重后果。最后，通过引读、分角色读等多种方式揣摩句子包含的深厚情感，培养语感，深入体会森林的重要性。

（二）揣摩第二段对话。

（1）森林就是森林，怎么能能说是森林水库呢？水库是什么？

（2）森林又是怎么储水的呢？自由读第10自然段，画出具体写森林储水的句子。

（3）交流学生所画的句子。

（4）森林储水的过程这么复杂，云雀妈妈讲得非常清楚。她是按照什么顺序介绍的？

（5）难怪妈妈会说"森林不就是一座大水库吗？"你能换个说法吗？

（6）课件演示森林储水的情形，同步引读第10自然段。

（7）小结：是啊，森林就是一座大水库，能够防洪蓄水，所以说（齐读：森林实在是太重要了！）。

（三）揣摩第三段对话。

（1）云雀妈妈擦去头上的汗水说，森林也是一个巨大的空调器。你们用过空调吗？空调器有什么作用？

（2）你看，森林就像空调一样，（引读第13自然段："夏天……冬天……"）

（3）云雀妈妈真会说话，总是介绍得有条有理，她又是怎么介绍空调器的呢？(总—分—总)

（4）让我们合作来读云雀妈妈的话，老师读总写部分，你们读分写部分。这样的表达方式能够把句子表达更清楚更完整，以后我们说话写作时也可以用上这样的方式。

（5）小结：是啊，森林就是一个空调器，它能调节气温。所以说（齐读：森林实在是太重要了！）。

【设计意图】第二、三段对话主要从正面介绍森林的重要作用。在教学过程中，首先引导学生围绕课文，紧扣相关句子体会森林蓄水、调节气温的作用；然后着重揣摩云雀妈妈介绍的方法，帮助学生揣摩写法，学会有条理表达；最后或者跟着课件同步引读，或者师生合作朗读，再次了解森林的重要作用，学习作者的表达方式。这样，学生不仅知其然，而且知其所以然；不仅了解了内容，而且学会了表达，从而提升了语用能力。同时，在品读三段对话的过程中，利用"森林实在是太重要了"贯穿始终，既突出主线，强化主旨，又前后衔接，结构紧凑。

三、读写结合，升华"心愿"。

1.同学们，森林能够阻挡风沙，能够防洪蓄水，能够调节气温，森林实在是太重要了！所以小云雀才有了这样的心愿——（齐读心愿）。这是小云雀的心愿，也是云雀妈妈的心愿，更是我们大家共同的心愿。

2.想想看，小云雀会邀请谁去种树呢？她又会对他们说些什么呢？

3.选择其中一个，按照下面的提示，写一写他们的对话。（出示：）

第二年春天到了，小云雀找到了自己的好伙伴，邀请他到那片沙漠去种树。

小云雀对＿＿＿＿说："＿＿＿＿＿＿＿＿＿＿＿＿＿。"

＿＿＿＿＿说："＿＿＿＿＿＿＿＿＿＿＿＿＿。"

＿＿＿＿＿＿＿＿＿＿＿＿＿＿＿＿＿＿＿＿＿＿

4.交流学生练笔情况。

5.结语：同学们，植一片树林，就是给自己留下一份夕阳搁树梢的诗情画意，就是给后代创造一片鸟语伴花香的恬静安宁，就让我们带着这份美好的心愿行动起来，还地球一片清朗美丽吧！

【设计意图】为了切实提高学生的表达能力，在总结心愿的过程中，利用学生喜爱动物的心理，巧妙安排了读写结合的训练——"想想看，小云雀会邀请谁去种树？她又会对他们说些什么呢？"这样设计，既激发学生练笔兴趣，又巧妙回顾课文内容，实现读写迁移，深化对心愿的认识，还为课后的语文综合性学习做了铺垫，放大语用价值，实现语言的综合运用，可谓一举多得。

抓住特点品语言，读写结合颂伟人

——苏教版五年级（上册）《诺贝尔》（第二课时）教学设计

【学习目标】

1. 正确、流利、有感情地朗读课文，了解课文内容。

2. 抓住课文中的相关语句，反复品读，圈点批注，理解内容，揣摩写法。

3. 读懂课文，了解诺贝尔的辉煌业绩，感受诺贝尔热爱科学、毫不气馁、无私奉献的精神。

【学习重点】

品读课文中的相关语句，体会诺贝尔在发明炸药的过程中虽历经失败、痛苦，但他毫不气馁，决不放弃自己的追求，直到成功的锲而不舍的精神。

【学习过程】

一、回顾导入，初识诺贝尔

1. 上节课，我们初步学习了《诺贝尔》，课文主要写了哪两方面内容？（板书：发明炸药　设立奖金）

2. 我们还知道，诺贝尔奖要在斯德哥尔摩举行，是因为（　　　）。在 12 月 10 日下午 4 时半颁奖，又是因为（　　　）。

3. 今天这节课，我们继续学习课文，走近诺贝尔充满传奇而伟大的一生。

【设计意图】从课文内容的回顾导入，便于了解学生对课文的预习情况，整体把握课文内容，实现与第一课时的有效衔接，为本节课抓住特点品语言做好准备。

二、对话文本，走近诺贝尔

（一）整体感知，了解内容，引出"毫不气馁"。

1. 自由朗读课文 3—9 自然段，边读边思考：

出示：导学活动（一）

课文 3—9 自然段写了诺贝尔发明了哪几种炸药？诺贝尔给你留下了什么印象？

2. 交流感悟，理解"毫不气馁"的意思。

【设计意图】为了便于学生更准确地把握人物形象，在这一环节，教师以"诺贝尔给你留下了什么印象？"为话题，引导学生概括人物品质，形成初步印象，然后聚焦到 3—9 自然段的主要特点——"毫不气馁"，为下文抓住特点品语言做好准备，也为这节课内容明晰了一条贯穿的线索。

（二）细致品读，感受形象，体会"毫不气馁"。

1. 下面请同学们默读课文 3—9 自然段，

出示：导学活动（二）

①默读课文 3-9 自然段，画出表现诺贝尔"毫不气馁"的相关句子，在书旁写批注。

②小组交流批注，具体说说从哪些地方可以看出诺贝尔的"毫不气馁"。

2. 学生读课文、写批注，然后进行小组交流。

3. 大组交流。

预设一：

出示：1864 年 9 月 3 日，诺贝尔实验室在一声巨响中化为灰烬。诺贝尔的弟弟被炸死，父亲被炸成残废，但诺贝尔毫不气馁。

（1）你从哪些语句体会到诺贝尔的"毫不气馁"？

（2）"化为灰烬"，什么化为了灰烬？（实验室，诺贝尔的心血、汗水……）但诺贝尔什么没有丢？（信心，勇气）这就叫——？（毫不气馁）

（3）师补充资料：同学们，你们知道吗，诺贝尔一生致力于科学研究，终身没有结婚，父亲和弟弟是他最亲的人。由于自己的实验，造成亲人的死伤，诺贝尔的心情怎样？（悲痛）他退缩了吗？能读出诺贝尔的"毫不气馁"吗？

预设二：

出示：经过四个年头几百次的失败，到 1867 年的秋天，终于制造出能够安全运输的固体炸药——黄色炸药。

1. 你从哪些语句体会到诺贝尔的"毫不气馁"？

2. 算一算，四个年头大概多少天？（一千四百多天，时间之长）诺贝尔每一天都在与什么打交道？（与危险，与死神打交道。）从几百次你又读出了什么？每一天都在与死神打交道，又经历几百次的失败，如果是意志薄弱的人，他会怎么做？而诺贝尔又是怎么做的？能读出诺贝尔的"毫不气馁"吗？

3. 从"终于"你读出了什么？（读出了炸药发明成功的不容易，读出了发明的过程的艰辛。）能读出发明的过程的艰辛吗？

4. 诺贝尔在发明固体炸药的过程中还面临着邻居们的指责——（补充资料）

出示：1864 年，诺贝尔的硝化甘油工厂爆炸，弟弟耶米尔被炸死。邻居们纷纷指责他是科学疯子，同时向政府抗议，要求他停止这样危险的实验。

面对邻居的指责、抗议，他又是怎么做的？

5. 指名读："在朋友的帮助下，诺贝尔租了一条大船，在瑞典首都附近的马拉伦湖上搞实验。"

6. 面对邻居的指责、抗议，诺贝尔把实验室从陆地搬到湖上继续搞试验，这就叫——？（毫不气馁）

预设三：

出示：有一次，他在实验室里亲自点燃了导火线，双眼紧盯着缓缓移动的火星。近了！近了！火星已经接近炸药了！诺贝尔的心怦怦直跳，但双眼仍然盯着炸药不放。

1. 你从哪些语句体会到诺贝尔的"毫不气馁""持之以恒"？

2. 从"亲自""紧盯"你读懂了什么？读出你的感受。

3. "近了！近了！火星已经接近炸药了！"诺贝尔离什么近了？（离危险近了；离成功近了；）从这三个感叹号，你读出了什么？把你的感受读出来。

4. "怦怦直跳"，听，（播放心跳声。）你感觉到了什么？面对着越来越近的危险，诺贝尔"双眼仍然盯着炸药"，你又读出了什么？（他把危险、死亡都抛在了脑后，将生死置之度外；献身科学。）

5. 引读——（出示：轰！巨大的爆炸声震撼着大地，滚滚浓烟从实验室里涌出来。人们慌忙赶来，齐声惊呼："诺贝尔完了！诺贝尔完了！"）

从人们的惊呼声中你听出了什么？

6. 引读——（出示：突然，一个满身鲜血的中年人冲出浓烟，高举双手呼喊着："成功了！成功了！"他，就是诺贝尔。）

①此时人们看到了什么？他为什么这么高兴？

②你能把他获得成功后的欣喜若狂读出来吗？（指名读，齐读）

【设计意图】为了更好地体会诺贝尔的"毫不气馁"，在学生读画句子的基础上，引导学生抓住重点句子进行深入感悟，紧扣关键词语，创设情境，由表及里，反复品读，使人物形象跃然纸上。

（三）用心赏读，揣摩写法，体会"毫不气馁"。

1. 同学们，第8、9自然段具体写出了实验的过程。自由读读，仔细品味，看看课文是怎样把诺贝尔实验的过程写具体的？出示：第8、9自然段。

2. 交流写法。

①"亲自点燃""慌忙赶来""冲出浓烟"是写的人物的动作；

②"双眼紧盯""仍然盯着"是写的人物的神态；

③"诺贝尔完了！诺贝尔完了！""成功了！成功了！"写的是人物的语言；

④"怦怦直跳"写的是人物的心理。

3. 看来，抓住人物的神情、心理、动作、语言等方面，可以把事情写得更具体。

【设计意图】我们知道，"课文只是个例子"。课文第8、9自然段描写具体、生动，人物形象鲜明，就是个很好的例子。为此，教者注意即时引导学生揣摩写法，学习神情、心理、动作、语言等描写人物的方法，实现方法迁移。

（四）回顾生平，揣摩动机，升华"毫不气馁"。

1. 同学们，为了发明炸药，诺贝尔不顾生命危险。实际上——（出示："为了发明炸药，诺贝尔投入了他的整个生命。"）

2. 这句话中哪个词让你感触最深？说说你的理解。

3. 补充资料：

1850 年 17 岁，为研究化学留学美国。

1854 年 21 岁，开始发明硝化甘油炸药。

1860 年 27 岁，继续从事硝化甘油炸药的研究。

1863 年 30 岁，发明硝化甘油炸药用的雷管。

1864 年 31 岁，成立硝化甘油炸药公司。

1866 年 33 岁，发明甘油炸药。

1867年34岁，发明诺贝尔雷管。

1867年35岁，在各地开设工厂生产炸药。

1878年45岁，发明可塑炸药。

1887年54岁，发明喷射炮弹火药。

……

此时，你又认识了一个什么样的诺贝尔？

4. 你们知道诺贝尔什么要投入了他的整个生命，发明炸药呢？

5. 出示：小时候，诺贝尔看到工人们在荒山野岭用铁锤砸石头，他想，为了开通一条铁路或公路，要付出多么艰苦的劳动啊！要是能够发明一种东西，一下子就把大山劈开，该有多好！

①你读出了什么？（诺贝尔对劳动者的关心与同情）

②把你的感受读出来。

6. 正是因为诺贝尔投入了他的整个生命发明炸药——

引读——出示：从此，劈山筑路，打通隧道，开凿矿井，再也不要用人力去一锤一锤地砸了。

7. 同学们，诺贝尔对劳动者的关心与同情，实际上来自于他的理想。让我们大声读出他的心声——（出示：我的理想是为人类过上更幸福的生活而发挥自己的作用。）

【设计意图】为了进一步走进人物，触摸高尚灵魂，升华"毫不气馁"，教者通过出示年表、揣摩动机，深入感受诺贝尔对劳动者的关心与同情，把对人物的认识向前推进了一大步。

三、聆听遗嘱，敬仰诺贝尔

过渡语：诺贝尔毫不气馁、热爱科学的精神让我们感动，更令人敬佩的则是他在生命的弥留之际，给世界人民留下了这样的话语：

（播放录音，出示遗嘱：全世界爱好科学并愿意献身科学的朋友们，生命对于我来说已经快要走到尽头了。在科学这个神奇的世界里，我遨游了一辈子，发现里面的奥秘太多了。研究它，掌握它，将给人类带来巨大的恩惠。希望大家能够继续研究下去。区区200万英镑的利息虽微不足道，但愿意为行走在物理学、化学、生理学或医学、文学、和平之路上的你助上一臂之力。）

1. 诺贝尔临终时立下了什么遗嘱？透过这份遗嘱，你又认识了一个什么

样的诺贝尔？（板书：无私奉献）

2. 诺贝尔奖的设立，对人类科学技术的发展进步起到了重要的推动作用。我国作家莫言获得 2012 年诺贝尔文学奖，女科学家屠呦呦获得 2015 年诺贝尔生理学或医学奖。诺贝尔奖的影响遍布全世界。在设立的五个奖项中，你发现了什么？说说你的理解。

3. 是啊，和平奖的设立，表达了诺贝尔对和平的渴望。因为——（出示：我的理想是为人类过上更幸福的生活而发挥自己的作用。）

【设计意图】为了更深入了解人物，在这一环节，教者引导学生透过遗嘱看人物，"透过这份遗嘱，你又认识了一个什么样的诺贝尔？""在设立的五个奖项中，你发现了什么？"并简要介绍诺贝尔奖对人类科学技术的发展进步起到了重要的推动作用，进一步丰满对人物的认识。

四、撰写小传，怀念诺贝尔

1. 同学们，诺贝尔用自己的行动在我们心中树立了一座不朽的丰碑。为了更好地纪念诺贝尔，诺贝尔纪念馆现在向大家征集"诺贝尔小传"，镌刻在纪念馆的墙上。

2. 小传是指简明扼要的人物传记。你觉得小传可以写哪些内容？

3. 出示：导学活动（三）当堂检测

利用课文提供的材料，为诺贝尔写一篇一百多字的小传；有兴趣的同学也可以给诺贝尔写一段颁奖词。

提示：小传是指简明扼要的人物传记。它主要写明：人物的生卒（zú）年月、国籍、身份、主要成就和贡献等。

附：2007 感动中国年度人物——钱学森

在他心里，国为重，家为轻，科学最重，名利最轻。5 年归国路，10 年两弹成。开创祖国航天，他是先行人，披荆斩棘，把智慧锻造成阶梯，留给后来的攀登者。他是知识的宝藏，是科学的旗帜，是中华民族知识分子的典范。

4. 学生撰写小传。师行间指导，配背景音乐。

5. 交流小传。

6. 小结：同学们，这就是诺贝尔。他把自己的一生献给了科学事业，用自己的遗产奖励后人，他的名字将永载史册。

让我们永远记住这样一个名字——诺贝尔！（再读课题）

【设计意图】为了帮助学生牢记诺贝尔的事迹，学习伟人的精神，教者结合课后练习，考虑学生不同的学习需求，设计了读写结合分层练习——撰写小传或颁奖词，帮助学生回顾课文内容，提炼主要事迹，赞颂伟人精神，不仅实现了读写迁移，也把伟人形象定格在自己的心中。

【板书设计】

诺贝尔

发明炸药　毫不气馁

设立奖金　无私奉献

……

捕捉爱的细节，感受爱的真谛

——苏教版五年级（下册）《爱如茉莉》（第二课时）教学设计

【学习目标】

1.能正确、流利、有感情地朗读课文。

2.凭借朴素的语言文字，引导学生在细节中感受父母之间平淡而深厚的真爱。

3.联系生活实际体会生活中的爱，理解"真爱就像茉莉"的深意。

【学习重点】

引导学生在细节中感受父母之间平淡而深厚的真爱，理解"真爱就像茉莉"的深意。

【学习过程】

一、整体感知，了解茉莉

1.今天这节课我们继续学习《爱如茉莉》，齐读课题。

2.妈妈说爱就像茉莉，映儿的心中留下了一个大大的问号，爱怎么会像茉莉呢？文中对于茉莉的描写有好几处，请同学们自由读读课文，找一找相关的句子。

3.指名读句子，师相机板书有关词语。（板书：平淡无奇 洁白纯净 缕缕幽香）

4.齐读这些词语，感受茉莉的"平淡无奇"。

【设计意图】为了帮助学生更好地理解茉莉般的真爱，首先引导学生从了解茉莉入手，找出文中描写茉莉的句子，圈出体现茉莉特点的词语。在品读这些词语的过程中，深入体会茉莉"平淡无奇"的特点，为下面感受茉莉般的真爱做铺垫。

二、浏览课文，寻找真爱

1. 我们心目中的爱又是怎样的呢？谁来用一个词语来形容一下？

2. 母亲说，爱就像茉莉。爱与茉莉究竟有什么相似之处呢？请大家快速浏览课文，看看课文写了爸爸妈妈之间发生的哪些事情。

3. 学生交流课文内容，了解爸爸妈妈之间的真爱。

【设计意图】课文用清新、朴实的语言，记叙了妈妈生病住院，爸爸去医院照顾这件小事，让我们感受到真爱就如茉莉般平淡无奇却芳香怡人。在感知茉莉特点的基础上，引导学生快速浏览课文，从总体上把握课文内容，了解事情经过，初步感受爸爸妈妈之间的真爱，为下面品味真爱作准备。

三、创设情境，品味真爱

（一）板块一　感受"直奔图"

1. 是呀，在我们的心目中，有如玫瑰一般烂漫、浓郁的爱,有如大海一般宽广、无私的爱。有没有一种爱像茉莉一样呢？下面就让我们走进映儿一家的生活,去寻找爱的足迹。认真读读6—8自然段，从哪些词句中你感受到了爱？

2. 交流。（出示课文6—8自然段）

（1）从"虚弱的声音"，你体会到了什么？还有哪些细节体现妈妈对爸爸的爱？

（2）从"直奔"一词，你体会到爸爸此时心情怎样？你能想像爸爸一回到家就直奔医院的情景吗?

3. 师总结学法：爱就在这些平淡朴素的生活细节中，就像茉莉一样平淡无奇。我们通过一个动作、一句话、甚至一个表情走进人物的内心世界，感受茉莉般的爱。

（二）板块二　感受"熟睡图"

1. 让我们跟随映儿来到医院，继续品读爱的细节，感受茉莉般的爱。自由阅读9—18自然段，哪些细节打动了你，哪些字词让你感受到了爱的温度，用笔做下记号。

2. 这些爱就像茉莉一样星星点点的散落在文字里，谁捕捉到了这些爱的足迹？学生交流。（出示课文第9自然段）

（1）当我推开病房的门，为什么怔住了？文中哪些细节体现爸爸对妈妈的爱？

（2）引读"熟睡图"。

因为有爱，睡梦中爸爸依然紧抓着妈妈的手——

因为有爱，病痛中妈妈脸上挂着恬静的微笑——

（3）我们学习课文要学会联系上下文、前后勾连来理解。从课文10——18自然段，你还捕捉到哪些爱的足迹？（"蹑手蹑脚""布满血丝的眼睛""不知不觉，手脚都麻木了"等。）

（4）剧情扮演，情境独白：夜深人静的守候，父母两人在内心默默地在和对方述说着——

（出示：夜深了，爸爸伏在床沿边，心里默默地说_____ ；妈妈望着床沿上的爸爸，心里默默地说：_____ ）学生根据提示，练习说话。

（5）让我们在茉莉花的清香里再来感受那温馨的一幕。配乐朗读"熟睡图"。

3.一开始妈妈说爱像茉莉，映儿听了差点笑出声来，而现在她亲身体会到了这种爱，这种融于生活细微处的爱，她终于明白了——（齐读：哦，爱如茉莉，爱如茉莉。）这种爱，如同茉莉，平淡无奇，洁白纯净，散发着缕缕幽香。映儿不禁由衷地赞叹——（齐读：哦，爱如茉莉，爱如茉莉。）

【设计意图】如何引导学生体会父母如茉莉般的真爱是本课教学的重、难点。首先，教者着力创设爱的情境，引导学生入情入境。无论是感受"直奔图"，还是"熟睡图"，都注意通过生动的语言描述，把学生带入特定的情境，引导学生入情入境。尤其是感悟"熟睡图"，先创设爱的情境："夜深了，月亮升起来了……"然后让学生根据提示，用"夜深了，爸爸伏在床沿上，心里默默地说_____" "妈妈望着床沿边的爸爸，心里默默地说_____"去揣摩人物心理，充分感悟爸爸妈妈的真爱。其次，着力捕捉爱的细节，感受真爱平平淡淡。本文主要通过许多细节描写表现爸爸妈妈的真爱。教者从课文的这一特点出发，对教材进行了整合，引导学生前后勾连整体感知，着力捕捉爱的细节，寻找爱的足迹。引导学生品读这些平平常常却又感人至深的细节描写，读懂文字背后蕴藏着的深情。再次，着力进行学法指导，培养学生学习能力。在感受"直奔图"时，注意引导学生从语言、动作等方面体会真爱，并及时进行学法总结。感受"熟睡图"时，就放手让学生自学，去寻找爱的足迹。由于有了前面的学法引路，后面的自读感悟也就轻车熟路了。

四、读写结合，升华真爱

1.学了课文，对于爱是什么，我们有了全新的认识。爱就是我们生活中的点点滴滴，爱是妈妈病中的牵挂，爱是爸爸紧握着的手。课文中爱的细节还有很多，请同学们再次默读全文，用"爱是＿＿＿"的句式写下你对爱的理解，也可以联系自己的生活。

2.学生交流自己对爱的理解。

3.同学们都在用心写着，都沉浸在这茉莉般的爱中。老师也被文中爸爸妈妈的真爱感动了——

（出示：）

爱是什么？

爱是妈妈的牵挂；

爱是爸爸的叮嘱；

爱是妈妈嘴角的微笑；

爱是爸爸紧握着的双手；

爱是清晨淡淡的阳光；

爱是病房里那簇芳香的茉莉；

爱如茉莉，洁白纯净；

爱如茉莉，幽香缕缕；

爱如茉莉，平淡无奇却又充满诗意……

（学生齐读。）

【设计意图】学了课文，学生对于真爱有了全新的认识。此时，让学生再次回到文中，去找寻爱的足迹，学生一定感慨颇多。在此基础上，再让学生联系自己的生活，进一步升华对真爱的认识。"情动而辞发"。由于有了前面品读细节、品味真爱做铺垫，此时的读写结合可谓水到渠成。

【板书设计】

平平淡淡		平淡无奇
真真切切	爱如茉莉	洁白纯净
默默付出		缕缕幽香

抓住冲突焦点，感受伟人魅力

——苏教版六年级（上册）《鞋匠的儿子》（第二课时）教学设计

【学习目标】

1.能正确、流利、有感情地朗读课文，理解重点词语的意思。
2.通过深入研读课文，了解林肯和参议员对鞋匠父亲的不同看法。
3.体会宽容的力量，学习林肯襟怀坦荡、仁爱正义、宽容大度的优秀品质。

【学习重点】

通过研读参议员和林肯对鞋匠父亲不同看法的语句，体会宽容的力量，感受林肯的人格魅力。

【学习过程】

一、初读课文，了解分歧

1.上一节课，我们初步认识了一位伟人，（课件出示林肯头像）林肯是——（齐读课题：鞋匠的儿子），他说他永远是——鞋匠的儿子。

2.上节课我们初读了课文，谁来说说，课文主要写了哪些内容？你觉得林肯和参议员的主要分歧在什么地方？

3.下面请大家自由朗读课文，边读边画出具体写双方分歧的句子。

【设计意图】在上课伊始，借助课件出示林肯头像，巧妙引出课题。在引读课题的过程中，让学生感受到林肯和参议员的主要分歧在对鞋匠父亲的不同看法。这就为后面聚焦矛盾焦点，研读人物对话做好了充分准备。

二、研读课文，感受分歧

（一）研读参议员的句子

1.参议员对鞋匠父亲怎么看？（出示：林肯先生,在你演讲之前,请你记住,你是一个鞋匠的儿子。）

①参议员态度怎么样？请你"傲慢"地说一说。

②谁来说说言外之意？

（出示：在参议员的眼里，当总统的应该是＿＿＿；而不应该是＿＿＿。）指名填空。

2.联系上下文，仔细想一想，参议员为什么要这样说？

（出示：在林肯当选总统的那一刻，整个参议院的议员们都感到尴尬。）

①一个鞋匠的儿子当选美国总统，让参议员的议员们都感到尴尬。谁来说说"尴尬"的意思？

②看到"尴尬"这个词，老师想起了这样一件事——有一次我在商场里买衣服，挑了好久，好不容易选中了一件自己合适的，就让营业员小姐拿给我试穿，哪知营业员小姐笑眯眯地对我说："对不起先生，你挑中的这件衣服是女式的。"我一听，满脸通红，尴尬极了。你们有过类似的尴尬经历吗？

③引读：林肯当选总统，让出身名门望族的参议员们都觉得很尴尬，于是，有一个态度傲慢的参议员站起来说：——（指名读、齐读）"林肯先生，在你演讲之前，请你记住，你是一个鞋匠的儿子。"

3.小结学法：刚才，我们在品读参议员的句子时，读一读，想一想，抓住关键词语，前后勾连，联系生活，自读感悟，读懂语言背后的深刻内涵。

（二）研读林肯的句子

1.下面请大家自读3—5自然段，运用刚才的方法自学课文，研读林肯说的三句话，在书旁写下自己的感悟。注意不动笔墨不读书。

2.同桌交流自己的批注。

3.作为总统，林肯对自己的鞋匠父亲有着怎样的看法？谁来交流自己的自读感悟？

（1）研读三个"永远"

出示："我非常感谢你使我想起了我的父亲。他虽然已经过世了，我一定会永远记住你的忠告，我永远是鞋匠的儿子。我知道我做总统永远无法像我父亲做鞋匠那样做得那么好。"

①自由读读这句话，你发现这句话在用词上有什么特点？

②体会三个"永远"的含义。

对比出示：

我一定会永远记住你的忠告，我永远是鞋匠的儿子。我知道我做总统永远无法像我父亲做鞋匠那样做得那么好。

我一定会记住你的忠告，我是鞋匠的儿子。我知道我做总统无法像我父亲做鞋匠那样做得那么好。

分男、女生读上面两句话，想一想，从三个"永远"，你读出了什么？

如果你的家人或者你本人受到侮辱，你会表现得怎么样？再读读上面的句子，你又体会到什么？

③指导朗读：你觉得林肯说这些话时应该怎么说？

（出示：等到大家的笑声停止后，林肯说："我非常感谢你使我想起我的父亲。他已经过世了，我一定会永远记住你的忠告，我永远是鞋匠的儿子。我知道我做总统永远无法像父亲做鞋匠那样做得那么好。"）

④听了林肯的回答，（出示：参议院陷入一片静默。）通常在什么情况下，我们会静默？"静默"的背后是什么？为什么参议员们内心会如此震撼？仔细读读这段文字，用上"想不到啊！_____"这样的句式说说参议员们此时的内心活动。

（2）研读两个"伟大"

A、伟大的鞋匠

（出示："就我所知，我父亲以前也为你的家人做鞋子。如果你的鞋子不合脚，我可以帮你改正。虽然我不是伟大的鞋匠，但我从小就跟父亲学到了做鞋子的艺术。"）

①"我不是伟大的鞋匠"，谁可以算是"伟大的鞋匠"？"伟大的鞋匠"伟大在什么地方？

②林肯说父亲做鞋子是一门艺术，什么事情被称为"艺术"？父亲的手艺被称为"艺术"，说明了什么？

③自由读读这段话，想一想，林肯说这段话，想表达了一种什么思想？

B、伟大的父亲

（出示："但是有一件事是可以确定的，我无法像父亲那么伟大，他的手艺是无人能比的。"）

①"伟大的父亲"，伟大在什么地方？

②林肯想向所有的参议员表达了一种什么思想？

（出示：林肯在告诉参议员们，他当总统，也会像父亲一样，_____）

【设计意图】为了帮助学生进一步感受双方的分歧，教者采用归类研读的方法，引导学生分别研读参议员和林肯对鞋匠父亲看法的句子。在方法上，参议员的句子扶，教会学习方法；林肯的句子放，主要让学生自读感悟。学生在反复研读参议员和林肯对鞋匠父亲不同看法的语句中，逐步体会宽容的力量，感受林肯的人格魅力。在研读人物对话时，教者主要抓住"尴尬""静默"、三个"永远"和两个"伟大"等关键词语，或理解意思，或联系生活，或创设情境，或揣摩心理，引导学生读懂词句背后的深刻内涵，和文本进行深入对话。

三、补充留白，化解分歧

1.品读林肯的眼泪。（出示：说到这里，林肯流下了眼泪。）

①你觉得这是一种什么样的眼泪？

②引读两个"伟大"。

2.体会省略号的内涵。（出示：所有的嘲笑声全都化成赞叹的掌声……）

①我们读课文，不仅要读懂句子，还要读懂标点。这里的省略号，你认为省略了什么？

②四人小组讨论：如果你是那位傲慢的参议员，你想说些什么？如果你是其他的参议员，你会说什么？

③指定一位小组成员交流，其他成员补充。

【设计意图】为了帮助学生走进人物的心灵深处，触摸高尚的灵魂，教者引导学生抓住课文的留白之处，进行合理想象，揣摩人物的心理活动，读懂伟人的心，从而化解认识分歧，体会宽容力量，丰富伟人形象，培养表达能力。

四、对比阅读，感悟魅力

1.读了课文的这个故事，老师想起了这样一个故事——加拿大外交官朗宁在竞选省议员时，因幼年吃过外国奶妈的奶而受到政敌的攻击，说他身上一定有外国血统。朗宁机智地回答说："你是喝牛奶长大的，你身上一定有牛的血统了！"驳得对方目瞪口呆，无言以对。

2.比较一下，林肯的演讲和朗宁的回驳有何不同？从中你又认识了一个什么样的林肯？

3. 正如一句名言所说，（出示：人心不是靠武力征服，而是靠爱和宽容大度征服！）（齐读）林肯正是靠着自己独特的人格魅力，征服了所有参议员，成为美国历史上最有作为的总统之一。

【设计意图】为了帮助学生进一步体会林肯的智慧与宽容，充分感受伟人的人格魅力，教者及时补充了加拿大外交官朗宁在竞选省议员时发生的一件事，引导学生进行对比阅读。学生在比较中，体会到林肯的智慧与宽容，最后引用马克思的名言对林肯予以高度评价，让林肯的高大形象永远定格在学生的心中。